【内容简介】本书共分八章,分别为图书馆服务标准研究、图书馆□□论研究方向、图书馆服务质量提升研究、图书馆共享服务、科技查新的□□动图书馆发展研究,从多个方面分析了新形势下图书馆服务的创新发展方向和具体实施方法。

本书不仅适合高校的图书馆专业学生、老师、研究人员以及相关工作人员阅读,也适合普通大众来了解图书馆的相关服务内容。

当代高职院校图书馆服务创新与发展研究

蒋群蓉 著

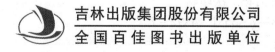

吉林出版集团股份有限公司

全国百佳图书出版单位

图书在版编目(CIP)数据

当代高职院校图书馆服务创新与发展研究／蒋群蓉
著. —— 长春：吉林出版集团股份有限公司，2018.4
ISBN 978 - 7 - 5581 - 4892 - 7

Ⅰ．①当… Ⅱ．①蒋… Ⅲ．①高等职业教育－院校图
书馆－图书馆服务－研究 Ⅳ．①G258.6

中国版本图书馆 CIP 数据核字(2018)第 081929 号

当代高职院校图书馆服务创新与发展研究
DANGDAI GAOZHIYUANXIAO TUSHUGUAN FUWU CHUANGXIN YU FAZHAN YANJIU

著　　者：蒋群蓉
责任编辑：韩志国　张环宇
装帧设计：明达诺工作室
出　　版：吉林出版集团股份有限公司
发　　行：吉林出版集团社科图书有限公司
电　　话：0431 - 86012745
印　　刷：吉林省长春凯旋印刷厂
开　　本：710mm×1000mm　　　1/16
印　　张：14
字　　数：246 千字
版　　次：2019 年 5 月第 1 版
印　　次：2019 年 5 月第 1 次印刷
书　　号：ISBN 978 - 7 - 5581 - 4892 - 7
定　　价：56.00 元

如发现印装质量问题,影响阅读,请与印刷厂联系调换。

目　录

▶第一章

图书馆服务标准研究

随着图书馆环境的变化，以及图书馆理论的不断发展，国内外图书情报界对图书馆服务标准的研究逐渐增强，经过多年探索与积累，产生了一系列可供参考的学术成果。本章将对这些研究成果进行梳理。

第一节　国外图书馆服务标准体系研究

一、图书馆服务标准体系的内容

以英美为代表的西方发达国家比较早地关注了图书馆服务标准，对其标准体系进行了探索和实践。美国从 20 世纪 30 年代开始重视图书馆服务标准，对图书馆服务标准的研究和实践都比较早，服务标准体系的构建成为理论研究的对象，其成果快速地进入实践领域。美国联邦政府制定并颁布的第一个国家级的普通图书馆法，是 1956 年美国国会公布的 84—597 号《图书馆服务法案》。它基本上包括了各种类型的图书馆，即公共图书馆、中小学校图书馆、高等院校图书馆和专业图书馆，强调了图书馆提供优良服务的重要性。美国图书馆协会于 1933 年公布了国家范围的《公共图书馆服务标准》，于 1943 年将其修改成《公共图书馆标准》，于 1956 年和

1966 年又先后对该标准进行了修订。其标准体系的内容包括"结构和行政""服务""图书与非图书资料""职员""资料的组织""设施和设备",共六个部分,具体共有 191 条标准,70 项制定标准的指导原则。1996 年,重新修订之后的标准更名为《公共图书馆系统最低标准》,是最后一个全国性的公共图书馆标准。1966 年之后,美国各州分别制定了图书馆服务标准,到目前为止共 35 个州有《公共图书馆标准》。美国公共图书馆服务标准体系的内容经历了从国家统一制定全面的标准体系到只包含国家给出的最低标准和原则,各个州参照国家标准并制定本州标准内容体系的演变过程,因而其标准体系也由最初的全面细致、条目繁多朝着只给出大类主题的方向呈粗线条发展,对标准体系的细化和具体化则由各个州根据自己的情况在国家统一标准的大体系下自行开展。研究者威瑟斯(Withers)对 20 多个国家的图书馆服务推荐标准进行了调查,类型涵盖了国家图书馆、大学和学院图书馆、专门图书馆和公共图书馆、学校图书馆。分别介绍了每种类型图书馆的国家标准委员会、政府机构,以及图书馆协会提出的标准体系,作者认为图书馆服务准则的内容要覆盖员工、服务、资源、物理条件和财政,构成图书馆服务标准的模型框架。图书馆服务标准的内容体系不是封闭不变的,还要考虑到不断变化的环境,持续对图书馆服务标准进行研究,使其更加符合发展变化,Hawke 和 Jenks(2005)就认为当前移动图书馆已成为新西兰公共图书馆一个长期和重要的特征,其在对移动图书馆十年发展的详细调查的基础上,第一次指出了移动图书馆的标准。巴顿等的研究表明有许多图书馆行业协会的标准都包括了为基于网络的远程学生提供图书馆服务的指南,如美国国家护理联盟认证委员会(NLNAC)、美国护理学院(AACN)、美国高等护理教育评估委员会(CCNE)制定的标准(Lessin et al.,2004)。

1937 年,库勒姆(Kuhlma,1938)对美国的大学和学院图书馆进行了研究,在《大学和学院图书馆服务:趋势、标准、评价、问题》一文中,对北部中心协会制定高校图书馆标准进行了分析,由米切尔对其进行了介绍和补充说明(Mitchel,1939)。随后,美国图书馆协会(ALA)于 1959 年颁布了《学院图书馆标准》(ALA Standards for College Libraries),1960 年颁布了《两年制大学图书馆标准》(Standards for Junior College Libraries),作为大学图书馆服务的指南;标准首先指出大学图书馆的功能在于支援教学计划、满足用户合法需求,激励并鼓励学生培养终身阅读的习惯,以及在校内和校外的广大知识领域中,担当其适当的任务。标准的具体内容包括:大学图书馆是由图书馆委员会制定图书馆经营方针,馆长参与各项学术发展会议，图书馆预算不能少于全校经常费用的百分之五。馆藏资料以下列因素确定其性质与数量：课程范围与性质；研究计划及其性质；教学方法；本科生与研究生人数；教师所需的研究资料。标准体系中还包括一些具体的建议：大学图书馆至少有五万册精选的图书，每增加200人就增加图书1万册；图书馆建筑应预计到20年间的学生增加数量，至少备有足够容纳全校学生人数1/3的座位：在服务方面，可以利用评估流通记录的方法，测定服务效能，尤其注意馆际间的合作，尽可能采取合作采访的方法，充实可资利用的资源（王振鹄，1980）。可见，早期的美国高校图书馆服务标准体系包括了图书馆的功能、目标、学术发展、预算、馆藏、阅览座位、教学支持、科研支持、流通评估、馆际合作等方面内容。

随着《学院图书馆标准》和《两年制大学图书馆标准》的实施，1967年1月，在路易斯安那州的新奥尔良召开的ALA仲冬会议，美国大学与研究图书馆协会（ACRL）提出了考虑建立大学图书馆标准的可行性问题。ACRL标准委员会主席唐斯呼吁会任何ACRL成员都应紧密地配合大学图书馆标准调查（Downs and Heussman，1970）。经讨论，制定大学图书馆标准的方法步骤为：提供图书馆目前的统计数据以确哪些定量指标可以用于大学图书馆标准；分析指标，开发图书馆标准；分析图书馆其他（除量化指标）方面的可用于提出标准的图书馆要求，分析其可行性，制定实现这些要求的标准。伊利诺伊大学图书馆馆长认为缺乏标准的图书馆工作将会对大学教育产生不利的影响，在制定大学图书馆标准时不是要追求标准多么理想化，而是根据当前最好的图书馆实践操作制定适用的标准（Downs and Heussman，1970）。大学图书馆标准委员会选择了50所美国和加拿大的大学图书馆，分类描述了它们的情况，从七个方面明确地归类了大学图书馆标准应该包含的内容：资源、人力、资金、空间、服务、管理、专科学校图书馆。1968年起，ACRL成立了大学图书馆标准委员会，专门负责大学图书馆标准的操作和管理（包括1975年、1986年、1995年和2000年分别对《学院图书馆标准》进行修订；1979年、1990年和1994年分别对《两年制大学图书馆标准》进行修订）。经过学术研究和实践检验，1975年，由大学与研究图书馆协会组织对《大学图书馆服务标准》（草案）进行了专门的听证，该草案的内容体系包括：图书馆目标陈述、馆藏、组织、馆员、服务、物理设备、管理、财政等方面，以及包括评估图书馆馆藏、员工及建筑物的特定规则（ACRL，1975）。Specific Formula forEvaluating for Adequacy of a Library's Resources，围绕该草案的各个条款，进行了详细的分析和讨论。ACRL于1979年发行了《大学图书馆标准》（Standards forUniversity Libraries），1989 年进行了修订。1998 年的学术图书馆绩效评估后 ACRL 建议，由 ACRL 董事会授权，将未来所有有关高校图书馆的标准都合并到绩效评估标准中，因此，2000 年版《大学图书馆标准》首次融合了评估标准，成为其他两个标准（学院图书馆标准、两年制大学图书馆标准）的模型。2004 年 6 月颁布的 2004 年版《大学图书馆标准》则完全替代了之前的三个图书馆标准，从 2009 年起又对其进行了审查和修订，2011 年 3 月，标准的草案在 ACRL 网站上发布，用户可以通过博客进行评论；2011 年 4 月召开听证会收集更多的评论和反馈。现在美国的大学图书馆标准统一为《高等教育图书馆标准》（Standards for Libraries inHigher Education）（ALA，2011a）.

在此期间，研究者对大学图书馆标准的内容不断展开探讨。温伯格（Weinberg，1974）提出图书馆的存在就是使信息的价值最大化，因此，要对信息问题特别关注，包括采集、加工、存储、传播和处置，并认为现有图书馆标准还没有真正重视这一问题（ACRL，1998）。沃特金斯（Watkins，1972）对大学图书馆标准进行了详细分析，认为在一些大学的管理者和教师眼中，大学图书馆的基本学术性质已被掩盖以至于他们常常将图书馆员的工作归为文职工作，制定和实施高校图书馆标准是必要和必需的，且一定要突出大学图书馆的学术性。维特勒（Withnell，1988）针对大学全校师生的意见对大学图书馆未来的服务政策所产生的影响进行了调查研究，认为图书馆服务政策即为图书馆与用户相连接并传递所记录的知识的方式，服务政策包括获取信息，允许用户发展个人查询技能。研究发现受师生支持的服务政策包括：馆藏发展、期刊收集、数据库和目录、馆际互借、学生获取、采用先进技术。师生对服务政策支持最少的包括：机构类型、部门关系、学业层次。瑞特瑞（Ratteray，2002）指出《两年制大学图书馆标准》并不仅仅只是关注两年自学过程，而是为了鼓励校区之间更大的合作，通过收集和分析数据，要求图书馆员和教师参与新的或更深层次的合作。Providenti 和 Zai（2007）对标准的研究能为大学图书馆提供关于网络发展的法律和综合框架，并为所有人使用图书馆网站提供实用和合理的框架。

值得一提的是，在美国整个大学图书馆服务标准体系内容的不断进化过程中，ACRL 起着重要的推动作用，它始终坚定地认为大学图书馆服务标准能够阐明大学图书馆的功能，并通过多个不断修订的标准版本阐述了图书馆标准化的意义在于鼓励学生养成终身学习的好习惯。同时认为用户与图书馆之间的关系基本上是严格的供求关系，图书馆作为保管人的功能曾经是主要的，虽然它现在仍然重要，但已经不占主要地位，图书馆重要的功能应该不仅局限于提供信息，还应该教人们如何检索、选择、评价信息。美国的公共图书馆和高校图书馆服务标准体系变化历程非常具有代表性，其最显著的特点表现如下：其一，标准制定机构最初是全国性组织 ALA，由它统一发布全国通用的图书馆标准。随着高校图书馆和图书馆事业整体发展，美国图书情报界认为图书馆决策越地方化，越有利于服务提供，因此，具体的图书馆服务标准可以由每个州自行制定。其二，图书馆标准体系的范围，经历了"分—总—分"的过程。最初发布的标准区分了大学和两年制大学，然后不断调整，最终合并为一个统一的《高等教育图书馆标准》。标准只是给出一个统一的框架，给出一个指导思想，各个地区和州可以参照自行制定具体的服务标准。

汉弗莱斯（Humphreys，1970）认为大学图书馆服务标准是由专业的图书馆工作者提出的可以测量和评估图书馆服务的准则，用以保持和发展图书馆服务。标准是一个理想的模型，各个高校图书馆可以在此模型上进行解释，得到细则和评价指标。作者认为，高校图书馆服务标准不仅是规范图书馆员的行为的准则，也是提出图书馆服务发展计划和管理图书馆服务的人士的指南。内尔松和罗伯特对地区高等教育相关政策（包括中部州制定的《杰出高等教育特征》）进行了分析，这些特征对高等学校图书馆标准产生了一定影响，并体现在 2000 年版 ACRL 标准的具体 12 个类别中（Nelson and Fernekes，2002）。Malone 和 Nelson（2006）指出，ACRL 提出的《高等教育图书馆标准》并不重点规定图书馆的物资，而是强调"可访问、充足的学习资源""适当的准备充分的专业人员"。

二、图书馆服务标准体系的应用

国外图书馆界对图书馆服务标准体系的应用也颇为重视。《加拿大卫生保健图书信息服务标准（2006 年）》介绍了加拿大的一家医学图书馆以服务标准为指南对图书馆服务进行组织；其认为，图书馆是一种提供连接到外部数据库、信息网络和研究知识的方法和手段的实体（CHLA，2007）。在服务标准的基础上，可以对图书馆服务进行组织，而且专业图书馆员的标准服务包括提供医学参考咨询和研究服务，以及提供培训来提高医学信息素质。应用图书馆服务标准的过程也被图书馆认为是可以用来进行自我评估的过程，从而获得预算经费、调整员工等方面的支持。1982 年根据服务标准对图书馆进行评估，只有 12% 的图书馆获得了 A 等级（David，1982），1993 年的评估中则有 60% 的图书馆得到 A 等级（David，1993）。加拿大卫生图书馆协会（Canadian Health LibrariesAssociation，CHLA），对图书馆服务标准修订时提供了更多的定量规定，如馆藏规模和专职人员的标杆数量，并将此标准中规定的推荐值用于对随机抽样的公立和私立两类本科大学图书馆进行了对比研究，发现只有少数大学图书馆的馆藏达到或超过标准，员工数达标的则更少，三分之二的图书馆都达不到标准（Gregory and Gary，1999）。该项研究表明图书馆服务标准能作为图书馆对比研究的基础，根据标准进行的评价得分还能作为支持图书馆增加投入或维持投入的原因。《公共图书馆支持终身学习：Pulman 指南》（Public Library ServicesSupporting Lifelong Learning：a Pulman Guideline），即 Pulman 指南，认为图书馆服务标准的制定要符合标准制定的相关规范，有其固定的程序，在制定图书馆服务标准时，首先需要进行大量的考证（Universal access，2002）。Pulman 指南旨在引导公共图书馆和当地文化合作伙伴组织进入这个时代，并协助决策者和实践者在思考政策和策略时为他们提供专门的支持服务。在该指南中还指出了图书馆应包含哪些类型的服务，并考虑和识别这些服务发展和应用中的关键问题以此制定服务标准。在指南中还提供了大量的例子、链接，使得 Pulman 指南可以跨越整个欧洲为各国图书馆界制定服务标准提供参考，从而更好地制定每家图书馆属于自己的服务指南。2003 年 3 月在葡萄牙召开了政策发布会，宣布 Pulman 指南启动。图书馆标准除了可以用于图书馆评估外，ALA 还提出了建设图书馆服务政策和标准的八项具体战略目标：增加促进各种文化发展的影响力；增加促进知识自由和隐私方面宪法修正的影响力；增加促进信息公平获取和合理使用的影响力；增加促进文化遗产保护的影响力；增加基层对当地、州、联邦，乃至国际的图书馆和信息服务的政策和标准的影响力；增加对影响图书馆和信息服务的国际问题的理解，支持国际伙伴关系以加强图书馆和信息服务；扩大和加强图书馆组织联盟，共同推进政策发展；保护公众免费、永久获取政府信息。另外，也有研究者提出关于使用服务标准的疑惑，图书馆标准究竟应该是目标还是最低要求，供业界进一步探讨（Philip，1986；Madison et al.，1994）。1999 年，新奥尔良召开的图书馆馆藏和技术服务协会会议，对促进采集和服务进行了讨论。Vij ayakumar 和 Vijayakumar（2008）参照 ACRL/ALA 标准，将印度 Amritapuri 校区图书馆和 Amrita 大学图书馆服务的比较的标准作为案例，发现在图书馆多数领域中的服务是遵循标准的。

在图书馆服务标准的应用过程中，业界围绕标准的合理性、适用性及修订完善的问题也不断展开了研究，以使标准更为科学规范。英国的公共图书馆进展报道指出，一方面《公共图书馆标准》可以被作为一个帮助监测英国的图书馆绩效的框架，如里士满图书馆满足公共图书馆服务标准的 7 个评价指标，可以认为它是英国伦敦周边地区最好的图书馆；另一方面作为评价框架，《公共图书馆标准》自身也将接受全面审查。英国的博物馆、图书馆和档案馆委员会（Museums，Libraries and Archives Council，MLA），以及文化、媒体和体育部（Department forCulture，Media and Sport，DCMS）决定在 2001 年第一次审查公共图书馆服务标准。凯瑟琳（Katherine，2007）分析了《公共图书馆标准（PLSS）》可能会因为政策变化而被废止的情况。作者认为 PLSS 的 10 个标准是图书馆绩效的主要衡量标准，达到了改善公共图书馆的目标。但是，在前一年的政府议会"强大并繁荣社区"的白皮书中，提出对开展更有力的地方服务政策由中央和地方政府审查通过，因此 PLSS 标准就已经被降级为"随意"的指南建议，PLSS 可能被一个单一的绩效指标替换，并附带应用于其他的图书馆文化、教育服务。对此问题业界展开了讨论和争论。博物馆、图书馆和档案馆委员针对此情况向首席官员发送了一个咨询文件讨论 PLSS 被取代的问题的对策。文化、媒体和体育部（DCMS）发言人称，地方政府仍然会按照 1964 年的《公共图书馆和博物馆法案》义务保障"提供一个'全面、高效'服务的图书馆"，而且认为此举更多是"关于改变中央与地方政府"关系。但批评者都担心，失去强制标准的图书馆将会使图书馆成为议会削减支出的靶子。Libri 联盟原主席克拉克（Clark）对此非常担忧，他提出，虽然现在出现了反对 PLSS 的问题，但是人们不会担心服务标准的遵守。图书馆的活动家和先锋沃伊特（Voit）提出如果没有标准，根本就不会有政府杠杆来改善图书馆或为公共图书馆购买更多的书。Cha（1999）认为尽管公共图书馆的国家标准不断发展，但却很少对它们的有用性和究竟哪些方面有用的问题进行研究。为此，作者选取了堪萨斯州、得克萨斯州和威斯康星州三个州的公共图书馆，对 1198 名馆长发放了问卷调查，掌握他们在公共图书馆国家标准对图书馆规划和评价的效用问题上的看法。通过所回收的 737 份问卷分析，探讨不同的因素与馆长认识之间的关系，如馆长的职业背景、教育、经验、图书馆规范、评价的情景等。研究发现馆长关注到了图书馆标准对图书馆规划与评价的有益性，特别是在评估目前的服务水平、服务范围、识别图书馆较弱的服务、与其他图书馆对比、制定图书馆的目标等方面非常有用，研究还发现服务标准比人力资源、硬件标准更为有用。科尔曼和杰瑞德对五个地区性的协会标准与大学图书馆标准进行对比，研究了标准的信赖评估及作为可信赖的辅助工具问题，分析了服务标准对投入测评的非正式功能（Coleman and Jarred，1994），其还讨论了标准的权威性．认为虽然标准缺乏强制实施机制，但达到认证标准却是无可争辩的。人们希望检验标准措施的信赖问题及考虑标准认证要考虑的影响因素，这能帮助图书馆在实践应用中决定标准的有效性。此外，还有大学与研究图书馆协会（ACRL）提出"提供远程学习的图书馆服务纲要"，也对图书馆服务工作进行了指导。ACRL深入调查了这些标准对正在策划、开发、实施或加强图书馆远程教育业务的有用性，认为它们能为对远程教育服务感兴趣的图书馆提供指导。但是，马龙和内尔森也提出在执行 ACRL 的《高等教育图书馆标准》时，需要综合评价，与所在州（美国中部州）标准达成一致，并由州委员会规定清单进行评价（Malone and Nelson，2006）。

第二节　国内图书馆服务标准体系研究

由于我国对图书馆服务标准的研究和实践均晚于国外，因此在我国对图书馆服务标准的早期研究成果中，有部分成果的主要目的是向国内引入和介绍国外图书馆服务标准。例如，王振鹄较早地介绍了国外图书馆服务标准，对包括澳大利亚、英国、新西兰、日本、加拿大、印度、德国等 20 个国家的公共图书馆、学校图书馆、大学图书馆的服务标准和大专院校图书馆标准进行了介绍，另外还在其多部著作中专门对当时已出版的美国具有代表性的服务标准进行了详细介绍，对美国公共图书馆、学校图书馆、大学图书馆、专门图书馆服务标准从目的、功能、组织、建筑、服务等各个方面进行了详细阐述（王振鹄，1984，1987）。在《国外大学图书馆概述》一书中，朱祖培等（1987）对包括日本、美国、德国、苏联、匈牙利、罗马尼亚、保加利亚、挪威、丹麦、澳大利亚等国的涉及大学图书馆的立法和标准进行了介绍。这些研究的主要目的是展示国外服务标准的成果，为我国图书馆服务标准的研究提出参考意见。除了这些介绍性的书籍，我国对图书馆服务标准的研究主要集中在以下两个方面。

一、图书馆服务标准必要性的探讨

对国外图书馆标准的引入逐渐引起了我国研究者的重视，他们对图书馆服务标准的必要性开展了较多的探讨。杨柳（2004）认为图书馆服务标准就是指图书馆用以指导和管理其服务活动的原则和规范，图书馆服务标准是图书馆通过读者服务调研，了解读者获取文献信息的期望或要求以后，将有价值的信息转变为服务标准，保证图书馆的服务达到最佳的秩序和质量。图书馆工作人员按服务标准为读者提供服务，能够使文献信息和其他资源充分发挥作用，从而极大地满足读者的要求，提高读者满意度。罗曼认为，图书馆在 21 世纪将处于一个更加充满竞争和压力的环境之中，其面临的竞争来自于图书馆的供方、买方、潜在进入者、替代品和竞争对手（罗曼，2000），因此，图书馆必须重视管理，重视服务，图书馆必须以用户为中心，一切工作和服务都紧紧围绕着用户的需求而展开，而且把服务质量看作自己的生命线。基于图书馆服务对图书馆的重要意义，研究者普遍认为图书馆服务中引入服务标准能够更好地改进服务，提高服务质量（张敏，2002）。就图书馆服务标准及提高服务质量的问题，陈蜀园和蒋银娣（2002）分析了影响图书馆服务质量的四个断层，即信息用户对服务的期望同管理人员对信息用户期望的理解之间的断层、管理人员对信息用户期望的理解同图书馆制定标准之间的断层、图书馆间接服务部门对服务标准的理解同一线服务部门对服务标准的理解之间的断层、服务质量标准同图书馆所提供的服务之间的断层，认为制定切实可行的高质量的服务标准是解决断层的手段之一。同样的，张卫群认为导致图书馆服务质量差距的原因之一在于服务标准差距，由此必须完善服务标准的制定与执行，建立读者导向的服务质量标准（张卫群，2008）。王茜基于服务接触分析了公共图书馆如何提高服务竞争力的问题，其对策包括建立统一规范化的服务流程和统一可控的服务标准（王茜，2008）。图书馆服务标准是图书馆向用户做出服务承诺。因此应大力推行图书馆服务承诺制，将图书馆的服务标准、服务程序、服务内容、服务时限、服务效率等向读者公开做出承诺，并明确未兑现承诺的处理办法，将自己置于读者及社会的监督之下（丁瑶，1999；阎光霞，2002）。若未达到图书馆服务承诺，图书馆必须及时做出有效的服务补救，因此，明确图书馆服务质量应将图书馆的服务宗旨、服务内容、服务标准明确化、具体化，让读者对自己应该得到的服务有一个清楚合理的预期，为读者建立投诉依据（范艳君，2008），利于图书馆服务补救的有效开展。

就高校图书馆服务标准的必要性和价值问题，龙晓红认为服务标准能提高工作效率，减少信息不对称，保证服务质量一致性和稳定性，增强读者的满意度（龙晓红，2010）。王频和张健提出高校图书馆服务标准的应用价值是有利于高校图书馆资源效能的充分发挥，原因有两点，其一是指导对图书馆的投入，避免了浪费，其二是通过规范服务行为来实现在投入一定的条件下，其功能得到最大限度发挥，使服务质量持续保持在高水平，使高校图书馆的管理趋于规范化、科学化（王频和张健．2010）。胡建华也对高校图书馆服务标准化的必要性和实现途径进行了探讨，认为应从图书馆硬件设施建设入手，通过制定规范化的服务制度、建立监督机制、标准化服务考核等途径实现服务标准化（胡建华，2007）。"零干扰"的服务理念及服务态度对图书馆服务标准也提出了要求（石武强，2006）。

二、图书馆服务标准体系的内容

庞学金在 20 世纪后半叶就对台湾的图书馆标准进行了研究（庞学金，1992），其分析了 1965 年 7 月由台湾图书馆学会制定的台湾《公共图书馆标准》，共包括原则、组织、服务、图书资料、管理、人员、经费七大项，60 余款；1991 年修订的《公共图书馆标准》中同样也对服务进行了规范。1965 年 7 月台湾图书馆学会制定了《中学图书馆标准》；1979 年 12 月制订了《大学及独立学院图书馆标准》和《专科学校图书馆标准》。两个标准大体内容相似，且两个标准各自有七大项，分别包括任务、组织与人员、经费、图书资料、建筑及设备、服务和附则。1991 年 5 月 24 日制订的《大专院校图书馆标准》（草案）则对上述两个标准进行重新合并修订，并且以行政主管部门取代专业组织发布，表明其法规意义。除此之外，庞学金还分析了图书馆建筑设备的标准、私立图书馆的法规、中心图书馆的法规、图书馆员任用的法规等。张辉介绍了《国际图联公共图书馆服务标准与指南》的发展历程，分析了引起变革的原因，并对标准中的内容进行了一定的分析（张辉，2007）。王华等（2010）介绍了澳大利亚图书馆与信息协会公共图书馆咨询委员会制定的《公共图书馆服务标准》的主要内容，并分析了 20 条标准的特点。杨柳认为图书馆服务标准的制定过程包括：分解服务过程，也就是把读者在图书馆所经历的服务过程细化、再细化，放大、再放大，从中找出影响读者服务体验的每一个要素；再寻找每个细节的"关键因素"；把"关键因素"转化为服务标准，即把影响读者服务体验的关键因素标准化、具体化，具体到"服务圈"里的每一个细节中去（杨柳，2004）。有研究者从图书馆服务标准制定的读者满意视角出发探讨标准的内容，认为图书馆是为读者而存在的，没有读者，图书馆就失去了存在的价值和意义，读者满意是衡量图书馆工作的重要标志，而"读者满意"的前提则是标准化服务，因而作者将"顾客满意"（customer satisfaction，CS）策略引入图书馆，建立一种新的准企业化运营机制，制定以用户为中心，以用户的需求为目的的图书馆服务标准，由此确定服务的标准化程序，制定各部门岗位工作的标准和职业规范，完善信息服务的评估体系。提出图书馆服务标准包括工作人员的行为举止和语言规范、场地和设备的要求、工作技术方法、业务工作标准等，其具体体现为三大要素，即人员、硬件和软件。赵春英指出我国缺乏统一的图书馆服务标准，重点分析了信息时代公共图书馆服务标准的几个相关问题，包括执行依据、制定水平、服务实践、联合服务、评价监督、特殊服务等（赵春英，2010）。

图书馆服务包含多种形式，研究者在对图书馆不同服务形式的研究过程中提出了图书馆标准的内容。图书馆实施大流通服务，打破了"借阅分离"的服务模式，将馆藏文献资源对读者完全开放，简化借阅手续，节约了读者的时间，让读者最大限度地利用图书馆。图书馆这一服务模式的改变急需服务标准化，龙晓红认为工作流程的改变对图书馆服务标准将产生影响，分析了在大流通的服务模式下，标准化建设不仅有利于建立高效、科学、规范的现代化图书馆管理制度，而且有利于提高服务质量和服务水平，同时能够持续满足读者的需求和期望；其还讨论了高校图书馆制定、发布和实施标准的基本原理是统一、简化、协调和最优化，目标是达到统一，推进服务标准化，向读者提供规范的、可追溯的、可检验的、重复的服务，实现大流通服务的规范化、科学化，以优质服务增强读者的满意度，并提高文献资源的利用效益；高校图书馆服务标准化实施的措施包括深入服务标准化理念，制定合理、规范的标准化制度，提高馆员业务素质，建立标准化体系的评价制度（龙晓红，2010）。孙凤琴和付金华认为图书馆的流通服务是图书馆的窗口，为读者提供文献信息服务，其服务质量的高低不但关系到馆藏文献资源的开发和利用，而且直接影响到整个图书馆的形象和声誉，在流通服务工作中引入 SERVICE 服务标准理念能体现图书馆人文服务精神，是解决图书馆员与读者之间冲突，塑造图书馆完美形象的法宝，有利于提高图书馆服务质量，获得读者的信赖；并从 SERVICE 理念出发分析了七条相应的服务标准：S（sorry）——及时的真心诚实的道歉是化解矛盾的关键；E（earnest）——真诚对待读者的抱怨、倾听读者的意见；R——（right）读者永远是对的；V（victory）——对读者提供比他们期望值更多的服务，使读者获得一种满足感；I（instant）——快速地解决读者提问，使读者满意；C（confidence）——自信，充分显示自己的能力、信心及远见，使读者被你吸引；E（excite）——理解读者，让读者高兴（孙凤琴和付金华，2004）。吴波认为包含服务标准在内的六个方面趋势代表了 21 世纪图书馆虚拟参考咨询服务的发展方向，虚拟参考咨询服务的服务标准包括技术标准与行为规范两个方面（吴波，2007）。

刘广明在对国内外图书馆数字参考咨询服务进行的比较研究中选择了服务标准作为比较点之一（刘广明，2005）。随着网络技术的发展和信息资源服务条件的大幅改善，图书馆提供深层次的信息整合服务成为图书馆服务标准之一（毕梧琼，2010）。在对读者服务特性分析的基础上，李海认为应实现读者服务的标准化，并从标准化的物质基础、管理体系、制度、采用合理的服务方式、服务监督、服务绩效评估等方面阐述了如何实现读者服务的标准化（李海，2005）。

另外，图书馆服务理念直接影响到图书馆服务标准的内容，研究者认为普遍均等服务理念要求必须加强对责任主体、实施主体、服务对象、服务标准和实施途径五个方面的研究使其逐步落实。从图书馆普遍均等服务理念出发，标准包括两层面内容，即数量层面标准和质量层面标准。数量层面标准的内容是依人口为基本依据对服务的要求，质量层面标准指内容标准，包括图书借阅、参考咨询、场地使用、计算机信息检索、数字资源获取等（朱国萍，2009）。赵建爽认为图书馆服务应该是标准化的服务，标准化服务对图书馆具有重要意义，应从读者到馆活动的过程研究制定图书馆服务标准，SMART 原则可以用于提高图书馆服务标准，具体而言包括：S（specific）——明确性、M（measurable）——可衡量性、A（achievable）——可实现性、R（relevant to Customers）——与读者的需求相吻合、T（timely）——及时性（赵建爽，2010）。

宋锦认为随着环境的变化，图书馆服务单纯依靠馆藏标准和检索标准已经不能完全满足图书馆的需要，因此，图书馆服务标准必须包含更广泛的内涵，从而使图书馆服务标准对服务质量的评价更具有科学性和现实意义；其重点探讨了在建设信息资源服务新模式中图书馆服务标准的变化，并提出了以标准化形式改变图书馆传统的服务方式（宋锦，2008）。在对数字图书馆相关技术领域标准规范进行综述的过程中，研究者发现标准规范主要包括信息传递标准、数据库管理标准、信息服务标准和数据保存与安全标准等（潘薇和喻浩，2008）。数字图书馆相比于传统图书馆在内涵上有所扩大，其标准协议也应扩充为基于互联网基础的标准，不但强调信息资源更加强调信息服务，因此研究者认为数字图书馆标准不但包括互联网信息检索基础体系相关标准，还应包括相应的信息服务标准，但其所谈信息服务标准是较为偏重服务技术的（李文芳和王亮，2004）。龙晓红认为高校图书馆服务标准应包括服务基础标准、服务质量标准、服务管理标准、服务流程标准；可见，其认为的服务基础标准实质是高校图书馆业务工作标准，服务管理标准实质就是图书馆管理标准，其认为的服务是广义的服务，认定的服务标准划分也是广义的（龙晓红，

2010)。王频和张健认为服务标准的构成，应本着一切以读者的需求和投资效益为出发点，紧密围绕影响高校图书馆服务的几大核心要素，包括文献资源的利用、场所的面积及分布的合理性、馆员的结构、服务流程的便捷性等；他们还对每一项标准内容进行详细的分析和设计，包括建筑面积、文献、馆员、服务组织、服务效率、服务监督、服务宣传、服务环境（王频和张健，2010）。

第三节 论在图书馆流通管理工作中推行 ISO 标准的可行性及必要性

随着科技的迅猛发展，图书馆面临着以服务求生存、以质量求发展的巨大挑战。图书流通管理作为图书馆重要基础性工作之一，是展示图书馆精神风貌、服务读者的重要部门，是对外宣传的重要窗口。图书馆如何做好图书流通管理工作，提高服务质量，更大限度地满足读者的需要，笔者认为 ISO9000 质量管理标准凝聚了各国质量管理的精华，提供了一套严谨、科学、完整的管理框架，同时也是基础性、通用性的管理手段。因此，可有效地引入到以服务为主的图书馆流通管理工作中，与现有图书馆流通管理工作有效结合，以推动图书馆流通管理工作尽快从传统的经验管理转向现代化的科学管理。

一、ISO9000 的概念及内涵

（一）ISO9000 的概念

在 1994 版 ISO9000 标准中就将全面质量管理（Total Quality Management，TQM）定义为：“一个组织以质量为中心，以全员参与为基础，目的在于通过让顾客满意和本组织所有成员及社会受益而达到长期成功的管理途径 [1]”。这一定义不仅适合于任何企业制造业，还广泛应用于服务及教育行业，得到了质量管理界和社会广泛认同。该体系包涵以下原则：

1. 以顾客为关注焦点：组织应理解顾客当前和未来的需求，满足顾客要求，争取超越顾客期望。

2. 领导作用：领导者确立本组织统一的宗旨和方向，创造并保持员工能参与实现组织目标的内部环境。

3. 全员参与：各级人员是组织之本，只有他们的充分参与，才能使他们的才干为组织获益。

4. 过程方法：将相关的活动和资源作为过程进行管理，可以更高效地得到期望的结果。

5. 管理的系统方法：识别、理解和管理作为体系的相互关联的过程，有助于组织实现其目标效率和有效性。

6. 持续改进：组织总体业绩的持续改进应是组织的一个永恒的目标。

7. 基于事实的决策方法：有效决策是建立在数据和信息分析的基础之上。

8. 互利的供方关系：组织与其供方是相互依存的，互利的关系可增强双方创造价值的能力。

（二）图书馆流通工作引入 ISO9000 管理的内涵

与传统的图书馆流通管理方法相比，图书流通引入 ISO9000 质量管理体系具有更加丰富的内涵：

1. 突出"读者第一"的服务宗旨

ISO9000 的核心是"以顾客为关注焦点"，而图书馆把"读者第一"、"用户至上"作为为读者服务的永恒理念。尽管现代信息技术发展改变了读者利用文献资源与图书馆的方式，但图书馆服务宗旨并没有发生变化。图书馆最终目的就是为读者提供更优质的服务。如果没有读者，图书馆就失去了服务的价值和意义。在图书流通管理工作中引入 ISO9000 质量管理的目的是突出服务质量，把向读者提供服务的质量水平作为评判馆员工作绩效的标准，把读者的满意度作为评价图书流通管理工作成效的重要内容。

2. 强调"人人参与"的重要性

图书馆管理与服务是一项系统工程，涉及到每个部门、每个岗位以及每个工作人员，彼此之间相互联系又相互制约，特别是在流通工作部门的图书管理人员，直接面对读者提供服务，流通部门工作人员服务质量的高低是检验整个图书馆服务工作水准的最终体现。因此，在图书馆流通管理工作中推行 ISO9000 质量管理，关系到流通管理部门的每个岗位、每个工作人员，必须全员参与。

3. 倡导"以人为本"的管理理念

在管理因素中，"人"是核心，也是关键。图书馆一系列服务措施都将通过工作人员具体实施才能得以体现。在 ISO9000 质量管理体系中，推行并重视对读者提供服务质量的同时，也要求对馆员自身的需求加以人文关怀。其目的是使得读者在享受高质量服务的同时，馆员在工作中也能获得成就感、满足感。

二、国内外图书馆实行 ISO9000 质量管理体系现状

20 世纪 80 年代末，欧美国家开始将其引入图书馆界。1994 年在华盛顿首次召开了关于"全面质量管理与高校图书馆的国际会议"，这次会议促进了质量管理在图书馆界的广泛应用。ISO9000 服务标准适合图书馆追求最大限度社会利益的宗旨，它是从图书的流程、工作环节等全方位、全过程的管理。图书馆引入 ISO9000 标准认证最早源于英美发达国家，如英国在 1993 年就有 14% 的学术机构和公共图书馆取得了 ISO 质量体系认证。尤其是欧洲国家，取得了显著成效。中国的香港、台湾、澳门也在积极推行这一标准，如澳门大学图书馆 2002 年通过了该体系认证。香港中央图书馆 2002 年开始导入 2000 年版 ISO9000 质量体系认证，以此完善现有管理体系。目前，图书馆都实行了"超市化"管理，这种管理方式标志着图书馆由封闭走向开放，由重藏走向重用。近几年来，国内越来越多的大学图书馆开始加入该体系，取得了丰富的经验，推动了图书馆管理模式由传统转向现代化"以人为本"的科学管理，如 2005 年 7 月海南大学图书馆获得了质量管理体系认证，2011 年杭州图书馆正式启动了 ISO9000 质量体系认证。该体系真正有效的解决了图书流通工作过程中出现的现实问题，提高了服务质量。

三、图书流通管理工作中推行 ISO9000 可行性

1. 具备良好的管理基础

在长期实践工作中已经摸索出一套适合图书馆的规章制度、岗位职责等，并形成了科学、规范、行之有效的的管理体系。在这种良好的管理体制下，大部分图书馆工作人员无论从业务水平还是职业素质方面都得到了提升；加上随着社会对信息知识的重视，图书馆在基础设施、网络建设等方面的大力投入，使得图书馆无论在硬件建设还是软件建设上，都适合推行 ISO9000 质量管理体系。在图书馆流通工作中推行 ISO9000 质量管理标准，是提高图书流通管理工作再上新台阶的有效手段，也是进一步提升图书馆整体服务形象的良好时机。

2. 具有成功的理论和实践经验

ISO9000 质量管理标准源于企业质量管理需要，但因其方法及功能实用于所有企业及服务行业，并从标准化角度在服务管理、服务保证及方法上形成了一系列标准化、规范化程序，适应于图书流通工作管理流程中的每一个环节。从国内外图书

馆已经引入 ISO9000 标准的效果来看,图书馆各项管理都取得了明显提高,有力地证明了图书馆引入 ISO9000 标准是切实可行的。

四、图书流通管理工作中推行 ISO9000 必要性

图书流通管理工作中推行 ISO9000 质量管理标准其主要目的是提高图书馆的服务水平。该体系是现代管理理论与实践发展的重要标志,是人类文明进步的重要成果,将这些方法与理念引入图书馆流通管理中,给图书馆管理和服务提供了新的思维方式和管理模式。这种全新的管理模式在图书馆有着广泛的应用前景,它必将有利于图书馆管理水平、馆员质量意识、业务能力和整体素质以及图书馆服务质量等的全面提升。

1. ISO9000 质量管理体系引入到图书流通管理工作是时代发展的需要

在图书馆"藏、借、阅"一体化的现代流通阅览模式下,大开架、大流通等新型服务模式日益普及,图书馆书库越来越大,读者越来越多,借阅量也不断增长,传统的管理方式很难适应新形势下流通服务的需求,引入先进管理模式成为现代图书馆寻求业务变革、提升业务效率的有效模式。

2. 增强馆员责任感,创造良好服务氛围

现实图书流通管理工作存在诸多与读者需求不一致性,通过质量管理体系的应用可以有效改善服务,将服务与需求有机结合起来,使每个图书管理人员都有强烈的服务改善意识,遇到问题和投诉,自觉主动地从自身查找原因,寻找不足,吸取教训,制定纠正方案和改进措施。在图书馆营造人人关心服务质量的良好氛围。

3. 强化"读者第一"的服务理念

从 ISO9000 质量管理体系的核心"以顾客为关注焦点",就能看出这一原则与图书馆"以人为本,读者第一"的服务理念是一致的。图书馆的顾客就是读者,在图书流通管理工作中,可能出现不同的问题,图书服务工作人员应时刻站在读者的立场上考虑和解决问题,及时了解和掌握读者的需求,并通过各种方法满足读者的需要,最终达到使读者满意的目的。

4. 规范图书流通管理,提升服务质量

引入 ISO9000 质量管理体系于图书流通管理全过程中,可对图书流通环节进行逐项评估,包括书库管理规范,如:图书的上架排序、图书整理、温馨提示语的规范、架标的规范等,以及馆员行为规范(书库工作人员,要求经常巡视书库、清理书库,给读者创造一个良好阅读环境;借还处工作人员,要耐心、热情向读者解答

疑问，并起到导读作用）、图书流通规范（如图书馆流通工作的重心要由原来的"借借还还"为主向"信息服务"、"知识服务"、"读者第一"的服务观念转移），还有监督巡察和考核考评机制等，以此在图书流通过程中，创造一个良好的工作环境，标准的操作流程，周到的服务理念。

总之，在图书流通管理工作中引入 ISO9000 质量管理体系，不仅让读者感受到"读者至上"的服务质量和水平，同时也让图书管理工作人员在工作中找到工作的乐趣，从而使图书管理在改革时代立于不败之地。

▶ 第二章

高职图书馆人文管理与发展

第一节　高职图书馆人文管理探讨

一、高校图书馆图书流通工作管理的思考

信息化高速发展的今天，计算机的普及以及"一卡通"的应用已大大提高了图书馆各项管理水平，而图书流通是衡量图书馆工作质量的重要指标。如何做好高校图书馆图书流通工作？笔者试从图书馆管理中的几个问题谈几点看法：

（一）完善书库管理是做好图书流通工作的前提

目前，各高校图书馆都实行了"超市化"管理，读者只需持有效证件就可到不同书库查找自己所需要的图书。图书馆"超市化"管理标志着图书馆由封闭走向开放，由重藏走向重用。实践证明，这种管理方式大大方便了读者，也提高了图书资料的利用率，如何更好地给读者提供优质服务？

1. 营造安静、舒适、方便的阅读环境：要营造安静、舒适，清洁、卫生，空气清新、光线明朗的书库环境，每一个细小环节都要从读者的角度加以考虑，如：书库门外要清楚标明所藏图书的类别，书库内书架摆放合理、标识醒目。阅读处要配

备一定数量的桌椅、垃圾桶、并提供饮用水。此外，还可根据情况，适当配置复印机等，提供有偿服务。

2. 分科设馆，科学排架，便捷查找：很多读者进入图书馆一片茫然，不知如何选择自己所需图书，我校图书馆按照文、理科分别设立了文科馆和理科馆，馆内书架按照 26 个英文字母顺序从前往后排架，图书按照顺序从左到右、从上至下排放。读者无论是先在查询机上查找，还是直接现场查找，都能快速、准确无误的找到有关图书资料。

3. 及时上架和调架，提高流通率：无论是归还的图书，还是新进的图书，都要及时按要求将图书上架，特别是新书上架时，会出现架位不够的情况，图书管理人员就要及时做好倒架、顺架工作，相应架标也要及时更新，以便读者准确查找，从而提高图书流通率。此外，对知识更新较快的会计类、计算机类，以及政策、法律法规等一类的书籍，由管理人员每年清理一次，列成清单，上报领导审查批准，退出常用书架，作为备用查书馆藏。这样，不仅合理利用了馆藏空间，而且缩短了借阅者的查阅时间.

4. 随时整架，提高排架率：图书管理人员应该经常巡视书库，发现问题及时解决。有的同学不习惯将书归还原位，随手乱放；有的同学找到自己喜欢的书，怕下次来时找不到，就将书藏起，放在以为别人找不到的地方，这样就造成了乱架现象，致使有的图书长期放在一个地方，想看的同学又找不到，影响图书的利用。经常巡视、随时整架，督促读者养成良好的阅读习惯，使用书位牌，防止和减少乱架现象。

5. 及时修补，提高利用率：有些图书，如文学I类，借阅率在我校图书馆一直处于首位，相应的此类图书损坏率也较高，借还大厅工作人员要在读者归还时，发现需要修补的图书及时送到装订室，请专业人员及时修补；此外，有的图书条形码及磁条受到相应磨损及损坏，也会影响借阅，同样也应及时送到采编部处理，保证图书及时流通，提高图书利用率。

（二）加强图书馆设备软硬件建设和管理是做好图书流通工作的基础

实行数字化，尤其是计算机管理是图书现代化管理的重要手段。但是，在实际操作过程中，往往会出现一些问题，一是电脑有时会出现突然死机现象，尤其在借阅高锋期，会耽误读者借阅时间；二是扫描仪长时间使用后，有时会出现误读条码信息，工作人员只能手工操作，影响借阅速度；三是安全监测系统不稳定，监测仪有时失灵，存在安全隐患，增加了工作人员的监管力度。

1. 加强硬件建设：技术部要强化图书管理设备的选购和增添，同时要加强设备的检修和更新，要对日常使用的计算机、扫描仪和监测仪等设备进行定期保养和维护，确保设备运行正常。

2. 强化软件管理：技术部工作人员要定期对软件进行维护，包括病毒处理和软件更新，同时，还要及时发现问题，采取补救措施。如我校图书管理软件自 ILASII 更新为 ILASIII，以及借阅管理由借阅证更换为"一卡通"后，提高了图书流通管理水平，极大地方便了读者借阅。

（三）加强读者管理是做好图书流通工作的关键

在所有管理中，对人的管理尤为重要，实际工作中，我们发现很多读者存在一些问题，表现在以下两方面：一是对图书管理系统不熟悉，尤其是新生，既不熟悉图书分类系统，又不熟悉电子图书检索系统，往往是盲目的在图书馆随便翻阅，致使图书错架乱架现象时时发生。二是同学之间相互借证，导致借书超期或损坏、遗失等现象时有发生，尤其是关系到赔偿责任时，持卡人往往会怀疑是否是工作人员失误或计算机系统出问题？由此引起不必要的麻烦。

抓住新生入学时期，引导学生关注和了解图书馆，编制印发《图书指南》小册子，做到新生入校人手一册，并且组织新生参观图书馆，让新生熟悉了解图书馆整体布局，以及书库分类、电子阅览和网络检索等常识。根据图书馆新进图书，举办新书介绍专栏，同时，介绍新书检索方法。

（四）提高馆员工作能力是做好图书流通工作的保证

1. 加强职业道德教育，树立以"读者第一"的思想：学校图书馆是知识传播、信息传播的窗口，是为广大师生员工提供信息服务的重要场所。只有全身心的投入图书馆工作之中，才能以主人翁的姿态对待工作，以高度的责任感发挥主动性和创造性，服务好每一位读者。因此，热爱图书馆事业，树立以"读者第一"是作为一个图书馆工作者最基本的职业道德。

2. 培养"一专多能"的服务本领：图书馆员服务的对象，不仅仅是对本馆的读者，还有通过网络、电子邮箱寻求服务的读者，现代科学技术的飞速发展，信息交流突破了的时间和空间的限制，图书馆员只有借助于现代技术，才能发挥图书馆在信息化社会中的作用。因此，要求图书馆服务人员不仅要熟练运用计算机，以 Intemet 为主的互联网络不受地域限制，为全球的信息资源共享提供便利，还要不断获取最新信息服务于读者，需要具备一定的外语阅读能力，才能更好更全面的服务读者。总之，要做好图书流通管理工作，不仅要有良好的设施设备作为基础，还要有先进的管理思想和科学的管理水平，通过电子化、数字化和一体化，实现人性化。

二、高职院校图书馆人性化管理之我见

在社会各类资源中，人是第一资源。"人性化管理"是当代改革创新、与时俱进的主导方向。高职院校图书馆引入"人性化管理"的理念，表明了图书馆在人力资源管理中的地位和重要性也反映了人性社会化发展的需要，以及图书馆服务人性化发展的需要。什么是图书馆"人性化管理"，如何认识并真正做到图书馆服务的人性化管理，通过多年的实践和探索，这个话题仍需要我们深入思考和探讨。

（一）图书馆人性化管理的实质

"人性化管理"，就是以"人"为本，采取适合或符合人性的管理方式、管理手段和管理措施。图书馆人性化管理是指在图书馆管理和服务过程中，采取以图书馆管理人员和读者（包括教师职工与学生）为中心的管理和服务方式、手段和措施，包括基础设施人性化、服务流程人性化、时间管理人性化、服务方式人性化等，使图书管理人员与读者在一种舒适、愉快、和谐、友善、尊重等人性化的环境条件下工作和学习。

（二）高职院校图书馆实行人性化管理的意义

1. 实行人性化管理是人性社会化发展的需要

人类社会在不断进步，从传统的经验管理到科学的制度管理，再从制度管理到现在的"人性化管理"，都是紧跟时代及当前社会发展的需要。管理大师彼得·德鲁克（P·F·Drucker）指出："管理者的任务是做好'催化人'的工作，而中国传统文化尤其是儒家精神则为今天的管理者充实深厚的文化底蕴"1。人性化过去主要体现在服务行业，并且主要体现在被服务者方面；随着人性社会化发展，无论是管理者，还是被管理者；无论是服务者，还是被服务者，都有一种人性的自身需求和满足，图书馆是不同人群的集中场所，自然也有人性的自身需求和满足。

2. 实行人性化管理是图书馆服务人性化发展的需要

图书馆史学家翰逊（D·E·Johnson）曾指出，在书籍和图书馆的历史中，人的因素始终是最重要的。人员是图书馆诸要素中最活跃的起决定作用的因素，人员的素质决定图书馆工作的效益和质量，决定图书馆事业的前途2。图书馆作为高职院校中的一个服务机构，服务于广大的教职员工和学生，因此，无论是对图书馆服

务人员，还是对读者，都需要加强人性化管理和人性化服务水平。作为高职院校图书馆，是不同人群相对集中的场所，无论是图书馆服务人员还是读者都有人性化需求，比如，良好的空气环境，舒适的座椅，茶水的供给，明朗的光线等。

3. 实行人性化管理是以人为本的根本要求

长期以来，图书馆只偏重于对图书资料的管理，往往忽略对工作人员的关怀；强调工作人员对读者的服务，而忽视工作人员的自身需求。图书馆工作人员多以女性为主，家庭因素等客观原因，会使很多员工心里有诸多不顺，如果领导不关心、不理睬，可能会将情绪带到工作中，很多领导都认为女同志不求上进，为了扭转工作作风，就想出很多办法来"治"，其效果适得其反，让员工产生一种"限"、"卡"、"罚"的感受，至使员工消极对待工作，影响图书馆服务质量，引起读者不满。马克思说："人们奋斗所争取的一切，都同自己的利益有关"3。没有一个关怀的人文环境，精神上得不到满足，工作得不到肯定，就无法全身心的投入饱满的工作热情。因此，实行人性化管理，不仅要考虑读者的需要，也是考虑工作人员的需要。

（三）实行图书馆人性化管理的途径

1. 基础设施人性化：图书馆基础设施建设是做好服务工作的前提和保障，以前由于我院是由三个中专学校合并而成的，图书馆也就分散在三个教学区，人员配备参次不齐，学院领导克服重重困难，将三个地点分散的图书馆合并成一个集农业、财贸、机械等为一体的综合性图书馆，现的纸质及电子书籍70余万册，按类分为7个库房，1个教师阅览室，1个样本书库，4个期刊报纸阅览室，期刊报纸1000余种，约400多个座位；现代化的电子阅览室内微机100余台，能较好的满足读者网上查阅。图书馆已采用ILAS软件系统实行自动化管理，建有网络服务一级站点。检索阅览用机8台，打印机3台、复印机1台、扫描仪1台、监测仪2台等现代化管理设备4，设备先进，设施完善，管理规范，提供传统的书籍期刊等纸质文献和现代的电子文库等服务，既满足人们传统的阅读习惯的需要，又满足人们大量的信息资讯的需要；同时，不断改善图书馆工作环境和阅读环境，保持空气流通、光线明朗、安逸宁静、白昼一致，座椅舒适，茶水供应，冬暖夏凉的工作和阅读环境。

2. 管理观念人性化：图书馆管理理念从"以文献为中心"转移到"以服务为中心"，构建"工作人员为读者服务，领导为工作人员服务"的管理和服务体系。在岗位设置上，要满足图书馆管理和读者需要，"因岗设人"，并根据员工能力和特长安排在合适的岗位，做到因才施用。员工薪酬要符合岗位设置要求，建立同工同酬、按劳取酬的薪酬制度。同时，建立合理的培训学习和职称评定等制度，激发员工爱岗敬业，积极向上。

3. 服务内容人性化：领导服务员工，员工服务读者，从根本上讲，最终还是通过图书馆服务于知识和信息的价值发挥。高校图书馆服务的主要对象是教师和学生。教师在高校中担负着教学和科研双重任务，需要全面、系统、专业的方面服务，如国家级、省级以及校级精品课程所需的资料是不同的；还有科研课题的申报等，每年我们图书馆信息部都积极主动为科研申报的教师搜集各种所需资料，并编研分类好提供给所需的教师，大大减轻教师的工作量。学生主要是完成学业和扩大知识面，处于不同时期的学生，所需提供的服务也不同，刚进校的大学生，由于专业知识还不够深，查阅获取知识的意识及能力不够强，主要是熟悉了解获取知识和信息的渠道与途径；高年级学生随着专业知识的深入和求知欲的增强，他们主要是以获取相关知识和信息服务于本专业的学习。根据不同读者的不同需求，提供不同的服务内容。

4. 服务时间人性化：读者的时间需求是图书馆服务时间的根本要求，员工服务时间要满足读者的时间要求，一般来讲，除寒假、暑假之外，其他时间都是开馆时间，节假日也不列外。为了方便广大师生能随时借阅，图书馆打破了传统机关的作息时间，同时，为了保证员工在时间上的个人需求，图使馆实行员工轮班制，每天中午和晚上都有人值班，直至学生就寝，做到只要有学生在校，只要在作息时间范围内，图书馆就有员工在岗服务。别看只是每天那几个小时，可大大满足了师生的借阅需求。

5. 服务方式人性化：图书馆管理方式从以"图书馆藏为中心"转向以"服务读者为中心"，提供人性化服务方式是实现优质化服务的重要途径，由此，图书馆的服务方式由过去的"封闭式柜台"服务方式转变为"自选式超市"服务方式，读者可以在图书馆书库内任何一个书架上自由选取或阅读自己所需要的图书资料；并实行"多处选择、一处借阅"的方式，给读者提供方便快捷的借阅手续。实行人性化管理将是图书馆发展的一个持续话题，是高职院校图书馆提高管理和服务水平的必然趋势，是做好图书馆服务工作的重要途径。

三、高职院校图书馆绩效考核探讨

绩效考核是图书馆实现管理目标的重要方式之一，通过绩效考核，使员工在工作中了解自己的业绩及不足，使其在工作中不断完善自我、提升自我，从而激发员工的主动性、积极性和创造性，以此达到提高整个图书馆的管理和运行水平，改善服务形象，提高工作效率。但是，在当前图书馆的实际考核过程中，却总会存在不尽人意的问题，不合理的绩效考核还会对员工起到消极作用。

（一）当前图书馆绩效考核存在的主要问题

说到绩效考核，很多人都会想到"年终总结"、"年终考核"、"年终评比"等，即每到年终时大家写一篇年终工作总结，然后在会上读一遍，最后投票评选出"优秀"、"合格"、"不合格"不同等次，评定的结果是：优秀等次轮流得，大多数人是"合格"，极少数或根本没人"不合格"。如此考核基本上是流于形式，起不到激励作用，馆员的积极性和图书馆工作效率得不到有效提高和改善。

1. 缺乏良好的沟通环境。图书馆实行绩效考核的目的是为了提高管理效率、工作效率以及对员工起到激励作用，因此，要求每位图书馆工作人员真正了解考核目的、考核方法、考核制度等内容，并理解与支持。但目前高职院校图书馆考核形式大多都是抽象性的、理想化的规定和要求，并以文件的方式下发的，有些规定和要求并不是很合理，员工也不是真心接受，形成规定与实际脱节，加之缺乏沟通、协调，很容易引起大家的抵触情绪。

2. 缺乏科学的考核体系。要想真正做好绩效考核，使绩效考核在图书馆工作中发挥积极作用，科学的考核体系是关键。目前在图书馆的考核中，多数图书馆现行的绩效评价仅仅局限于"德、能、勤、绩"等抽象的规定和要求，并且考核要求也没有具体化，表现在：一是没有具体到职责岗位，二是没有具体到岗位人员。考核体系的不科学，使得考核失去应有作用，不仅起不到激励作用，反而影响员工的积极性以及对图书馆的认同感，直接影响了考核效果和工作效能。

3. 缺乏科学的考核制度。高职院校图书馆肩负着学校知识信息服务的功能，是为全校师生提供信息服务的知识平台，这种服务体现在每位馆员日常服务中。而图书馆的绩效考核，每年年终进行一次，平时基本上没有进行绩效考核，这样使考核者和被考核之间很容易形成只对近期的工作进行考核而忽略平时的业绩。

（二）完善绩效考核的有效途径和方法

1. 营造良好的考核环境。图书馆绩效考核是图书馆的一个集体活动，不是哪个人或哪个部门能独立完成的，绩效考核只有首先处于良好的沟通环境下，所有图书馆工作人员才能遵照执行，并起到绩效考核的效果。良好的沟通环境要做好以下几个方面：

（1）加强领导班子建设，树立良好的馆风。图书馆馆长和各部门负责人是做好图书馆管理的核心，图书馆各项管理制度、政策的出台，离不开图书馆管理层严谨的工作作风和雷厉风行的执行力，同时，馆长和部门负责人要精诚协作、团结一致，维护图书馆服务大局，公正合理、严格要求，在全体馆员中起到表率作用，以此提高馆员的凝聚力，保证绩效考核的公平、公正。

（2）深入基层，统一思想。图书馆绩效考核不仅仅是提高图书馆管理效率，也与员工的切身利益息息相关，因此，在实行考核前，图书馆领导要组织全馆员工认真学习并深入理解绩效考核的意义，使员工明白考核的意义和作用，取得大家的认同。此外，领导要根据本馆自身的特点，制定切合实际的考核制度。深入不同岗位实际考察，和一线工作馆员深入沟通，了解各岗位的工作特点、要求，听取他们的意见和建议，并作为制定绩效考核方案的依据。

2. 制定科学的考核体系。科学、切合实际的考核体系是做好图书馆绩效考核的基础。现在绩效考核的方法有很多种，如：KPI 平衡计分法、权重计分法、EAV 及 360 度绩效考核与评价法等。每个考核方法各有利弊，同时各院校图书馆存在不同的差异，因此，在设计考核体系的同时，一方面要从宏观上根据本院校图书馆的自身特点，以及工作要求、发展目标，制定适合自身运行和发展的考核指标；另一方面要从微观上根据各部门及岗位设置、人员素质和工作量的不同，制定有差别的考核指标，这就要求考核指标细分并量化，同时，还需要针对员工的个性特点和差异制定考核要求，不同的员工在绩效考核上存在差别，这种差别的形成一般由员工本身的工作能力、知识素养、职业道德和工作态度等有密切关系，因此，在考核体系的制定上，既要涉及团队要求，岗位要求，又要涉及个人要求；这样，通过科学的考核体系和考核机制，实现调动员工的团队精神和个人积极性、主动性和创造性。

3. 建立严格的考核制度。绩效考核制度是考核工作中的关键。高职院校图书馆绩效考核制度包括：考核机构的建立、考核方法的规范、考核信息的反馈、考核奖惩的兑现。

（1）考核机构的建立。考核能否具有科学性、公正性，除了要有科学的考核体系外，考核机构的建立也应具有合理性。考核机构应由图书馆领导、部门主任、基础员工组成。图书馆领导是图书馆各项工作的制订者和决策者，了解各部门人员情况、工作情况，发现绩效考核中出现的问题以便及时作出调整；部门主任在图书馆领导与员工中起到纽带作用，在工作中能起到指导作用，在管理上也能代表员工向领导提出意见和建议；基础员工参与绩效考核，目的是让员工了解整个绩效考核过程，增加考核透明度和公正性。

（2）考核方法的规范。考核方法的规范主要是指考核时间与考核技术。考核时间是根据考核项目的质量而定，如书架整理、网页动态维护等日常管理工作，考核小组可以随时进行日常考核，以增强考核的真实性；考核时间一旦确定，考核小组就应严格执行，让员工知道考核的真实性与严肃性。

（3）考核信息的反馈。考核信息的反馈是考核小组与员工沟通的重要形式，是一个双向沟通的过程，使被考核人了解自己在工作中存在的优点、问题及差距。对优秀员工给予鼓励，以激励他们在日常工作中的积极性；对考核不合格的员工，诚恳地分析他们的不足，以便在以后工作中改进。

（4）考核奖惩的兑现。考核奖惩的兑现是考核绩效考核过程重要环节和考核目标实现的重要手段。绩效考核成绩是对每位员工整体工作效果的体现。因此，考核要与员工的切身利益紧紧联系在一起，如工资调升、外出培训学习、职称职务的晋升等，这样才能真正达到考核的目的和管理的手段，发挥考核的积极作用。

只有通过建立科学、合理的考核体系，以及良好的考核环境、严格的考核制度、有效的考核机制，才能保证考核目标的实现，达到考核效果，图书馆工作人员才能在各自的岗位上尽职尽责，充分发挥其工作的主动性、积极性和创造性，做好图书馆服务工作。

第二节　高职图书馆工作发展研究

一、高校图书馆导读工作浅析

高职院校图书馆是基础文献、科技情报和实用技术等信息资源最丰富、最集中的地方，具有丰富的信息资源。此外，图书馆还拥有先进的电子阅览室，是获取知识信息的重要场所。面对浩瀚的知识和信息的海洋，很多大学生无所是从，不知道自己要找什么，或如何去找，或在哪里可以找到。作为高校图书馆，如何充分发挥图书馆的效能，除了做好图书馆日常管理和服务之外，围绕学生开展图书馆资料情报信息的导读显得尤为重要。

（一）做好图书馆导读工作的重要性

1. 做好导读工作，可以培养学生良好的阅读习惯。大学生活是丰富多彩的，相对于高中紧张学习生活，学生有更多空余时间可自由支配，特别是大一的新生，当他们刚进入大学时，需要适应新的学习环境，这个时候，图书馆针对他们开展导读工作，引导新生了解图书馆馆藏和图书分类，介绍有关专业资料情报信息，让他们了解不同学科、不同专业领域的动态，使他们对一些专业有所认识和了解，不仅增长知识面，也逐步形成获取知识信息的良好习惯。

2. 做好导读工作，可以提高学生阅读效率和阅读质量。国家教育部在高职高专办学条件中规定不同学校类别藏书量平均为 50－80 万册，年进书量为 2－3 万世册，而实际上经过近十年的积累，各大专院校无论是在硬件上，还是在软件上，都有较大发展，到目前为止，馆藏量远远超过教育部规定的藏书量，例如我院图书馆藏书约 120 万余册，期刊、报纸 1000 余种，电子资源 10 余种；武汉职业技术学院馆藏文献中纸质图书合计 140 万册，期刊、报纸 1000 余种，电子资源 10 种，图书藏量和知识信息的快速积累与更新，造成了巨大的文献信息量与有限的阅读时间之间的矛盾，如何有效解决这种矛盾？图书馆通过信息梳理，为学生提供良好的导读指导，针对不同情况，将好书、新书和有关信息推荐给学生，这样可以减少大量的查找时间，从而能更快地找到自己想了解的书籍和信息，在一定程度上提高学生阅读效率和阅读质量。

3. 做好导读工作，可以增强学生的求知欲。大学生在校学习期间，学习专业性知识比较强，而主要是以课堂教学为主，如果只满足于课堂的知识内容，很可能抑制学生的个性发展和知识结构的形成，尤其是容易使学生逐步失去学习兴趣。如果针对学生不同阅读倾向，提供不同的阅读信息，同时不断推出新的信息点，有利于学生根据兴趣和爱好，以及所学专业有选择性的阅读，同时，不断接触和了解新的知识与信息点，开阔视野，激发灵感，激励大学生的求知欲望。

（二）当前大学生阅读现状

通过对大学生在图书馆图书借阅、资料查阅，以及电子阅览室浏览等观察发现，相当一部分大学生在如何获取自己想要的图书和知识信息，如何选取所需图书和知识信息时，盲目性和从众心理比较普遍，主要表现在以下方面：

1. 获取信息的主动性不强：新生刚从紧张的高中学习生活步入大学生活，对知识信息的关注点还习惯于停留在书本上，对如何利用图书馆和电子阅览室等获取知识途径还缺乏意识。高年级学生对知识的关注点主要表现在所学学科及相关知识上，缺乏对知识信息的主动获取，往往是在撰写毕业论文时才引起重视。

2. 获取信息的渠道不熟：很多大学生走进图书馆一片茫然，面对大量图书和电子阅览室束手无策，不知如何又快又准的找到自己想要的图书或知识信息。主要表现在以下三点：一是不熟悉图书馆图书分类系统，很难直接较快地找到自己所需要的图书和资料；二是不熟悉图书馆电子图书检索系统；三是不熟悉如何利用网络专题数据库检索信息资料等等。

（三）如何做好图书馆导读工作

1. 抓住新生入学时期，引导学生关注和了解图书馆。一是编制印发《图书馆利用指南》小册子，做到新生入校人手一册。二是组织新生参观图书馆，让新生熟悉了解图书馆整体布局，以及书库分类、电子阅览和网络检索等常识。

2. 开展信息专题活动，提高学生参与兴趣和能力。一是针对知识创新和信息技术的快速发展，结合大学生在查找、利用图书或网络过程中存在的具体问题开展专题讲解。二是成立各种信息活动小组，如大学生读书社等，举办"世界读书日"、"图书漂流"等活动。

3. 举办专栏发布信息，提高学生感受信息敏感度。一是根据图书馆新进图书，举办新书介绍专栏，同时，介绍新书检索方法。二是根据科技创新领域新进展，发布新的知识信息点。三是根据网络信息更新，有筛选性的发布新的信息点。

4. 引入网络专题数据库，提高学生把握知识信息的深度。一是根据学生所学专业，组织开展毕业论文撰写活动。二是根据学生兴趣，组织开展兴趣主题论辩活动。三是学校将引入的《中国知网数据库》向学生全面开放，为学生提供更专业的知识信息平台。

二、影响高职院校图书利用的内部因素分析

图书利用率的高低直接反应出图书馆为广大师生服务水平高低的标准。影响图书利用的因素有很多，主要有社会因素、读者自身因素、图书工作因素。前两个因素是影响图书利用的外部因素，后者则是影响图书利用的内部因素。在相同的外部条件下，不同的图书馆在图书利用率方面存在很大的差异。如：很多高职院校图书馆较早实现了网上查询、网上预约图书等，并实现了电子图书、特色网站等现代化管理手段，图书馆为学院教学、科研提供最新、最快信息的服务，真正成为信息管理中心。另外在图书馆管理手段上也较早实现"一卡通"管理，以其集信息全面、运用方便、操作简单的优势，满足个性化服务，促进学校现代化管理水平，提高服务质量和工作效率；而有的图书馆，还只是停留在借借还还原始的工作上，这与图书馆领导的管理能力、管理方式、管理理念、工作人员职业素质、馆藏情况等有密

切关系。认真分析影响图书利用率的内部因素，积极改进不足之处，提高图书利用率，有着极大的现实意义。本文从馆员素质、图书馆藏情况、图书的利用方式与手段三个方面入手，对影响图书利用的内部因素进行探讨。

（一）图书管理工作者

在社会各类资源中，人是第一资源因素。高职院校图书馆肩负着学校知识信息服务的功能，是为全校师生提供信息服务的知识平台，这种服务体现在每位馆员日常服务中。在影响图书利用的内部因素中，图书管理工作者起着重要作用。而影响图书管理人员的主要是思想因素和职业素质。思想因素：图书馆作为学院后勤服务部门，承担着学院的教学、科研服务工作。但在大多数人眼中，图书馆工作人员的身份不是"后宫"就是老弱病残的息身地，在很多人心里也就不怎么重视。加之在传统的图书借阅服务中，仅仅存在你用我借的模式上。同时图书管理人员的日常工作只是整理书架、打扫卫生、办理借还手续等。因此，图书管理人员也就存在自卑心里，这种心里倒致工作人员思想上对图书管理工作的松懈。

职业道德：作为一个合格的图书馆员，必须热爱图书馆的服务工作，全心全意为读者服务是图书馆人员最基本的职业道德要求。在图书馆各个岗位服务中，具备不同职业道德的馆员，提供的是不同的知识服务。由于图书馆员自身感觉没有受到重视，日复一日的做着枯燥的工作，致使馆员产生职业呆滞和职业倦怠，失去创新意识和服务意识，同时也失去工作热情。在工作过程中找不到自我价值，因此工作上也就是"做一天和尚撞一天钟"的思想日益严重，将这种工作状态带到日常工作中，主动服务的意识的思想就很少存在。

（二）图书馆藏情况

图书馆藏的数量和质量直接影响着读者的利用。随着近些年来市场的不断变化，很多大中专院校合并成高职院，为培养适用型人才，各院系的专业也在相应做出调整。原有的图书馆藏书已不能满足目前在校师生所学专业知识的需求。图书馆藏书不能满足读者主要表现在：

1. 专业藏书的更新换代；如传统的会计专业、文秘专业、畜牧兽医专业、计算机专业等。其中，会计专业、计算机专业知识几乎每年都在更新，而文秘、畜牧兽医等专业逐步淘汰；而建筑设计、室内设计装潢等目前热门专业书籍缺乏。这时图书馆就面临着馆藏的书及时更新和下架的问题。

2. 载体的单一也是影响读者利用的因素之一。计算机技术的普及给图书馆工作带来各个方面的重大变革。如利用电子图书特有的性质，其优点已被大家所共识。

它可将文字、声音、图像等单一形式变为多媒体视、听、读的多维形态，将图片、文字等各种载体的文字整合起来，在表现手段方面具有极大的灵活性和多样性。而这一切需要各种载体的声像、文字、磁介质材料等为基础。因此，非纸质图书的不足，影响网络环境下图书的利用。

（三）图书的利用方式与手段

图书的利用方式与手段是影响图书利用的重要因素。图书利用的方式有主动和被动两种。传统的利用方式是"你用我借"，图书馆员的服务仅限于借借还还的手续办理上。被动利用的技术含量低，读者只需找到自己所需的书，管理人员办理好借阅手续即可。这种"你用我借"的服务方式，不能最大限度的发挥图书馆在高职院校中的信息服务功能，同时也不能满足当今社会读者对信息的密集高速的要求。图书作为一个重要信息来源，本是一个动态的信息源，如不加以开发，就会处于静态之中，信息价值低，因此，图书的利用只停留在被动层面，那么，图书的利用就会受到制约。主动的利用方式主要是图书管理人员通过各种方式及渠道将最新的信息第一时间传递给读者。目前，主要是做好以下几方面工作：1、抓住新生入学时期，编制印发《图书馆利用指南》小册子，引导学生关注和了解图书馆。2、开展信息专题活动，举办"世界读书日"、"图书漂流"等活动。3、举办专栏发布信息，举办新书介绍专栏，同时，介绍新书检索方法。提高学生感受信息敏感度。4、引入网络专题数据库，提高学生把握知识信息的深度，为学生提供更专业的知识信息平台。

主动利用与被动利用的区别在于：被动利用受读者的需求限制，读者有需求，则图书被用，无需求则图书无用，因为读者不知道有没有自己需要的书籍。主动利用的方式可以改变这一状态，通过做好图书的导读工作、网上发布等，不仅可提供给读者想要了解的信息，变被动为主动。这一利用方式可大大地提高图书的利用效率。

图书利用手段的现代化是提高图书利用率的重要因素。目前大多高职院校图书馆已采用 ILASII 软件系统实行自动化管理，建有网络服务一级站点，建有现代化电子阅览室。图书馆与数字化校园联网，与校园一卡通对接，刷卡管理，一卡完成图书馆所有业务。但是，由于读者对信息量的与日剧增与图书的采购速度还存在很大差距，为了保证书籍和信息的正常流通，因此，大多图书馆都是采用对读者限借数量的办法，这样，严重的影响了图书的利用。

图书馆只有实现了馆藏资源数字化、利用网络化、管理现代化、业务标准化、服务人性化，才能提高图书的利用。

三、利用高校图书馆资源　提高大学生信息素养

随着全球已进入信息时代，信息教育已成为当前高校重点教育的一部分。面对信息化社会人才的挑战，当代大学生只有不断学习，提高自身文化素养和信息素养，才能适应当前社会所需的能力型和创造型高素质人才，而能力型和创造型人才必须具备较强的获取信息的能力。因此，提高大学生信息素质教育已经成为高等教育人才培养的重要目标之一。

（一）信息素养的内涵

信息素养的概念是由美国信息产业协会主席保罗·泽考斯基于 1974 年提出的，主要包括文化素养（知识层面）、信息意识（意识层面）和信息技能（技术层面）三个方面。其宗旨为：提高全球和全美的信息素养意识，鼓励各种获得信息素养活动的开展。1992 年，美国图书馆协会给信息素养的定义：信息素养是人能够判断确定何时需要信息，并能够对信息进行检索、评价和有效利用的能力。

1. 文化素养。主要是指我们在获取信息过程中须遵循的准则和道德规范。大学生如何在信息的海洋里吸取精华、去伪存真，在获取信息的同时，抵制违法和不良信息活动及行为，遵纪守法。

2. 信息意识。主要是指对信息需求的自我意识，包括对信息的识别、分析、判断等能力。大学生如何通过信息意识的培养，增强对信息敏锐的洞察能力、判断能力，在学习过程中，能准确快速获取有用的信息。

3. 信息技能。主要是指获取信息能力、信息加工处理能力、消化吸收信息等能力。大学生有较强的信息技能，意味着获取信息和利用信息的效率高。

（二）信息时代对大学生信息素养的要求

1. 知识信息快速增长。根据有关资料，1945 年以前，在过去一万年漫长的岁月里，人类社会的知识总量是以自然的序数速度发展，其中：在 18—20 世纪 200 年的工业革命时期，人类社会知识总量以机械的倍数速度发展。1945 年以后，创造了人类社会知识总量的 90% 以上，是过去一万年人类知识总量的 20 - 30 倍，知识迅猛增长，由此，这就要求当代大学生具备获取更多知识信息的能力。

2. 知识信息快速更新。随着社会的发展，知识更新周期越来越短。联合国教科文组织曾做过一项研究，得到的结论是：信息通信技术带来了人类知识更新速度的

加速。在 18 世纪，知识更新周期为 80～90 年，19 世纪到 20 世纪初，缩短为 30 年，上个世纪 60～70 年代，一般学科知识更新周期为 5～10 年，到上个世纪 80～90 年代，许多学科的知识更新周期缩短为 5 年，进入 21 世纪，许多学科的知识更新周期已缩短到 2～3 年。因此，这就要求大学生要不断更新知识信息。

3. 知识信息快速传递。现代信息技术的发展，加快了信息传递速度。人们在 1－5 分钟内可以掌握世界金融市场的行情，在 1－3 分钟内可以掌握世界各地出后商品的品种、规格、样式，在 5 分钟内可以掌握东西半球发生的重大事件，知识信息的传播几乎是以光速在传输和运行，由此，就要求大学生掌握更先进的信息技术。

（三）当前大学生信息素养现状

通过对图书馆图书借阅、资料查阅，以及电子阅览室浏览等日常工作观察发现，相当一部分大学生在信息素养上表现普遍不高，主要集中在以下几个方面：

1. 信息意识不强：新生刚从紧张的高中学习生活步入大学生活，对知识信息的关注点还习惯于停留在书本上，对如何利用图书馆和电子阅览室等获取知识信息还缺乏意识。高年级学生对知识信息的关注点主要表现在所学学科及相关知识上，缺乏对知识信息的主动获取，往往在撰写毕业论文时才引起重视。

2. 信息渠道不熟：很多大学生走进图书馆一片茫然，面对大量图书和电子阅览室束手无策，不知如何又快又准的找到自己想要的图书或知识信息。主要表现在三方面：一是不熟悉图书馆图书分类系统，很难直接较快地找到自己所需要图书和资料；二是不熟悉图书馆电子图书检索系统；三是不熟悉如何利用网络专题数据库检索信息资料等等。

3. 信息道德意识薄弱。在获取和使用知识信息过程中，大多数学生对维护特定知识信息的保密性和知识信息储存的安全性缺乏责任，对维护知识信息的公共畅通性缺乏意识。有的学生将自己借阅的图书部分撕毁，有的学生破坏机房数据资料、随意删除软件、设置密码等等。

（四）图书馆具有提高大学生信息素养的优势

1. 高校图书馆具有丰富的馆藏资源：纸质和电子图书资料是知识信息的重要载体之一，大学图书馆藏书，一是数量庞大，二是门类齐全，三是形式多样，如我院图书馆纸质藏书约 120 余万册，包括文学、地理、历史、农业、计算机等各门科学领域，此外，还有丰富的电子图书等，为大学生获取知识信息提供了有利的信息资源条件。

2. 高校图书馆具有一批专业的信息管理人员：图书馆管理人员对纸质图书、电子图书，以及网络专题数据库信息资料等的分类、储存方式和使用途径比较熟悉，同时，具有过硬的专业知识和操作、处理相关信息的技术和能力，能为大学生提供快速、有效的服务和指导。

3. 高校图书馆具有较好的信息技术平台：大学图书馆都设有信息技术部，同时，配备有先进的电子阅览室，拓展了知识信息获取、传递的渠道和途径，提高了获取知识信息的速度和准确性，为大学生熟练掌握和利用知识信息提供了良好的技术支撑。

（五）利用图书馆资源提高大学生信息素养的途径

1. 抓住新生入学时期，引导学生关注图书馆信息：一是编制印发《图书馆利用指南》小册子，做到新生入校人手一册。二是组织新生参观图书馆，让新生熟悉了解图书馆整体布局，以及书库分类、电子阅览和网络检索等常识。

2. 开展信息专题活动，提高学生参与兴趣和能力：一是针对知识创新和信息技术的快速发展，结合大学生在查找、利用图书或网络过程中存在的具体问题开展各类专题讲解。二是成立各种知识信息活动小组，如大学生读书社等，举办"世界读书日"、"图书漂流"等活动。

3. 举办专栏发布信息，提高学生感受信息敏感度：一是根据图书馆新进图书，举办新书介绍专栏，同时，介绍新书检索方法。二是根据科技创新领域新进展，发布新的知识点。三是根据网络信息更新，有筛选性的发布新的信息点。

4. 引入网络专题数据库，提高学生把握知识信息的深度：一是根据学生所学专业，组织开展毕业论文撰写活动。二是根据学生兴趣，组织开展兴趣主题论辩活动。三是学校将引入的《中国知网数据库》向学生全面开放，为学生提供更专业的信息平台。提高大学生的信息素养，不仅是当代大学生的自身要求，也是知识经济时代发展的必然要求。大学教育既要符合大学生的需要，又要满足社会的要求，因此，开展信息素养教育，提高当代大学生的信息素养，也是当代大学的重要责任。充分发挥高校图书馆资源，是提高大学生素养教育的有效途径。

四、浅议高职院校图书馆员职业道德建设

随着现代化信息技术在图书馆的普及应用，传统图书馆正朝着自动化、信息网络化、数字化方向发展。图书馆员职业道德与读者服务的要求也朝着更高要求发展。2003年5月26日，中国图书馆学会向全国正式发布了《中国图书馆员职业道德准则（试行）》，这是我国图书馆员和信息服务从业人员职业道德建设方面的第

一部指导性文件。它的颁布，结束了中国图书馆界无统一的图书馆员和信息服务从业人员职业道德准则的历史，填补了我国图书馆界职业道德准则的空白，它标志着中国图书馆职业道德建设发展到了一个新阶段。

（一）加强图书馆员职业道德建设的意义

职业道德是从事各种职业的人在自己和工作中在思想行为方面所遵循的行为规范和准则。而图书馆员职业道德又不同于其他职业道德，图书馆职业道德是指图书馆全体工作人员在图书馆活动的全过程中完善自身素质和协调图书馆内外部利益关系的善恶价值取向，以及在行为上遵循的伦理原则和道德规范、道德情操、道德准则的总和。作为一个合格的图书馆员，必须热爱图书馆的服务工作，全心全意为读者服务是图书馆人员最基本的职业道德要求。在图书馆各个岗位服务中，具备不同职业道德的馆员，提供的是不同的知识服务，一个具有职业道德的图书馆员无论在图书馆的哪个岗位，都会尽最大努力带给每位读者舒服的工作环境、愉快的阅读心情。因此，加强图书馆员职业道德建设，对提高图书馆整体形象及服务质量的重要的意义。

（二）图书馆员职业道德与读者服务扫描

1. 主人翁意识不强

在讲求经济效益的当今社会，图书馆现实的社会地位和物质待遇的差距给图书馆员带来巨大心里落差，加之目前我国高职院校用人制度，做好做坏一个样，吃大锅饭思想严重，没有明确目标。在人才自由化的今天，很多图书馆存在"同工不同酬"的严重现象，这些都是导致图书馆人员在工作中没人主人翁思想的主要原因。

2. 服务意识欠缺

由于图书馆员自身感觉没有受到重视，日复一日的做着枯燥的工作，致使馆员产生职业呆滞和职业倦怠，失去创新意识和服务意识，同时也失去工作热情。在工作过程中找不到自我价值，因此工作上也就是"做一天和尚撞一天钟"的思想日益严重，将这种工作状态带到日常工作中，主动服务的意识的思想就很少存在。

3. 整体职业水准欠佳

在现实工作中，图书馆在社会及学校中所处的地位低，加上领导的不重视、在同事看来谁都可以做的工作及部分学生对图书馆理人员的不尊重，很多图书馆员长期在这种环境下养成了自卑、懒散、松懈的态度来对待工作，造成服务质量不高，平时工作只停留于整理书架、打扫卫生、借借还还原始工作上，整个图书馆精神面貌及状态有待提高。

（三）提高图书馆员职业道德的主要途径

1. 建立人文关怀环境

随着现代生活的不断提高，人们不仅仅追求物质生活，对精神生活的要求也越来越高。目前图书馆工作人员文化层次提高，对在自己所从事的工作享受的成就感、被社会认同感、尊重感越来越重视。因此，作为高职院校和图书馆领导，应站在馆员的角度，了解馆员的需求及个人能力，知人善任，让馆员在实际工作和生活中感受到良好的氛围。如馆员在职培训、参加学术交流、职称晋升等方面提供方便，使馆员从心里上感觉到人格受到尊重，感觉到领导的关心与关爱，渐渐使馆员能以这份图书馆工作为荣，把自己置身于主人翁的位置。这样图书馆的整个团队精神面貌就会焕然一新，工作效率也会上一个新台阶。

2. 岗位之间相互轮换

每个人的工作能力和工作经验都是在实际工作中锻炼出来的。图书馆工作是一项复杂的综合性工程，每个部门和岗位之间存在相互依赖和制约，相对独立又相互牵连，根据实际工作，一年或两年进行岗位轮换，不断可以促进馆员之间对彼此工作的了解，更重要的是，馆员在新的岗位为了尽快适应就会从各方面严格要求自己，并努力学习新的知识，从而使馆员在工作中提升自己，因此，实行岗位轮换制，是馆员能力和经验最简便最有效的途径。从而提升专业水准和服务意识。

3. 建立激励机制

良好的激励机制能提高人员的工作激情，使激励者发自内心的动力，比喻：情感上的激励，领导通过从思想上、工作上、生活上关怀员工，让员工从心里感受到集体的温暖；让员工真正感到图书馆就是自己的事业，自己是图书馆的参与者，而不是旁观者，从而唤起他们的使命感、荣誉感、责任感，积极主动的去完成自己工作。

五、阅读积分制在高职院校图书馆中的运用
———以黄冈职业技术学院图书馆为例

高职院校图书馆主要服务对象是全体教职工及在校大学生，大学阶段是大学生即将步入社会过渡时期，其人生观、世界观、知识素养的培养等，决定了高职院校图书馆不仅要为学生提供日常的读者文献服务，还应积极引导学生"多读书""读好书"的习惯。但自从计算机信息网络问世以来，它以其方便、快捷、内容丰富多

彩、表现形式生动形象等特征极大满足了大学生的学习、研究和娱乐。因而，很大一部分大学生远离图书馆，成为网络阅读的生力军。但网络阅读也有它负面的影响：读者不再细细品味与精读内容，而是泛泛而看，流于浅层次浏览，这样容易形成不善于独立思考，浮躁的心态和浅薄的思想逐渐养成。长此以往会导致大学生文化积淀不深厚、人文素养贫乏苍白、思想素质低下等状况，直接影响高校的教育质量。

黄冈职业技术学院图书馆分为文科馆和理科馆，共有文献资料 120 多万册。图书馆实行全开放"超市化"管理模式，读者凭一卡通可在整个图书馆任何书库自由借阅，采用"多处选择、一处借阅"的运行方式。图书馆拥有员工 34 名，其中大专、本科以上学历员工占 93.9%，高中级职称人员占 81.5%，是一支专业知识过硬、业务能力强的队伍。有资料显示，我国大学生上网率为 94%，这一数据表明，网络已成为大学生生活的重要组成部分。为了改变大学生偏爱网络阅读、远离图书馆从而导致图书馆阅读率低的现象，我们黄冈职业技术学院图书馆开展多种活动提高阅读率，如：创办新书信息栏、举办图书漂流、世界读书日、开展导读等一系列活动。但是，这些措施和方法都具有一定的局限性和时限性，都没有从根本上解决阅读率低和进馆率低的问题，不可能成为图书馆阅读可持续发展的战略 2。为鼓励大学生更多更好地利用图书馆各类资源，积极参与各类阅读活动，我们黄冈职业技术学院图书馆针对大学生阅读习性，制定并推行———阅读积分制，取得了一定成效。在此，笔者以我院图书馆执行阅读积分制为基础，与同仁探讨阅读积分制在高职院校中的运用。

（一）阅读积分制涵义

积分制目前在很多领域都得以推行，如商场、电信、银行等企业，其目的是商家将顾客的消费行为量化成为积分，通过积分值来提供不同的折扣优惠；另一方面，通过各种"积分兑换"奖励活动，提高顾客的消费积极性和持续性。我们图书馆就是借鉴企业积分制管理手段，将积分制引入读者管理中，形成阅读积分制。阅读积分制就是图书馆按照一定的标准对读者在一定时期内的阅读情况或为图书馆阅读提供贡献的大小赋予一定数量的积分，读者按照积分的多少获得图书馆一定的奖励和享受一定服务的图书馆阅读管理制度。

（二）阅读积分制在黄冈职业技术学院图书馆的实践

1. 制订简易可操作的激励积分制度

黄冈职业技术学院图书馆自 2011 年起就实行"一卡通"管理，每位教师或学生，办理"一卡通"后，无论其身份、职称、职务等，系统初始积分均为100分。读者的良好阅读行为给予积分奖励，加分项目包括：借阅书籍、参加义务劳动、向图书馆提合理化建议等。读者的不良阅读行为将进行积分处罚。读者在图书借阅过程中的不良行为包括：超期还书、损坏图书、丢失图书、对图书乱涂乱画等不良行为。积分扣到0分以下，读者将不能借书。具体细则如表2-1，表2-2：

#表1 黄冈职业技术学院图书馆积分管理细则

加分项目	增加积分	说明
进馆刷卡一次	增加1分	每天最多增2分
借阅图书	每册次1分	借阅2天以上
在图书馆义务劳动	每次5分	劳动1小时以上
向图书馆提合理化建议	每次3分	建议被采纳
利用图书馆研修室	每次2分	1小时以上
参加图书馆举办的培训讲座	每次2分	能熟练操作
每月读者排行榜前十名读者	每次5分	连续三个月
参加图书馆举办的相关活动	每次3分	到活动结束为止

表2 黄冈职业技术学院图书馆积分权限

积分值	读者证功能		
	借书	参加抵扣积分活动	参加奖励积分活动
0 > 积分值 ≥ 100	√	√	√
积分值 ≤ 0	×	×	√

2. 制订阅读积分的奖励措施

读者在校期间可以通过以上途径获取积分，每借一册图书或参加一次图书馆举办的活动便获得一次积分，积分累计达到晋升下一级的资格，晋升一级，增加一本可借册数或换取相应礼品。（见表2）

积分值	可增借册数	可续借时间	或兑换礼品 100 < 积分 < 300
1000 > 积分 ≥ 300	2	10	圆珠笔
2000 > 积分 ≥ 1000	4	10	抄写本
3000 > 积分 ≥ 2000	6	10	水杯
积分 ≥ 3000	8	10	移动U盘

3. 阅读积分制在我院图书馆产生的效果

（1）读者进馆率、图书流通率显著增加：自从2011年我院图书馆推行阅读积分制已有两年多时间，读者和文献流通量明显增长，服务窗口劳动强度明显增加，尽管进馆读者和图书流量增加了，但从图书的管理角度上并没有增加负担。近几年来，每年在校生人数约 20000 余人，根据黄冈职院图书馆 ILASIII 统计数据显示，在没有实行阅读积分制以前，读者（日）进馆率 10% 左右，而实行阅读积分制后，读者进馆率上升到 22% 左右；同时，借阅率也由 8.7% 提高到 15.6%。

（2）阅读积分制的实行，促进"共建"管理：与传统的图书馆阅读管理制度相比，实行阅读积分制更能体现图书馆与读者共同参与管理的作用。图书馆通过各种方法吸引读者参与图书馆管理，如设立"意见簿"、"投诉信箱"、"文明监督岗"等，同时，引入读者积分制起到了积极引导和鼓励读者参与图书馆管理的作用，还吸引大量志愿者前来为图书馆服务，自实行积分制以来，两年多时间，志愿者服务队共提供读者义工服务约四千人次，服务时间累计超过一万小时。

（3）阅读积分制的实行，提高了读者阅读素养：图书在流通过程中，有些读者不爱惜图书，经常会出现像污损图书、丢失图书、对图书乱涂乱画、不按期归还书刊资料等不良行为，以前图书馆主要采取赔款和罚款等措施，很容易让读者从内心产生反感，误以为罚款是图书馆为了增加收入的一种手段，实际上所收罚款图书馆都上交到学校。自从实行阅读积分制以来，类似图书丢失、乱涂乱画现象得到有效改善，同时图书超期归还现象也得到有效控制，在没有实行阅读积分制前，读者超期罚款占读者总数的 43%，而实行阅读积分制后读者超期罚款降到了 22%。由此说明，阅读积分制的实行，很大程度上提高了读者的阅读素养。

（三）阅读积分制实行中存在的问题

虽然阅读积分制在我院图书馆管理中发挥了积极作用，但也存在一些问题。主要表现在以下两个方面：

1. 积分指标体系不完善：随着网络技术的发展，数字图书馆已是当前图书馆发展的趋势，由此，呈现出传统图书馆与数字图书馆复合发展的特点。目前，我院图书馆设有电子阅览室，而现有的阅读积分制针对的只是对传统书籍，对利用网络促进学习等正面行为以及网络违规等负面行为未纳入阅读积分制的体系中。

2. 对低分读者限借的问题：由于逾期还书的扣分不计上限，某些读者因疏忽大意逾期还书时可能积分已被扣至 0 分。那么，这部分读者的借阅权限就会受到限制，0 分读者必须通过积分形式才能弥补扣去的分数，恢复"一卡通"的借阅。这样就导致一部分读者选择不进图书馆。

（四）完善阅读积分制的措施

1. 建立全面完善的阅读积分制：通过阅读积分制在黄冈职业技术学院图书馆实行两年多情况看，要想积分制在图书馆管理中能起到积极激励作用，建立全面完善的阅读积分制十分必要。进一下细化读者积分项目，尽量使读者良好行为和不良行为纳入积分体制，如对图书馆读者利用图书馆电子资源进行学习、科研等可增加积分；在本图书馆网站或论坛里，对分享读书体会、推荐好书、解答其他读者疑问等行为也给予积分。而在减分项目上，应添加读者在图书馆的不文明行为，如抽烟、饮食、喧哗以及不良网络行为等。

2. 调整低分读者借阅权：有些读者由于平时疏忽大意忘记还书，对于出现类似情况的读者，当积分趋于 0 分时，工作人员有义务提醒读者；在处罚上，如读者积分在一个月内还没达到借阅权，电脑系统应自动恢复读者借阅权。阅读积分制的实行，在我院图书馆目前在还处于探索阶段，但自实行以来，不仅为图书馆的服务、管理带来了新的动力，还能调动学生的阅读兴趣，并正确引导、激励大学生利用图书馆资源。

▶第三章

高职图书馆学理论研究方向

自 2007 年 12 月底中国图书馆学会理论研究专业委员会在重庆召开了以"构建面向图书馆职业的理论体系"为主题的第五次全国图书馆学基础理论研讨会以来，围绕这一主题的研究变得更加活跃，广大图书馆学研究者在继承和弘扬我国优秀的图书馆学思想成果的同时，积极探索图书馆学新理论、新方法，努力吸收现代图书馆学新理念，大胆尝试构建面向图书馆职业的理论体系，使图书馆精神与图书馆职业理念、图书馆的人文关怀、图书馆作为维护社会信息公平的机制、图书馆在构建和谐社会过程中的地位与作用、图书馆服务的新模式等研究内容逐渐成为了图书馆学理论研究的主流。

但实事求是地说，对于图书馆学理论研究专业委员会当年提出的"构建面向图书馆职业的理论体系"这一命题，一直存在着不同意见，即使是在该专业委员会内部，意见也并非统一。这些意见归纳起来，无非是两方面：一是质疑，即图书馆学理论体系究竟是否应该为图书馆职业而构建，如果是，那图书馆学研究是否又要回到上个世纪人们批评的"馆内科学"的道路上去？二是不解，即什么样的研究才算是面向职业的研究，图书馆学理论研究还要不要有自己的特殊功能和任务？显然，摆在我们面前的是一个新问题，简单地说，就是今后一段时间，我国图书馆学理论研究的内容究竟应该是什么？

借 2009 年 9 月中国图书馆学会新一届学术委员会成立之机，我们约请了理论研究专业委员会的部分委员，围绕中国图书馆学理论研究的现状和问题发表看法，以期就这一命题对我国图书馆学理论研究所产生的影响加以分析。

读者可以从我们最终选出的三篇论文中看到，我们并没有刻意去追求一致的观点，恰恰相反，这三篇论文都极富个性，从不同角度对我国图书馆学理论研究提出了自己独到的见解，其中的一些观点，肯定还会引起争鸣。

蒋永福先生的论文《现代图书馆的五大基本理念》，将平等服务、知识自由、信息公平、民主政治、社会包容等，归纳为现代图书馆的基本理念，并引经据典对这些理念进行了分析，为公共图书馆存在的必要性做了科学的诠释，对公共图书馆服务的基本原则进行了高度的概括。他认为，这些基本理念也是图书馆从业者应该秉持的职业"意识形态"。

白君礼先生的论文《准确把握图书馆学理论联系实际的内涵》，针对一直以来人们对图书馆学理论研究是否脱离图书馆实际的争论，从理论与实践以及理论与实践关系的内涵上进行了辨析，认为理论应当是结论、思维观点和方法的统一，是现实性与理想性的统一；而实际的内涵却非常丰富，形式上包括中国社会、图书馆存在与发展、图书馆工作等，内容上则包括批判精神、超越精神以及中国文化传统和中国图书馆文化传统。因此，图书馆学理论与图书馆实际的关系应该是统一的、复杂的，但却不可能是一一对应的。

王宗义先生的论文《专业思维与专业方法——关于当代中国图书馆学基础研究的散思》，言辞犀利，对我国当前图书馆学理论研究的现状提出了批评，认为当代中国图书馆学基础研究中存在着专业思维缺失现象，导致专业活动定位的迷失、社会职能认识的虚幻和事业发展研究的空洞化等。他认为，图书馆学基础研究不能把目光放在专业活动对象上去进行无谓的抽象，而应回归专业实践的基础，集中精力于创新探索的归纳、提炼，科学把握专业活动的自身发展规律。

需要说明的是，对这些论文的观点，我们无意去判断对错，只是希望读到这些论文的读者——广大的图书馆学理论研究者，能够就此产生一些思考，在即将开始的"十二五"规划期间，我们的图书馆学理论研究究竟要研究些什么？中国的图书馆学理论究竟应该向什么方向发展？

北京大学信息管理系教授、博士生导师

中国图书馆学会理论研究专业委员会主任　刘兹恒

第一节　现在图书馆的基本理念

图书馆理念，可以说是图书馆从业者应该秉持的职业"意识形态"（ideology）。图书馆理念可从方法论层面（管理层面）和认识论层面分别认识。管理层面的理念如人本管理理念、绩效管理理念、依法管理理念、危机管理理念等；认识论层面的理念如平等服务理念、知识自由理念、信息公平理念、民主政治理念、社会包容理念等。本文只论述此处提及的认识论层面的五大理念，且由于受篇幅限制，只阐述五大理念的基本内涵，而不作综合归纳。

一、平等服务理念

服务是图书馆生命。图书馆服务必须是一种平等服务。图书馆是否提供平等服务，主要取决于图书馆服务是否体现无身份歧视原则和关爱弱势群体原则。

1. 无身份歧视原则

图书馆提供平等服务的核心要求是平等对待所有的利用者，给所有利用者以普遍均等地利用图书馆的机会权利。平等意味着无歧视，图书馆服务中无论如何也不能出现歧视性对待任何一个利用者的现象。这就是《公共图书馆宣言》所倡导的基本精神。美国图书馆协会1995年发表的《美国图书馆事业发展12条宣言》中指出："图15馆是改变社会不公平现象的基地。……图书馆应不论贫富等级，向社区所有的人平等地提供资料。"印度图书馆学家阮冈纳赞（S. R. Ranganathan, 1892—1972）可以说是"图书馆平等服务论"的最极力倡导者。他的名著《图书馆学五定律》中有一段"图书馆合唱曲"。

图书馆大门向一切人敞开，

决不能让我们的图书

被少数受优惠者——

饱学之士所垄断，

我们的图书

人人可借，人人可看。

如果说，"法律面前人人平等"是法律的真谛所在，那么，"图书馆面前人人平等"应该是图书馆的天职所在。"普遍均等，惠及全民"，是图书馆永远不可放弃的"社会良心"。只有提供平等服务的图书馆，才能得到利用者的赞许，而对利用者施以歧视性政策或做法的图书馆必将遭至人们的唾弃。

2. 关爱弱势群体原则

图书馆能否真正提供平等服务，关键在于能否平等对待弱势群体，能否给弱势群体以人道主义关怀。不能给弱势群体以平等对待和人道主义关怀，图书馆平等服务便是不彻底的、甚至是虚伪的。

长期以来，关爱弱势群体已成为国际范围内图书馆界贯彻"图书馆面前人人平等"原则的重要表现。由此形成了许多相关理论和政策。

- 法国著名图书馆学家诺德（Gabriel Naude，1600—1653）在 1627 年出版的《关于创办图书馆的意见书》中提出图书馆不应该专为特权阶级服务，而必须向一切研究人员开放；馆藏不应当有倾向性和排他性，无论是新书或旧书、异教徒或非异教徒的书、宗教书和一般图书，都要一视同仁。这可以说是自由利用公共图书馆思想的肇始。

- 《公共图书馆宣言》指出，图书馆"必须向由于种种原因不能利用其正常的服务和资料的人，如语言上处于少数的人、残疾人或住院病人及在押犯人等提供特殊的服务和资料。公共图书馆原则上应当免费提供服务"。

- 《国际图联因特网声明》中指出，"图书馆和信息服务行业提供不受阻碍地进入互联网，这可以帮助社区和个人获得自由、繁荣和发展。阻碍信息流通的因素应该被清除，尤其是那些带来不平等、贫困和绝望的因素"。

- 1999 年在泰国曼谷举行的 IFLA 大会上，发表了讨论集——《国家内部和国家之间不断增长的信息富有者和信息贫穷者之间的差距》（The Growing Gap Pbetweenthe Information Rich and the Information Poor，Both Within Countries and Between Countries），从五个方面定义了信息贫穷者。这份文件同时指出了鸿沟出现的原因并提出了一些建议：①文盲是产生弱势群体的重要原因，建议图书馆必须要融入到所在的社区中，识字教育是图书馆的职责，国际图联应当使识字培训成为图书馆的一项基本服务；②信息是一切发展的先决条件，必须要确保正确的信息在正确的时间以最广泛的形式传递给正确的用户，图书馆要为弱势人群提供信息获取点，成为社区的信息中心；③图书馆服务是一项公共福利，免费获取信息是民主社会的中心，收费会降低一部分人对图书馆的使用，尤其是对儿童和青少年；④信息技术的快速提高更加大了已经存在的信息富有者和信息贫穷者之间的差距，图书馆有责任尽力使电子信息获取公平化；⑤南北世界缺乏充分的合作和资源共享，国际图联应当监督和报告各个图书馆协会是如何解决信息鸿沟问题的，并把对第三世界图书馆的关注作为其规程和活动的中心。

- IFLA 成立有"弱势人群服务图书馆专业组"（Libraries ServingDisadvantaged Persons Section，简称 LSDP），是国际图联内长期关注那些不能利用常规图书馆服务的特殊人群的专业组之一。它是从国际图联"医院图书馆委员会"（ILFA S Hospital Library Committee）发展而来，至今已有 70 多年的历史了。该专业组长期致力于制定和落实图书馆为弱势人群服务的有关政策，现已制定出的政策文本有：《监狱犯人图书馆服务指南》、《残疾群体利用图书馆——检查清单》、《诵读困难群体图书馆服务指南》、《聋哑群体图书馆服务指南》、《活动受限群体对图书馆建筑的物理获取指南》等。

二、知识自由理念

据相关文献资料，"知识自由"（Intellectual Freedom）这一术语首先是由美国图书馆协会（ALA）提出来的。ALA 所界定的"知识自由"的内涵是："人人享有不受限制地寻求与接收各种观点的信息的权利，应提供对各种思想所有表达的自由获取，从而可以发现某个问题、动机或运动的任何或所有方面；知识自由包括以下三个部分：知识持有的自由、知识接收的自由与知识发布（传播）的自由。"ALA 关于知识自由的集团性确认，集中体现在其于 1939 年制定并于 1948 年、1961 年、1967 年、1996 年修订的《图书馆权利宣言》（The Library Bill of Right）。也就是说，ALA 的《图书馆权利宣言》实际上是知识自由宣言。

自 ALA 发布《图书馆权利宣言》之后，IFLA 及各国图书馆协会也纷纷发布有关知识自由的政策性宣言。其中，日本图书馆协会（JLA）的《图书馆自由宣言》和 IFLA 的《关于图书馆与知识自由声明》在我国图书馆界最为熟悉。IFLA 的《关于图书馆与知识自由声明》的核心内容包括："图书馆应该起到发展及维护知识自由的作用，促进捍卫基本的民主价值和世界人权；图书馆有责任保证和推动知识传播和智能活动，为此，图书馆采集和收藏反映社会各个方面的信息资料；图书馆将确保只基于业务角度考虑馆藏的采选和服务方针，而不受政治、道德和宗教因素的影响；图书馆将在获取、加工和传播信息方面拥有自由权，并抵制任何专制行为。"

所谓图书馆维护知识自由，是指图书馆尊重和维护人们自由地获取知识或信息的权利。为了维护知识自由，图书馆在管理和服务过程中必须遵循用户自主选择原则和保守用户秘密的原则。

1. 用户自主选择原则

自由的真谛是自主，即不受他人的干预和限制。哈耶克指出，"自由"是一个否定性概念，即指"一个人不受制于另一个人或另一些人因专断意志而产生的强制的状态"。

在图书馆服务中，所谓用户自主选择，是指用户根据自己的需要和价值判断，不受他人（包括图书馆员）干涉和限制地自主选择利用图书馆资源（包括书籍、资料、设施、设备等）的状态。图书馆尊重用户的自主选择的权利，意味着图书馆员不能充当"导选"——引导用户选择的角色。这里的"引导"是指图书馆员代替用户对资源的价值（如对一本书的内容价值）进行判断，从而对用户的选择产生影响的行为，而非指图书馆员为用户引路、代读、代译、代查等"服务"行为。例如，图书馆员对读者就某一读物做出"好"或"不好"、"正确"或"错误"、"有益"或"有害"、"可读"或"不可读"等主观性价值判断的行为，就属于"导选"行为。这种"选择性提供"显然阻碍了用户自主选择意愿的实现，有悖于知识自由的原则。

当然，图书馆员完全尊重用户自主选择的权利而不充当"读物内容的审查者"、反对"选择性提供"的知识自由原则，与图书馆员一贯秉承的社会教育职责有所龃龉。赞成"自主选择论"者认为，没有任何"证据"可以证明图书馆员要比读者来得更高明，也没有任何"证据"可以说明图书馆员所提供的精神食粮要优于读者自己选择的。也就是说，图书馆员不可能是全知全能者，图书馆员先入为主地替读者判断读物的优劣，实际上扮演的是"审查官"的角色，这种"审查官"角色无法保证避免"阅读指导"的良好意愿客观上转变成"阅读误导"的情况发生。在这种情况下，尊重读者的自主选择权利才是符合知识自由原则的明智选择。而赞成"社会教育论"者则认为，"作为社会教育体系重要一环的图书馆，社会要求它强化对知识信息的评判功能，在某种程度上承担起社会知识信息过滤器的职责，……只向读者提供被社会主流认同的、比较真实可靠的知识信息"。

"自主选择论"者与"社会教育论"者的几乎相冲突的观点，代表了图书馆价值判断中的自由主义和道德主义两种不同声音。这两种不同声音之间的较量，将会长期进行下去。在这一问题上，美国学者盖尔斯顿的一段话也许能给我们以某种启示："最困难的政治选择不是在善与恶之间做出选择，而是在善与善之间做出选择"，"没有一个善或价值……在任何情况下都是高于一切的。……在那些必须做出决定的环境中，把决定的优先权给迫切者而不是高贵者可能更合理"。知识自由和教育教化对我国图书馆来说也许都属于"高贵者"，那么，其中是否有一个相对来说是更"迫切者"呢？

2. 保守用户秘密原则

这里所说的"用户秘密"，指的是用户在利用图书馆过程中产生的隐私性信息。具体来说，包括图书馆用户登记（注册）记录、图书借阅记录、馆际互借记录、参考咨询问题记录、计算机数据库查找记录、网络使用记录等，这些记录和信息均属于用户隐私。传统上，图书馆用户信息的隐私主要涉及到用户在图书馆中利用图书馆资源和服务所产生的信息，其中主要是借阅记录和其他与用户有关的个人信息。但随着 Internet 在图书馆的广泛使用，隐私的范畴超出了图书馆的界限．还包括在图书馆利用馆外资源和服务所产生的信息，如访问过的网站、浏览过的网页、访问的时间等；在馆外利用图书馆资源和服务所产生的信息，如用户的 IP 地址、主机名、进入图书馆网站前所访问的那个网站地址等。图书馆保守用户的隐私性信息，要求图书馆将所有与用户有关的图书馆记录作为机密，防止第三方获取并控制其利用。

从法律的意义上说，图书馆保守用户秘密，实际上是尊重和维护人的隐私权的守法行为。图书馆为什么要保护用户的隐私呢？这是因为：每个人都有属于自己的私人领域，这一私人领域乃是独立于公共领域的自主自治的、自由自在的、神圣不可侵犯的"堡垒"，若这一"堡垒"被他人窥探或攻破，个人的自由便受到极大限制甚至荡然无存；用户利用图书馆获取知识和信息的行为所产生的有关信息，属于个人隐私，这种隐私若被他人窥视、获取，用户便会产生不自在、不自由感觉，从而使用户的自由获取知识和信息的权利受到极大限制甚至被剥夺。所以，保护用户隐私，是图书馆维护知识自由原则的必然要求。

三、信息公平理念

从政治哲学的角度说，信息公平的实质是信息权力与信息权利的某种平衡状态，即信息权力不限制、不剥夺信息权利的状态。信息权力极端地限制或剥夺信息权利的状态，叫做信息霸权。信息霸权是信息民主（Information Democracy）的对立面。从资源配置的角度说，信息公平的实质是信息垄断（信息独享）与信息共享之间的某种平衡状态。信息垄断与信息共享之间的矛盾，换言之是信息权利是否平等的问题。在此意义上，信息公平的实质是信息权利的平等。从人的生存状态角度说，信息公平的实质是信息强者与信息弱者之间、信息富者与信息穷者之间的和谐相处，也就是信息分化的不严重或信息歧视的不存在。

如上所述，信息公平的实质是信息权利的平等，而信息权利的平等主要表现为对信息权利人的平等对待，这种平等对待的关键在于消除信息弱者、信息贫者的信息活动障碍。可见，"消除障碍_ 实现信息权利"是信息公平的根本要求。由此笔者认为，图书馆维护信息公平，应主要消除以下几方面障碍：

1. 平等服务：消除身份障碍

公平，就是公道基础上的平等对待。平等意味着无歧视。图书馆的平等服务主要旨在消除用户人格意义上的身份区别。人格意义上的身份区别，必然给一部分用户造成信息获取中的身份障碍。图书馆服务秉持"图书馆面前人人平等"的基本原则，消除一切不人道、不正义的身份障碍——无贵贱之分，无贫富之分．无性别之分，无年龄之分，无信仰之分，无强弱之分，无种族之分，无肤色之分……

2. 免费服务：消除经济障碍

公立图书馆提供的基本服务必须免费，这是公立图书馆业界的基本规则。若公立图书馆的基本服务采取收费服务方式，必然对支付能力弱者产生经济障碍。美国图书馆协会的《信息利用的经济障碍》明确指出：免费提供信息是公共资助的图书馆的根本使命；收费为自由、平等利用信息和服务制造了障碍；支付能力不应控制"知情"能力和"求知"能力。公立图书馆提供免费服务的法理依据在于：民主国家依据"人民主权"原则，保障公民的思想自由和表达自由，进而实现公民的民主参与，为此政府有责任以公费提供实现思想自由、表达自由、民主参与所需的教育和信息服务。日本图书馆法（1999 年修订）第 17 条规定：公立图书馆不得征收入馆费和利用图书馆资料的其他任何费用。公立图书馆提供免费服务的经济学依据在于：公立图书馆是公共物品，而且是具有高度正外部性的优效物品，政府有责任以公共税收普遍提供公立图书馆服务（而不指望市场提供），公民已以交税方式"预付"了获得公立图书馆服务的费用，因此，公立图书馆在提供基本服务过程中不应再收取费用。

3. 普遍服务：消除距离障碍

"普遍服务"内含"就近服务"之义。图书馆资源人人可获取，图书馆服务人人可获得。这是图书馆普遍服务的基本要义。提供这种惠及人人的普遍服务，是图书馆为了维护信息公平而必须遵循的服务原则。如果图书馆所提供的服务，只有一部分人能够获得而另一部分人无法获得，那么这种服务便是一种不公平服务，这样的服务不能称其为普遍服务。在"无法获得图书馆服务"的原因中，空间距离

（路程距离）障碍是重要原因之一。也就是说，一些人有经常利用图书馆的愿望，但因图书馆距离远而无法经常利用。消除这种空间距离障碍的最好办法就是加大图书馆的设立密度或扩展图书馆服务的空间覆盖范围，使有经常利用图书馆的愿望的人群都能不受空间距离障碍的限制。

四、民主政治理念

联合国教科文组织 1949 年发布的《公共图书馆宣言》中明确指出，"公共图书馆是现代民主政治的产物"。英、美等发达国家公共图书馆界大都把"支持民主"作为图书馆的核心价值来确认和贯彻。这说明公共图书馆与民主政治之间确实有某种内在联系。

那么，民主政治与公共图书馆之间何以发生联系的呢？回答这一问题，可从两方面去考虑：第一，民主政治的蕴涵之一是保障公民的政治权利和个人权利，"获得教育权"就是公民应享有的个人权利之一，而为了保障公民的"获得教育权"，提供公共图书馆服务是必要措施之一；第二，公民通过获得公共图书馆服务，接受民主教育，成为"有教养的公民"，对民主政治的顺利实施具有重要意义。这两个方面在逻辑上的区别是：第一个方面属于"民主政治→公共图书馆→个人权利"序列，即民主政治通过公共图书馆保障公民的"获得教育权"（当然，保障公民的"获得教育权"不只有公共图书馆这一条途径）；第二个方面属于"公共图书馆→民主教育→民主政治"序列，即公共图书馆通过满足公民的自我教育需要，提高民主素养，从而为民主政治的顺利实施提供支持。

"获得教育的权利"对公共图书馆具有特别的意义。日本著名图书馆学者川崎良孝指出："这里不仅仅是被动地把握'接受教育的权利'，应该更加积极地抓住'获得教育的权利'。如果放眼学习的主体而设想学习权的话，这样，保障获得学习上所必要的资料和情报的图书馆就变得重要起来。可以说学习权是确认图书馆在宪法上的地位的最明确之根据。"这段话表明：公民有获得公共图书馆服务的权利，而积极主动地回应和保障公民的这种合法的个人权利是政府的宪法责任。这是民主政治的基本意含所在。由此产生了"民主政治→公共图书馆→个人权利"序列。据此，可以得出这样的结论：公共图书馆是民主政府为了保障公民的"获得教育的权利"而提供的一种设施。

那么，"公共图书馆→民主教育→民主政治"序列又如何体现呢？公民能够理智地参与民主政治，需要两个基本条件：一是能够获得充分的相关信息；一是公民要具有一定的文化及政治素养，即公民需要接受教育。也就是说，让公民掌握充分的知识和信息，是民主政治的必要条件。科恩认为："一个社会如果希望民主成功，必须负责提供并发行普遍参与管理所需的信息"，"在代表制的民主中，成员的教育也是取得成功的一项条件，公民必须在智能上有所准备，以便担负参与管理时所必须完成的任务"。在科恩看来，为公民提供信息和基本教育，是民主政治的必备条件。使公民通过教育（包括学校教育、社会教育、自我教育等）增进知识，这对于公民正确行使民主权利至关重要。对此，美国开国总统华盛顿有过精彩论述："在任何国家，知识都是公众幸福的最可靠的基础。在我们这样的国家中，社会舆论可以直接对政府的措施作出反应。因为，有相应的知识水平是必不可少的。知识可以多种方式来维护自己宪法：它可以使那些受委托担任政府职务的人懂得，政府的每一重要目的都会得到民众通情达理的信任；它可以使民众理解并珍视他们的权利使他们能预见到并预防这些权利可能遭受侵犯；使他们懂得什么是压迫，什么是必须行使的合法权威；使他们懂得，什么是由于不顾他们的困难而加给他们的负担，什么是不可避免的社会需要带来的负担；使他们分清什么是自由精神，什么是无法无天；使他们懂得珍视前者，避免后者，联合起来，尊重法律的不可违犯性；并保持警惕，防止人们犯法。"（重点号为引者所加）显然，图书馆是为使人们"有相应的知识水平"而提供信息与知识服务的一种制度安排，这种使人们"有相应的知识水平"，进而"维护自己宪法"的过程，实际上起到了民主教育的作用，由此产生了"公共图书馆→民主教育→民主政治"序列。

五、社会包容理念

社会包容（social inclusion）与社会排斥（social refusal）相对立。"社会包容"概念的涵义，可以从"社会排斥"概念的涵义中得到反向意义上的证明，因为这两个概念之间是"这一个正好是那一个的负数"（维纳语）的关系。也就是说，社会包容与社会排斥之间正好是相互对立的概念，从其中一个概念可以反向映射另一个概念。

英国"社会排斥办公室"将社会排斥定义为："某些人们或地区受到的诸如失业、技能缺乏、收入低下、住房困难、罪案高发的环境、丧失健康以及家庭破裂等等交织在一起的综合性问题时所发生的现象。"我国有学者认为：社会排斥是指某些个人、家庭或社群缺乏机会参与一些社会普遍认同的社会活动，而被边缘化或隔离的系统性过程。由此可以认为，社会包容是指社会的制度体系对具有不同社会特征的社会成员及其所表现的各种社会行为不加排斥的宽容对待状态。这里的"社会特征"可以是出身、地位，也可以是民族和性别等特征；"社会行为"可以是言论、习惯、习俗、行为方式，也可以包括信仰、主张、观点等"内心行为"。减少社会排斥，宽容异己或他者，以此保证社会和谐，是社会包容的出发点和归宿所在。

在图书馆服务和管理中，为了体现社会包容精神，必须保证避免以下几种排斥：

1. 政治排斥

一方面，馆藏文献资源的收集或剔除以"兼收并包"为原则，而不以作者的政治、宗教、意识形态立场为依据。对此，美国图书馆协会（ALA）的立场是："不能因为创作者的种族、背景或观点而排除某些资料"；"图书馆应提供展现当今和历史事件的所有观点的资料，不能因为党派或教义不同，而排斥或剔除某些资料"。另一方面，避免对图书馆利用者的身份排斥，而应采取"图书馆面前人人平等"的政策。对此，ALA 的立场是"不能因为种族、年龄、背景或观点，拒绝或限制某人利用图书馆的权利"．IFLA 的立场是"图书馆将确保只基于业务角度考虑馆藏的采选和服务方针，而不受政治、道德和宗教因素的影响。……图书馆将在提供设施和服务方面对读者一视同仁，不得在种族、信仰、性别和年龄方面存在任何歧视行为"。图书馆欲真正做到政治排斥的避免，其前提是国家或政府对政治自由、学术自由、知识自由采取宽容政策。

2. 人格排斥

从一般意义上说，人格包括人的知、情、意三方面的属性。尊重人格是人格排斥的对立面。每个人都有自己的人格尊严，每个人都有维护自己人格尊严的权利，此即人权之一——人格权。人格权，既包括名誉权、隐私权等内容，又包括尊重人的价值、尊重人的差异（包括民族或者种族差异、性别差异、年龄差异、个性差异和观念差异还包括尊重人的意志自由、性格、兴趣、爱好、习惯的权利。尊重人格权，就是避免人格排斥的基本表现。在图书馆服务中，尊重人格权，主要表现为两方面：一是尊重利用者的内心自由，主要指尊重利用者的隐私权。对此，日本图书馆协会的立场是"图书馆为利用者保守秘密"，IFLA 的立场是"图书馆读者拥有隐私权和匿名权。图书馆员和其他工作人员不得泄露读者身份以及提供给第三方的资料"。二是尊重利用者的种性差别和个性差异，不得以利用者的民族、种族、性别、年龄差别以及身体、语言、兴趣、爱好、习惯、着装、相貌等差异作为某种服务提供与否及其程度的标准。尤其要注意尊重老年人、妇女、儿童、残障人士等弱势人群的人格尊严。

3. 设施排斥

设施排斥，是指在图书馆的设施设计、布局、配置上对利用者的阅读、行动产生障碍的现象。如在馆舍选址上，距离大多数利用者遥远、交通不方便；在建筑设计上，没有设计轮椅通道；卫生间、电梯等处没有配备专供残障人士使用的设备及其标识；在资源或设备配置上，没有收藏盲文资料，没有备置眼镜、放大镜等阅读辅助工具；儿童阅览室没有配备与儿童身高相宜的书架、桌椅；服务设施区域布局不科学，标识不健全、不清楚；必要的抄写、复印、上网等工具设备不具备；室内采光不适宜，通风不良，温度不宜，卫生设施不健全、不方便；人身安全及突发事件应急设备不健全等，均可能产生设施排斥的不良结果。设施排斥属不属于社会排斥？也许有人提出这样的质疑。设施排斥虽然不属于图书馆的主动或有意所致，但图书馆作为社会公共设施，如果其利用者利用图书馆设施普遍感到不方便、不舒适、不愉快，就必然产生自己的需求和权利没有得到充分尊重的心理感受，这种感受实际上就是一种被排斥的感受。

4. 制度排斥

所谓制度排斥，广义上是指图书馆所实施的有关政策、法律及内部规章不正当地限制利用者行为的现象。其中，不正当的政策、法律限制，属于政治排斥范畴。所以，这里的制度排斥是指狭义上的制度排斥，即图书馆内部规章对利用者行为的不正当限制。如：不具有政策或法律依据的限制阅读规定以及罚款规定，过于严厉的违规惩罚规定，过于刚性而缺乏人性化的规章内容及其语言，不与时俱进或者过于频繁变更的规定，内涵不明确或监督不力致使"潜规则"泛滥的制度执行等，均可能产生制度排斥的结果。

第二节　图书馆学理论与实际探讨

一、研究背景

目前，图书馆界对理论联系实际（Integration of Theory with Prac－tice，以下简称 ITP）评价判断争论较大。争论的焦点是，图书馆学理论是否脱离实际。卢儒珍、鲍振西等认为，图书馆学理论研究脱离实际。但也有人认为，理论脱离实际是伪命题，如储流杰认为，脱离实际的非理性责难是图书馆学基础研究创新的沉重枷锁。更多的图书馆界人士认为，基础理论研究不存在理论脱离实践的问题，如马恒通认为，基础理论、应用理论、应用工程技术理论研究均不存在理论脱离实践的问题。一些人之所以认为目前存在"理论脱离实践"的问题，不是理论本身存在此问题，而是这些人没有真正认识到理论研究的层次性和各层次的特征、目的和作用，把各层次研究混为一谈。黄宗忠认为，我们在理论研究中确实存在着某些问题，也存在着认识和理解问题，要通过讨论加以引导与澄清。对理论脱离实际的指责有的是对的，有的是不对的，正确理解 ITP，应对图书馆实际范围不能理解过窄、对图书馆学理论的整体结构与分工要全面认识、对理论与实践的内在联系、互补性及一致性应充分认识 '8j：理论与实践的关系已经成为制约我国图书馆学研究和图书馆事业发展的瓶颈。在某些特定的情况下，这一问题甚至已成为图书馆学研究，特别是图书馆学的基础理论研究难以逾越的理论障碍。故研究理论与实践（实际）关系、判断两者现状有着重要意义。笔者认为，ITP 本不是问题，理论与实际（实践）总有一种天然的联系，理论关注实际、联系实际是它的天职，离开实际来谈论理论，无论理论多么精妙绝伦，也是无意义的。凡能指导实践的理论，必然经得起实践考验。反之，则是不完善的或伪理论。但由于不是问题的成了问题，意义就产生了。这与对理论、实践、实际、理论与实践的关系的内涵理解有关。不同观点是从不同层面而言的，都有一定的合理性，但都有一定的片面性，两者争论是把不同层面的问题混淆在一起，深层次是没有意识到它们在性质上的本然统一。笔者赞同黄宗忠的观点。

二、理论内涵

图书馆学理论（以下简称"理论"）所涉及的远不是一个单一的问题，它从一开始就是跨学科（管理学、哲学、社会科学等）的、难以归类的学科，所涉及的问题也早已不是通常意义上的"图书馆学"问题。它包括：现代性、人、信息资源与现实、文化交流互动、图书馆的社会属性、人们对图书馆或图书馆学的认知等。可见，理论是一个综合概念。

科学的理论具有描述、解释、预测三大功能。解释功能包括说明和理解两个方面。当有人问"为什么我国东西部会产生信息鸿沟"时，可能回答："经济发展不平衡，现行体制存在问题"。理论解释到这一层面是不够的。实际上，包含两层意思：信息鸿沟与社会现实之间有逻辑关系；某一现实出现与否的原因，经济发展不平衡，现行体制存在问题是信息鸿沟产生的充分条件，两者是因果关系。

理论是由一系列概念、范畴、原理构成的知识体系。这些知识体系既为人们提供了图书馆本身的真实图景，又为人们解释图书馆提供了某种"原理"或"公理"；理论的知识体系中蕴含着构成该种知识体系以及相应思维的方式；规范着人们的价值评价和价值选择。理论就是知识体系、思维方式、价值规范的统一。阮氏五定律有相当一部分人（特别是基层馆员）只记住五句话（结论），这显然曲解了理论。其实，这一理论体系的内涵极为丰富，如第二定律强调了，"读者"，批评了等级社会，而要改变这一状况，就有一个方法论问题。五定律提供了一个演绎方法，这易使图书馆人从较高的角度去认识它的意义、作用与其他环节的关系，摆脱就事论事的方法。当然，五定律也涵盖了维护读者权利、相信读者永远是对的、图书馆应承担社会责任等内容。五定律应作为一个整体来理解。若只把理论作为原理或结论、概念，这就遮蔽了理论的能力属性，曲解了理论的整体系统、精神气质以及它解决实际问题的智慧与方法。在这种情况下，所联系的"实际"往往只是演绎个别理论观念的一个范例，造成基层许多从业人员认为没有理论，照样能干图书馆工作。

理论是理想性和现实性的统一。理论不只解释世界、规范我们的思想和行为，而且使我们进行自我反思与批判、超越。这种统一包括理论与现实之间应保持什么样的距离、理论如何关注现实。首先，理论是对现实的抽象和剥离（抽象和剥离的程度是衡量一种理论学术性的重要标准）。常识、经验不能称为理想或学术，是因为它与现实太近似。因此，理论与现实保持适当的距离是必要的，这表现为两者不同步（或落后或超前于现实）。这种距离才使理想与现实之间产生互动。当然，距离过大，理想可能脱离现实。理想性和现实性的统一也表现为理论总是对现实的某种批判和超越。我们把正在进行的"讲座"称为"信息素质讲座"，并不是说我们认为只有这样的讲座才是"讲座"，相反，会引起我们对讲座组织、功能的思考，寻求更好、更权威的讲座。这就是现实与理想的矛盾，它蕴含着更为丰富、深刻的一系列问题：人的目的性要求与图书馆客观规律、现实性与理想性、人对现实的反映与人对图书馆创造和发展等关系。吴慰慈、杨文祥、马恒通均是从理论的现实性层面而言的，但仅从现实性层面而言，容易得出错误的结论，不管是基础理论、应用理论，其终极来源都是现实。现实中如果没有图书馆这一机构，就不会产生图书馆学。而卢儒珍、鲍振西等则是从理想性而言的。不能只讲其理想性而不讲现实性，如果理论不能解决现实问题，理论有何用？故判断争论的标准应该是现实性和理想性的统一。

老槐在博客中阐述的某些人的错误观点，明显是对理论的误解，如对图书馆学理论研究（特别是基础理论研究），认为只是学院教授们的责任，与基层工作者无关。实际上，只要从事图书馆职业，每一个人都有研究图书馆学理论及把理论应用于实践的责任，基层工作者也不例外。因为要从事好这一职业，首先需要认识、理解它是什么，如何从事好，而这些属于理论研究的重要内容。基层工作者承担这一责任不但可行，而且有一批这样的代表，如马恒通在图书馆学基础研究、科学哲学研究方面都做出了很大成绩。

理论解决现实问题，不是对具体问题给出具体答案，而只是提供一种解决方法、思维方式、方向、原则。那种把理论的现实性理解为解决具体问题的想法和做法，割裂了理想性和现实性的关系，是庸俗的。在网络环境下，阮氏五定律向我们提供了维护读者权利、整体思维、图书馆是动态发展的方法，若硬套用五定律解决今天图书馆具体工作中存在的问题，可能会产生错误；不能把理论的超越性理解为理论在先。理论原本来自实际，是事实的抽象概括与总结，但若认为理论在先，理论成了现在的不容置疑的规定，然后再照着这个理论去解释实际。于是理论不再是研究的目的与结果，相反倒成了研究的起点。在尚未进入实际的研究之前，就先有了某种理论，这就会产生理论研究中的本本主义；不能把理论作为维护他们利益的工具，若不符合小团体的利益，就说成理论脱离实际，"不联系实际"或"不懂国情"。

三、中国图书馆学实际内涵

1. 中国图书馆实际

中国图书馆具体实际（简称"实际"）是一个内涵丰富的概念，它是含特定时代中国图书馆历史、现实和未来发展趋势的总和，是对特定时代中国社会的政治、经济、文化等发展状况及其影响因素的总概括。实际形式上包括：①中国社会的当前实际；②图书馆存在与发展的实际（包括影响图书馆发展的外部因素和图书馆本身的实际），也包括组织机构、个人的历史和工作的实际，每位所想的、做的都是实际；③图书馆学研究的实际，包括学科发展实际和研究实际。学科发展实际朝着中西文化交融、自然科学与相互渗透、人文与科学结合方向发展。可见，ITP具有多样性。实际内容上包括：①图书馆学研究所把握的实际不是价值中立的既成"事实"，而是寄托和凝聚了图书馆学家的价值关怀与理想的"真实"；不是对现存状态的消极肯定与默认，而是通过对现存状态的否定和批判所实现的一种新的生存境界的澄清；对实际的关注不是为解决某个具体问题提供某种现成的技术性和工具性的策略与方法，而是要通过反思，为理解图书馆生存状态提供一种思维方式、价值理想和境界，促进图书馆和谐发展。因此，图书馆学对实际研究应具有不崇拜他人的批判精神、实事求是的超越精神。这种批判和超越精神是实际最重要的方面。②当前实际、中国文化传统或图书馆文化传统是一个时空概念，有时间和空间两方面的规定性。今天中国图书馆学是历史的发展，不应当割断历史，继承这一份珍贵的遗产，建立和研究国内图书馆界著名学者的"思想库"是这一内容的重要形式。作为一种时间性的存在，中国图书馆的当前实际不仅传承和积淀自己的历史文化传统，而且包蕴未来发展的种种可能与趋势；而作为一种空间性的存在，当前实际与当前世界图书馆界处于一种复杂的关系之中，它既以当前世界图书馆界作为自己存在和发展的外部环境，又是世界图书馆界一个不可分割的组成部分。空间不只是一个地域概念，还包括理论（包括中外图书馆学理论）、文化传统的影响范围。实际之所以包括未来是因为实际既具有"当下""现存"的性质，还蕴涵着"理想"规定。图书馆学确立基于历史活动条件下反思的视域，又要破除主观意识，确立历史地分析问题的维度。既对现存图书馆或图书馆学研究肯定理解，同时包含对它们否定的理解（必然发展的理解）。这意味着它们是在历史活动中不断生成的，同时又是在历史实践活动中不断向着未来发展的。

2. 图书馆学研究实际

中国图书馆学研究实际中的问题可概括为 5 个方面：①理论研究上，缺乏对一流经典深入研究，对各种学派学说、代表人物的思想研究不多，即使有也限于图书馆本学科范围内，"自己讲"，"讲自己"，没有分析为什么会产生这些理论，这些理论对实践产生怎样的作用等问题；社会发展与图书馆关系、中国图书馆学与西方图书馆学融合度等研究不够，与西方发达国家的图书馆学研究水平相比我国较低，表现在简单移植国外图书馆学的研究方法或结论、研究规范不够、理论体系不完整、自觉意识不够、有些方面研究不足（观念、制度、服务、服务质量评价、读者行为）甚至空白（馆员的胜任能力、读者忠诚度）。有鉴于此，范并思提出了研究观念而非概念，研究制度而非机构的呼吁。②理论工作者、基层工作者关注的重点不同，前者以关注图书馆在社会实际中的处境为价值导向；后者以关注理论要能够直接解决图书馆具体实际问题为价值导向。前者研究成果影响着后者的可操作性，而后者的经验和技能得不到有效的检验与吸收采纳；前者缺乏理解图书馆实践的基础，而后者因学习时间较少，缺乏足够动力去寻找实践相应的学术观点。笔者注意到基层馆员较少关心图书情报类期刊中的理论文章。这样难免产生理论与实践的隔阂，解决隔阂的关键（选择何种价值取向）是由图书馆学研究的本质属性决定的。这种不同解读使前者把后者进行的图书馆学研究仅仅看作是"工作总结"；反之，后者看前者取得的图书馆学成果是没有用的"理论空话"。由于实际内涵极为丰富，故认识实际是困难的，到目前为止，我们对中国图书馆或图书馆学研究的现状并不完全清楚，这为图书馆决策和研究带来了不利。③研究边缘化（这不是图书馆学被社会所抛弃，而是自我放逐，凸现出实际和理论自身的危机。）、功利化、利益化。④移植国外较多，而我国走出世界很少，造成这一脱象的原因主要是西方化和唯学科化。⑤大量的重复研究，创新性、原创性研究成果较少。

四、理论联系实际内涵

理论与实践是一种本然统一的联系。从解释学上看，理论将依照图书馆本质，在实践领域而不仅仅是作为认识去回答"图书馆究竟是什么？"这种回答不是仅仅以概念做出表述，而是以实践自身为目的，在践行中得以显现，因此而体现一种基于实践层面的图书馆学理沦与实践的本然统一。理论与实践分离，根源不是在于它们之间的距离，而是在于没有意识到它们在本质上的本然统一。理论要始终保持它应有的实践品格，让实践完整地表达自身，而不应是对实践的抽象反映，实践也不是理论的机械应用。根据理论原始文本，理论与实践都是参与的关系，理论总是表现在具体的实践中，在参与的人与人之间实现着自身。故图书馆学理论既是理论，也是实践；理论不仅认识到什么，更是实现着什么；理论不仅得到一个概念的认识，还是一个对其不断的实现过程。理论和实践就在参与和实现中表现出本然的统一，理论正是在这种参与和实现中获得其合理性和有效性。理论与实践的统一首先表现为图书馆存在论，然后才是认识论。从存在论来看，两者一致在深层次上不只是我们一种主观努力的目标，而是一种客观存在状态。即理论是对实践的表达和反映。

理论与实践不是一一对应的关系。相对于任何一种理论来说，理论是一，实践是多，一种理论可以对多个实践有效。我们可以利用图书馆核心价值理论指导图书馆管理中的服务实践，也可以指导图书馆发展战略；反之，相对于一个实践来说，实践是一，理论是多，一种实践必定牵涉多种理论。如采访实践要涉及读者行为理论、读者需求理论、信息资源价值、系统论等多个理论。理论和实践的一多关系是双向交织的一多关系，而不是单一理论主宰一切实践的关系。理论与实践不一一对应是我们容易出错的原因。现实中，人们往往把两者关系理解简单化，认为它们之间是一一对应关系。在理论研究时，总是要分为几个要素进行研究（这种研究方法是必要的），这容易把各种因素孤立起来，我们从"图书馆是什么？"不能推出"图书馆应该怎么样？"，但现实实践却不是这样的，图书馆就应该担负起传承人类文明的责任，现实是价值判断和事实判断的统一体，是一个综合概念，故当图书馆学实践涉及到法学、哲学、经济学、社会学、语言学等多个学科时，理论思维就显得不够用了。这时，理论对实践的反映就不可能完全正确。理论不能正确指导实践，大多数原因是出在理论创建初期的思维上。这并不是否定理论的重要性，而是说需要调整我们研究者的理论思维。

理论与实践的关系是极为复杂的。①理论与实践之间的联系往往不是直接的，理论应用于实践，需要经过一系列的中间环节。基本过程是：理论→理论观念→认识→实践观念→认识→实践。理论观念不能直接指导实践，实践观念（包括理论观念、人们需要的目的、愿望等）才能直接指导实践。前者追求对象"本来如此"，后者追求对象"应该如此"。前者的目标是认识真理，后者是直接指导实践。②图书馆学重要的理论基础（如波普尔的"世界3"理论），作为图书馆学、情报学的基石，是绝对不可或缺的，对于我们研究图书馆知识管理学或知识管理实践有直接的指导意义，但它与读者权利、图书馆核心价值等方面的实践却是非常间接的、不明显的，有时只是纯粹逻辑上的设定，可能永远也不会在实践中加以应用。③有的理论（信息资源建设，读者权利）在近期就可以在实践中加以应用，并能体现出来。有的理论（图书馆核心价值、图书馆发展战略）则可能要较长时间后才能在实践中应用。而有些理论（如1978年，美国情报学家兰开斯特曾预言，21世纪末是无纸的社会。）随着时间的推移，将不再适用图书馆实际，理论本身发生了错误。两者这种复杂关系，可能会使人们把理论联系实际的情况误认为理论脱离实际。

第三节　专业思维与方法

当代图书馆学研究和专业实践中存在着一些困惑。无论是从事理论研究的图书馆学界，还是置身于图书馆实践的业界，在专业研究中的积极进取精神毋庸置疑。同时，也不无遗憾地看到，相当部分研究论述只有纸面上的存在价值，在推进图书馆事业发展的具体实践中不能形成科学的导引作用。

这一现象产生的原因，有基础理论不足的背景，也有实践探索短暂的因素，但这些都不是问题的根本。在当代中国图书馆学研究与实践中，比较大的问题是简单套用一般社会科学理论，过度依赖其他专业与学科的现有方法，使得图书馆活动在时新社会科学理论和高新科技应用的大潮中，迷失了自身的专业方向，放弃了自身的内在规律探索。图书馆实践也无可避免地处于"阵发性悸动"状态：昨天忙着搞"特色"，今天一起推"免费"，明天全面"社会化"……在一波波的轰轰烈烈中，社会给予图书馆活动的发展资源一次次地大量耗费了，但活动成效大多只能停留在本系统的总结报告中，社会对图书馆的认知有多少改观，则很少见到积极的反馈。

专业思维的缺失，是当代图书馆实践与图书馆学发展必须正视的问题之一。专业思维缺失状况的改变，无需引进高深玄妙的理论，也不需要炫人眼目的理念，只需要专业工作者回到自身活动领域，以当代图书馆实践为依归展开专业研究，科学提炼各级各类图书馆的管理变革，系统归纳不同图书馆工作岗位的创新探索。当代中国图书馆活动管理和专业进步，需要以专业思维为科学前提，图书馆学的发展研究需要专业思维的回归。

一、图书馆研究中专业思维意识的缺失

当代中国图书馆学研究中的专业思维缺失由来已久。在20世纪50年代的特定社会环境中，所有学科的专业思维都无可避免地受到意识形态的挤压，社会科学领域的冲击相对更大一些，而先天薄弱的图书馆学所受影响自然更甚。前半个世纪的专业实践被全盘抹去，以前的专业教科书被彻底改写，图书馆社会文化活动成了不知所谓的"公共文化"构成，专业研究成为行政决策的文字阐释。当专业学术思维离开了社会分工规定专业实践领域，这门科学也就失去了自己的灵魂。

如果说，老一代图书馆学人还能依凭惯性的专业意识，在学术研究道路上坎坷前行，则部分当代理论家似乎已习惯于在流行政治术语中讨生活，全然没有了专业思维的意识。特定的社会环境造就了此类理论家，他们也由于特定的社会环境而获取了主流发言权。其结果是专业实践工作者对当代图书馆活动发展路向迷茫，专业研究活动的领域与目标被无限放大，众多专业论著呈空洞化，高深莫测的语词后面其实是一无所有。

1. 专业活动定位的迷失

任何一项社会活动，其专业工作内容都不能按照研究者的主观愿望去确定。专业活动的具体内容界定，首先取决于社会生活的客观实际需求，其次决定于专业工作者服务相关需求的实际能力。这样的社会需求与服务能力了解和把握，是一个随着专业实践而逐步深化的求索过程。

一方面，需要对专业活动领域的社会需求拥有比较全面的了解，并能够随时把握这类需求的动态变化，为此也就需要有一套把握社会需求的系统工作方法。在当代图书馆活动中，各种相关学科的专业方法借用甚为多见，但却很少真正进入本专业研究的视野。另一方面，服务社会需求的自身专业能力研究更为薄弱。任何一种具体社会需求都是动态变化的，它随着社会的发展进程而产生或消亡，这类需求还经常伴随着服务能力的提升而变化或增长。因此，把握服务社会需求的能力尤为重要。在不同社会发展阶段，根据自身服务能力，明确服务社会需求的各种具体目标，它决定着不同时期专业工作的基本定位，也是专业研究需要随时回应实践的基本课题。

在当代图书馆学专业著述中，充斥着"满足社会公众的知识信息需求"一类豪言，似乎有了宏大的理念，加之从业人员的服务热情，就能够满足全社会的各种信息需求，走向"知识公平"了。某些"研究"甚至把服务社会需求的能力局限，图书馆不同服务领域的界定斥之为"歧视"。此类哗众取宠的言词，在当代环境中相对容易引起社会共鸣。其结果是近年来的专业研究中，对于不同图书馆的具体工作定位，阶段发展目标等研究几乎绝迹。在流行政治话语导向下，一些论述居然声言所有图书馆向所有人提供同等的服务，荒诞到了无可理喻的程度。此类似是而非的流行理念，其本质是早就被社会历史淘汰的民粹主义臆想，与科学风马牛不相及，但在当代中国图书馆学界居然得到热捧，只能是一种悲哀，给专业实践领域造成的困惑就无须多说了。

有趣的是，当专业实践显然无法达到"满足全社会需求"目标时，一些理论家又"转换"出了个"基本需求"的概念来搪塞。但是实践的问题依然存在，社会公众和专业工作者还在继续追问，"基本需求"是什么内容，与"社会需求"的具体差异何在？语词游戏终究没有操作指导功用，而不同类型、不同层级的图书馆的发展目标与工作定位，没有人去关心研究才是发展困惑的关键所在。没有专业思维的前提，仅凭时尚理念导引，专业实践返回以往"运动模式"的陈旧轨道就是一种必然。

2. 社会职能认识的虚幻

人类社会的文献资源集藏活动由来已久，现代图书馆活动模式的出现并作为一种社会分工，也有了数百年的历史。这一社会分工源于社会文献生产活动发展的历史阶段性，只要有一点社会科学常识，就不难明白，文献专业集藏机构的社会服务职能源于这一社会分工的内在规定性，根本无须用一些不相干的高调言辞来证明。同时必须指出，文献集藏管理机构的社会服务，与宗教精神、普世价值等，原本没有必然联系。西方社会的文化优越论者出于对世界其他国家和地区文化渗透和精神控制的需要，刻意把此类先行一步的社会设施和活动等，与宗教信仰、意识形态等纠合在一起，编造出一些动人的童话诱惑无知的追随者。缺乏对此类宣传的辨识能力，是当代中国图书馆学研究中专业职能意识虚幻化的原因之一。

当代社会似乎是无限增长的网络文献信息资源，转变传统信息交流渠道的大众网络信息交互模式的出现等，迫使传统图书馆活动急迫地探寻自身的未来。而当代中国图书馆活动中专业思维的缺位，必然地影响着发展思考。

较早流行的"技术决定论"，试图在文献信息资源领域超越一般信息处理技术行业，抢占文献信息处理技术的高地，获得数字文献资源领域的主动权。图书馆为此大量投入计算机信息处理装备，竭力推进集藏文献的资源数字化。但几年后发现，图书馆的数字化文献在资源管理和利用效率上，远远落后于社会信息处理专业的产品水平和使用功效。这一反复也证明了，专业思维的丢失必然导致对客观的社会分工失去敬畏，试图依凭主动热情去实现超领域的发展，只能是脱离现实的空想。

其次是所谓"人文论"，把图书馆的职能简化为"服务"二字，宣称图书馆的社会职能就是"服务"，"做好服务"是为了实现"人文关怀"。由此，图书馆从业人员的"职业精神"之类就成为主要问题。"人文论"从本质上逃离了当代图书馆行业面临的专业发展课题，因为它不用去思考数字时代社会文献信息资源管理的科学发展，更不用去探索数字文献资源社会利用的效用提高等现实课题。事实上，"人文论"把当代图书馆的社会职能发展轻巧地推到普通图书馆员身上，自己则充当起"文明督察"角色，这是当代官僚学者的共同特色，其无视专业思维则是一种必然。

最玄妙者以公共知识分子形象示人，凡当代社会风行的词语或概念，都可以嫁接于图书馆学研究，依凭文字操弄能力，借助当前特定发展阶段中的民粹主义社会情绪，集合激进词汇编造出种种时尚的图书馆学课题。在这些居高临下、道貌岸然的滔滔话语中，当然不会有任何基于社会分工与能力基础的专业工作职能思考。它或许能使缺乏社会科学基础造诣者以及没有社会阅历的青年群体产生敬畏或崇拜。但对于科学工作者和普通图书馆员而言，近五六十年来反复演绎的理论庸俗化风气已经够令人厌烦了。

二、以专业思维导引专业方法研究与探索

当代中国图书馆活动面临着巨大的社会挑战，数字化的信息环境带来的不仅仅是文献、信息的载体变化问题，而且是社会信息交流方式的根本性变异。数字化环境中的信息交流，将在大众文化领域给文字类信息交流模式带来颠覆性的影响。声、光、动画等组合而成的新型信息传递模式，在社会信息交流中占有越来越重要的位置。当诸多中老年人按照传统思维模式认真地批评青少年"浅阅读"，过分沉迷于"动漫世界"时，也许没有发现，对于当代"动漫文本"演示时所传递的信息，不仅是习惯文字阅读的中老年人，包括倚重文字交流的青年学者，也失去了理解和把握能力。新型信息传递模式还有一个特点，就是信息内容表现的某种不确定性。能否接收信息单元的全部内涵，并不完全取决于信息接受者自身的知识基础和理解能力，还要求接受者具备新型信息环境内逐步积累的个人领悟能力。

现在无法预料数字化信息资源在未来的社会交流中，最终会演变为何种模式。而对于把图书馆活动领域定义于社会信息资源管理的研究者，则需要认真地去了解社会新型信息交流环境，在缺乏对外在环境实际把握的时候，豪言壮语没有意义。当各项具体研究在缺乏阶段性发展目标时，也就只能在计算机信息处理技术专业的身后亦步亦趋了。

1. 依托专业思维探索工作规律

在应对社会变革浪潮的过程中，当代图书馆专业工作者进行了大量的实践探索，努力适应外界的各种需求。但是在专业工作者笔下的相关论述中，普遍存在着实践归纳不足、理论提升空泛的弊端。一些图书馆创造性地实验了某种新的工作方法，并取得初步成效后撰写的论述，在介绍具体工作进程以后，大多随即转向社会政治领域去进行"理论提升"，相当一致地与"和谐社会建设"、"实现知识公平"挂钩，似乎非如此不能体现自身经验的先进性。

图书馆的各种创新实践对于社会进步发生的影响与作用，原本不需要专业理论

去证明，严格地说，这并非专业学术的任务。这一研究模式盛行所带来的现实问题是，当各个图书馆纷纷把自身的实践总结与提炼，与社会发展的终极目标直接挂钩以后，专业活动的一般规律研究也就没有了活动空间。

典型如图书馆的社会大众文化服务课题。多年来，各地的图书馆，尤其是东部地区图书馆都在积极探索。珠三角地区先后有"佛山模式"、"深圳模式"和"东莞模式"等；长三角地区近三十年至少经历了三次大规模的起伏，近年来"嘉兴模式"、"杭图经验"呼声甚高；天津地区的"延伸服务"，因总结交流时文化部的参与和操作，一跃成为全国图书馆服务普及的"标准用语"。

但各地图书馆员在参加了历年多次现场交流会以后，依然很困惑。各地区的社会发展环境有着一定的差异，到兄弟图书馆听听看看感觉不错，联系本馆实际学着具体操作就问题多多了。一些相关研究将此类现象归之于图书馆管理者的个人能力，或管理智慧，这也是一种很不严肃的说词。少数人无法学，或许是能力问题，多数人学不了，就必须回过头来思考问题究竟出在什么地方了。

这一现象产生的根源还是在于专业思维的缺位。基层图书馆管理者多半是因为缺乏理论准备，不懂得从专业活动角度去进行理论的提升，但此类工作更多地应该由专业研究人员来承担。专业学术研究人员决不应该停留于实践经验总结与社会发展原理一般衔接的层面，而是要对各个图书馆的创新实践进行深入的分析，寻找各种成功经验中的一般共性，进而总结出"延伸服务"的一般组织模式与管理方法等。同时，更要研究各地图书馆成功经验中的各自特性，追寻各地特性何以形成的社会、文化、经济等内外部因素，才能为各地不同社会环境下，各个具体图书馆的服务发展，提供相应的有效工作方法参考。

失去专业思维前提的创新工作总结和交流，只能停留于思想动员层面，可以鼓舞人心，但不能真正形成推进事业健康发展的效用。专业学术研究工作者若没有专业思维意识，就等同于思想工作者了。不幸的是，当代中国图书馆学界此风颇盛，与社会大环境也有一定联系，所谓不看概念重理念，应该是专业思维空白的典型概括。

2. 理论借鉴要注重原理把握而非语词搬运

学术研究中注意坚持专业思维，需要在社会科学一般理论，或其他学科理论的借鉴过程中，避免片面地将不同学科中语词层面的相关当作不同社会领域活动原理的一致性，以致简单照搬类似语词，套用一般结论，代替了本专业活动特定规律的探索和专门方法的研究。

因为社会历史原因．当代生活中以一般政治社会理论替代专业活动领域原理研究的陋习根深蒂固，影响了不止一代人。现实生活中司空见惯的"一刀切"、"一窝蜂"之类行为模式，都可以在这里找到理论或思想根源。在当代世界和社会生活充满震荡的环境中，对社会流行理论需要抱有一定的警惕。这并非意味着对新理论或新观念的拒绝与排斥，而是要求我们在面对新理论、新观念的风行时，能够保持基本清醒的意识。

十年前，"知识经济"一词伴随计算机和网络技术的普及而风行世界，和之者众。图书馆学界因为文献集藏机构内的"丰富知识资源"而欣喜若狂，似乎看到了专业活动走向社会活动前列的光明前景。一时间，行业内各种刊物无不以此为理论依据，由此生产了无数篇论述"知识经济与图书馆"的论述。尽管图书馆收藏着大量不同学科、专业的文献，但很少有人去关注其他学科对"知识经济"的态度。事实上，当时其他各学科的基础研究，大多将本专业的未来描绘为新世纪福音。物理学家宣称新世纪将是"物理时代"，化学家坚称 21 世纪将是"化学世纪"，其他学科莫不如此，这大概才是真正的"职业精神"。唯有图书馆学紧紧贴着一般社会思潮，几乎完全没有了专业思维意识。

2005 年初，"知识经济"概念的发源地——美国某权威咨询公司发布调查报告称，对新世纪头五年美国经济社会统计数据的分析表明，带动美国社会经济发展的是对外贸易与旅游服务业，"知识经济"并无实际影响。至于报告没有指明的，就是"知识经济"乃计算机和网络生产厂商们的宣传伎俩。普通人是否上当在于个人的悟性，科研人员是否受骗的关键，则在于专业思维意识的强弱，这也许可以作为"职业精神"的检验标准之一。

当代中国图书馆学相对其他社会科学理论的借鉴，类似的问题普遍存在，无须一一列举。其共同的表现形式就是看到、读到一些时新理念，或新鲜词语就急忙搬运过来，全然忘记必须先行追索一下，了解这些理念或概念得以产生的社会环境及其思想理论根源。简单化的概念搬运，对于不同社会环境下不同专业活动的科学推进，会引发致命性的判断失误。

前文已经提到，现代公共图书馆活动以社会文献集藏管理为基本职责，这样的社会分工本身也包含了社会文化服务的基本义务。由于当代社会文献信息环境的变化，现代图书馆重新思考与探索自身的活动定位是必须的。但是，这种探索必须建立在自身专业工作探索的归纳与提炼上，而不能长期维持于其他学科现成理念的简单移植。

多年来，中国图书馆学已经习惯地把"知识（服务）交流"定义为专业活动领域和整体发展目标，并通过语词层面的大量推理来反复论证。建立在"知识观"上的图书馆学理论林林总总，其基本理论构架大体就是图书馆集藏了大量文献信息资源，内中蕴涵着丰富的知识信息，应该通过各种形式的图书馆服务，让这些知识在公众中得到充分的交流，籍此成为推进社会文明前进的力量。

从图书馆活动的单一视野观察，貌似有几分道理。但若把它放到社会文化的大视野中审视，就显得十分突兀了。人类社会的知识交流从来不以单一形式实现，在当代社会生活中，判断与区分哪些活动是信息交流，哪些活动为知识交流，是不可能也不必要的。即便压缩到社会的文化知识传承这一相对狭小领域，图书馆服务与学校教育在专业上也有着极大的差异。若学校也把"知识服务"作为自己的专业发展目标，那么图书馆与学校的本质差异将如何表述，两项专业活动的界限又如何划分？

同样，稍作严谨的思考，就不会把"知识"这一极其抽象的概念，作为一项专业活动的工作对象与发展目标。不妨仔细看看科学的"皇冠"——哲学或数学，也有着各自特定的知识领域或范畴。尽管当代社会中曾经有所谓"知识产业"的提法，但去仔细盘点这一产业的内容，就会发现这一概念的内涵或是无所不包，或是不明所以，充其量也就是一个临时性的指代用语。

三、简短归纳

社会各个活动领域中知识交流与服务，原本是一种生活常态。每一门科学活动的对象，都必须以客观存在的具体事物为基础。所谓基础研究，就是专业活动内在规律的探索，专业科学研究所提炼或抽象的内容，只能来自于专业实践活动本身，而非专业工作的对象，

当代中国图书馆学基础研究，很少对当代社会文献生产与利用领域的变化，进行充分调查研究和深刻把握，仅仅对专业活动的对象作最简单的概念抽象，就轻易地把它"提升"并界定为专业研究与专业活动的基础领域，是否应该引起质疑？

在这一观念裹挟下，专业思维被淡化，有效的专业活动方法难以出现，也是必然。

第四节 职业院校图书馆社会服务探讨
——以黄冈职业技术学院为例

黄冈职业技术学院是 2010 年度"国家示范性高等职业院校建设计划"骨干高职院校立项建设单位之一,"示范性高等职业院校建设计划"对高职院校深化教育教学改革、创新人才培养模式、建设高水平专兼结合的教学团队、提高社会服务能力和创建办学特色等方面提出了很高的要求 1,图书馆如何配合学院示范院校建设工作并借此契机提高社会服务能力和经济效益,是黄冈职院图书馆面临的机遇和挑战。

一、我院图书馆社会服务功能现状

(一)提供信息收集、整理、编研服务

我院图书馆从现有工作人员中,挑选出工作经验丰富、从事图书管理及计算机专业的技术人员成立信息技术部。信息技术部除了维护日常的整个图书馆借阅系统的正常运行外,还要为科研申报、科研成果鉴定、专业查新等提供可靠的信息资料服务;另外对重点课题进行跟踪,及时了解课题组所需的相关资料。每年图书馆也有申报课题,同时也加入院课题组,在课题组内专门提供信息服务,积极参与课题全过程的研究过程,定期搜索与课题相关的信息,加以分类、整理后提供给课题组。

(二)为技能行业提供培训服务

我院坚持对证施教,着力培养学生的实践动手能力。设有"国家职业技能鉴定所"、"农业行业特有工种职业技能鉴定站(158 号)"、"建设职业技能鉴定站(17001238 号)"、"全国计算机等级考试考点(420076 考点)"等,为配合培训工作的开展,我们图书馆向学院相关部门及学生发放调查问卷,根据反馈的信息,采购职业资格认证和技能考试参考文献,为对证培训提供文献资料。

(三)建立丰富电子资源及特色数据库

学院图书馆为了更好更全面的服务全院师生利用好电子资源,不仅与国家教育

部网站、国家高职高专教育网站、高职高专校长联谊会、武汉大学、华中科技大学、深圳职业技术学院等13个网站建立友好连接，还购买了中国知网数据库、博看电子期刊、维普数据库、学位论文数据库等八个数据库，并且配合学校的重点学科教学和科研需要，着重建设特色馆藏资源数据库，现已建设完成教学课件数据库和特色文化数据库。

1. 教学课件数据库

教学课件数据库是收录全院教师院级以上精品课程课件共100多个，并将课件按所属院系分开，然后再按学科分类，每个课件内容全面、具体、生动，实行远程教学的学科能轻松学到教师所讲内容。教学课件数据库的建立，为全院教师提供了学术交流平台，同时也为社会服务培训提供了良好的教学渠道，充分发挥了社会服务价值。

2. 特色文化数据库

特色文化数据库依据黄冈大别山文化特点，以生动、形象的图片和文字形式建立大别山文化展示、名人文化两个栏目。名人文化主要介绍如李时珍、苏东坡、闻一多等文化名人，还有诸如黄冈籍党的一大代表包惠僧、董必武、陈潭秋，地质科学家李四光，活字印刷术发明人毕昇，文学家叶君健，经济学家王亚南，哲学家熊十力等名人正在陆续筹建之中。大别山文化展示如红色文化、古色文化、宗教文化、医药文化等也正在筹备之中。

3. 利用馆藏资源开展外借服务

学院图书馆馆藏丰富，内容涉及方方面面，馆内藏书达120余万册，为更好满足全院师生对文献资料的需求，图书馆不仅实行了"多处选择、一处借阅"的超市管理模式，并且全院实行了"一卡通"管理，极大方便了读者的借阅。同时，对参加我院短期培训的"一村一名大学生"、"阳光工程"等人员，统一办理临地借阅证，与在校师生享有同样的借阅权，方便了他们使用本院的文献资源。

二、社会服务对象及途径

根据我院图书馆开展社会服务工作经验实践，笔者认为职业院校图书馆开展社会服务应明确社会服务对象并有所侧重，针对不同服务对象的需求，开展多种方式、多种渠道的社会服务。

1. 服务对象：职业院校图书馆的服务对象包括本校的普通教师、专业教师，从事科研的教职员工，管理人员和在校学生，以及参训的、联合办学与科研的社会及企业人员等。

2. 服务途径

3. 扩大读者服务范围

据相关资料显示，我国职业技术人才相当缺乏，职业院校除了对本校师生提供大量相关书籍和资料借阅外，院图书馆还可以进一步扩大服务范围，面向校外广大职业技术人员及科研人员开展多种形式的文献借阅服务，如为技术、科研人员办理图书借阅证、开展馆际互借、举办图书漂流等活动，使本校的图书文献资源能得到充分利用。

4. 为行业技术培训提供资料服务

针对职业院校的实际情况，依托图书馆的资源为各类职业技术培训和继续教育提供文献资料支持，如我院在"阳光工程"、"一村一名大学生培训"中，图书馆积极参与其中，深入了解培训内容，提供相关培训资料，从而使培训工作顺利进行。另外，还向他们开放阅览室的报纸、期刊、工具书室并提供文献检索、复制、电子阅览室服务等。少数乡镇技术人员对网络信息资源缺乏了解，信息检索技能不强，我们图书馆编制馆内数据库的使用指南发放给他们，或利用网络知识讲座的机会邀请他们参加学习。使他们在最短的时间内撑握了解图书检索、信息获取技术，满足信息需求。

5. 开展远程数字服务

黄冈职业院校图书馆利用图书馆网站，为远程读者提供一体化服务，允许远程读者访问本馆的数据库资源，并开设学院的精品课程、课件视频、特色文化等板块，同时在本地提供信息检索、下载数字资源服务，为远程读者终身学习提供条件和帮助3。

三、建议

根据我院图书馆社会服务经验，要想更好的发挥图书馆服务社会的作用，职业技术院校也应做好一些相关工作。

1. 深层次多渠道的社会服务

职业技术院校在多层次的办学过程中，如与很多知名企业签订就业订单班等，这是社会和学院发展的必然趋势。职业技术院校图书馆内馆藏丰富，专业细致，分类标准如：农业种植、养殖；建筑行业、医药卫生等，图书馆的特色资源也能在合用中发挥优势，与相关企业建立服务项目，不仅能使社会受益，也能使图书资源得到充分利用。

2. 加强部门沟通，提高利用意识

职业院校图书馆在社会服务活动中，要配合成教部门及培训中心的工作，积极主动参与其中，深入了解培训内容。根据其部门职业技能培训、职业技能鉴定等社会服务项目，及时准确提供培训资料。这就要求图书馆要做好平时与相关部门的沟通工作，增强其它部门充分利用图书馆资源的意识。

四、结束语

职业院校图书馆不仅仅是本院师生员工服务的窗口，也是为社会服务的重要窗口，黄冈职业技术学院图书馆依据自身的馆藏特色，充分发挥其馆藏及电子资源优势，在服务自身的基础上，积极为社会提供服务，职业院校图书馆社会服务功能的开发是学校辐射能力与示范性的具体体现，是学校综合实力的重要标志。我院图书馆将在实际工作中，改善服务功能，拓展服务途径，完善服务渠道，为黄冈社会、经济、文化发展做出积极贡献！

▶ 第四章

高职图书馆服务质量提升研究

第一节　为学习型社会服务

党的十八大把"开展全民阅读活动"第一次写进党的政治报告，体现了党对全民阅读活动的高度重视。"开展全民阅读活动"作为扎实推进社会主义文化强国的重要举措之一，推进全民学习、终身学习，促进人的全面发展。学习型社会的构建向图书馆提出了一个极富深刻内涵和时代意义的新要求，也为图书馆的未来展示了一个更大的发展空间。图书馆是公民的终身学校，是没有围墙的大学。时代愈进步，社会愈发展，图书馆的功能和作用就愈强。国际图联在《公共图书馆宣言》中强调："公共图书馆是人们寻求知识的渠道，为个人和社会群体的终身教育、自由决策和文化发展提供了基本条件。"因此，大力加强各级各类各种形式图书馆的建设，发挥图书馆的功能和作用在终身学习型社会中的意义至关重要。

一、要充分认识学习型社会的重要意义

（一）学习型社会的涵义

什么是学习型社会？通俗地说就是整个国家人人、时时、处处都得学习，学习

新知识和新技术，学习生存和发展的本领。学习型社会的本质在于不断学习、终身学习、全员学习、全过程学习、团体学习等。我国创建学习型社会，是经济全球化、科技高新化、信息网络化的必然产物，也是现代人自身发展、自我完善的必然要求。

（二）创建学习型社会的重要性

第一，学习是人类永恒的主题。学习是人的一项基本活动，是人生活中的一项基本内容，是我们认知社会、了解生活、自我发展和自我完善的需要。在人的一生中，不管你做了什么事情，不管你怎样去做，学习总是不可缺少的，它将伴随着人的一生，并影响人一生的发展。只要你愿意学习，善于学习，就会获得进步，获得发展。学习不仅关系到个人的发展，更是人类社会发展与进步的不竭动力。人类社会从落后蒙昧远古时代发展到今天的文明社会，是人类善于学习的结果。在知识经济和社会变革的今天，人们越来越深刻地认识到，学习不仅是个体的行为，更是与整个社会、整个国家、整个民族乃至全人类的生存与发展、文明与进步息息相关的大事情。因此，我们应当创建学习型社会，不断推动人自身素质的提高及人类社会的发展。

第二，创建学习型社会是应对知识经济时代和信息革命化的必然选择。当今社会已经进入知识经济的时代，知识、、信息则是被视为极其重要的资源，知识在经济增长中起着主导作用，而人的大脑则是创造价值的主要核心。人类的生产活动的能量的大小，关键是看人的大脑是否被激活。要想人的大脑被激活，那就要求人类不断超越、自主学习、积极创造。创建学习型社会的根本落脚点，就是要提高社会的创新力，通过进一步加大科技创新力度，加快运用先进科技对传统产业进行改造，充分发挥科技在经济增长中的重要推动作用。目前，网络信息技术的快速发展，不仅开辟一个迅速增长的产业，而且在整个经济和社会领域产生了深刻的影响。为适应信息社会发展的要求，我们不仅要进一步加快信息产品制造业发展的步伐，加强信息基础设施建设，积极拓展信息技术的应用领域，更为重要的是还必须培养一支高水平的信息技术人才队伍，在广大市民中普及信息技术应用基础知识。因此，创建学习型社会是适应知识经济快速发展的必然要求，是跟上信息社会发展步伐的迫切需要。

第三，学习型社会是小康社会的主要特征之一。在20世纪末，我国社会主义社会已经进入小康社会，但我们必须看到，我国正处于并将长期处于社会主义初级阶段，现在达到的小康还是低水平的、不全面的、发展不平衡的小康。人民日益增长的物质文化需要同落后的社会生产之间的矛盾仍然是我国社会的主要矛盾，巩固和提高目前达到的小康水平，还需要进行长时期的艰苦奋斗。因此，我们必然抓住发展机遇，加快推进社会主义现代化。在全面建设小康社会的过程中，必须注意的是，我们不能把小康社会和现代化简单地等同于物质和经济，不能把丰富多彩的物质进一步理解为现代化。现代化更深厚、更有力量的特征是人的现代化。如果离开了人的现代化，物质世界的现代化是不可能持久的。一个全面进步的社会应是物质世界的现代化，同时，人们要受到良好的教育，具有较高的科学文化素养和高尚的思想道德品质，在这样的社会里，法制意识才会深入人心，政通人和，人民安居乐业，生态环境才能得到有效的保护。因此，当我们全面建设小康社会，蓄积力量迈向现代化时，这个小康社会必定是一个学习型的社会。学习型社会将成为全面建成小康水平社会的标志和重要特征之一。

第四，创建学习型社会是实践"三个代表"重要思想的客观要求。建设学习型社会充分体现了"三个代表"的要求。首先，建设学习型社会是推动先进生产力发展的重要载体。生产力中最积极、最活跃、具有决定性因素的是人。在当代，先进生产力主要体现为高效率的生产组织形式和管理模式、高素质的人力资源、高水平的科学技术等。一个社会要具备先进生产力，就必须创建学习型社会，通过全社会的学习和教育提高劳动者的综合素质、劳动技能和创造才能，加大人力资源开发力度，加速培养各类高素质专业人才，增强国家的创新力和持续发展的推动力。因此，它对于推进先进生产力的发展具有特别重要的意义。其次，创建学习型社会是代表先进文化前进方向的集中体现。创建学习型社会主要引导人们确立先进的学习理念，构建面向全社会的终身教育体系，开展全民参与的学习教育活动。加强思想道德建设，确立正确的世界观、人生观、价值观；组织全民通过学习经济法律和科学文化知识，了解中华民族优秀的传统文化和接受人类最新文明成果，提高知识素养、文化品位和生活质量。因此，它充分体现了社会主义精神文明建设和发展先进文化的要求。再次，创建学习型社会是实现人民根本利益的重要途径。实现人的全面发展，是现代化建设的客观要求，体现了人民群众的根本利益。创建学习型社会，通过促进人的全面发展，把服务人民和提高人民素质这两个方面统一起来，为每个社会成员实现自身价值和抱负创造条件，使人的主观能动性和伟大创造精神得到充分发挥。因此，它从根本上最大限度地满足了人民群众的物质文化与精神文明的需求。

二、要充分把握图书馆与学习型社会的内在联系

（一）图书馆事业是创建学习型社会的重要组成部分

纵观当今世界，创建学习型社会，已经成为各国应对新世纪知识和经济全球化、信息化的浪潮、抢占国际竞争制高点的主要对策。因此，我国已进入创建学习型社会、加快推进社会主义现代化的新的发展阶段。这是一个使经济更加发展、民主更加健全、科教更加进步、文化更加繁荣、社会更加和谐、人民生活更加殷实的发展阶段，它要求全民族的思想道德素质、科学文化素质和健康素质得到明显提高。同时，世界正在经历着深刻的变化，世界范围内产业结构调整的步伐不断加快，知识创新、科技创新在经济社会发展中的作用日益重要，新事物、新知识、新问题、新挑战层出不穷。这一切都决定了我们必须不断地学习和吸收新知识，通过学习来充实和提高自己。图书馆工作就是组织知识、开发智力资源，促进知识交流，推动社会生产力的发展和人的素质的全面提高。因此，大力发展图书馆事业，是创建学习型社会的重要内容。

（二）创建学习型社会必然要求图书馆全面建设和发展

社会主义建设经验告诉我们，要把一切积极因素充分调动起来，使我们社会的每一个人都能发挥自身能力、各尽所能，各得其所。让一切劳动、知识、技术管理和资本的活力竞相迸发，让一切创造社会财富的源泉充分涌流，以造福人民。尊重劳动、尊重知识、尊重人才、尊重创造，这要作为党和国家一项重大方针在全社会认真贯彻。劳动、知识、人才、创造，都离不开学习。我们必须在全社会营造和形成一种崇尚知识、奖励人才的良好社会氛围，使努力学习、锐意创新、积极进取和创造性劳动深入人心。全民学习，终身学习，必须把图书馆建设和发展摆在优先发展的战略地位。

当今社会已进入信息化时代，图书馆由传统的图书文献收藏库转变成现代化的信息中心，这是时代发展的要求。以知识经济、信息化、数字化、网络化的当今社会特征给现代图书馆带来载体多样化、服务网络化、加工数字化、格式标准化的发展前景。瞬息万变的信息时代呼唤图书馆尽快实现现代化，更好地为人们素质的全面提高，为经济发展和社会进步提供知识信息和智力支持。加快推进图书馆的网络化、规模化、现代化进程，为不同年龄、不同职业、不同需求的人们提供多元多层次的学习条件，加快图书馆全面发展迫在眉睫。可以说，图书馆的全面建设和发展

不仅是图书馆事业兴衰重要标志，也是创建学习型社会的重要标志之一。全社会都要重视图书馆事业的全面建设和发展，任何忽视图书馆全面建设和发展的观点都是与创建学习型社会背道而驰的。

（三）创建学习型社会与图书馆建设和发展互为条件互相促进

唯物主义辩证法告诉我们："事物的运动、变化、发展，是同事物的普遍联系不可分的。"创建学习型社会与图书馆建设和发展不是孤立、不相关的两个事物，而是互为条件相互促进的两个事物。一方面，图书馆的建设和发展对创建学习型社会具有能动作用；另一方面，创建学习型社会对图书馆建设和发展也具有巨大的驱动力。一个国家能否持续发展，能否增强竞争力，在很大程度上取决于人才的培养和国民科学文化素质的提高，这是经济社会发展长盛不衰的关键所在和持久动力。为此，党和政府对图书馆事业必然越来越重视，扶持力度越来越大，这必将会为图书馆事业的建设和发展提供越来越好的条件，有力地推动图书馆事业的全面发展。

三、图书馆参与创建学习型社会的具体措施

（一）努力优化图书馆的基本设施

图书馆是创建学习型社会的重要阵地，为此我们要重视图书馆的外部基本设施和内部基本设施的建设。在图书馆的外部基本设施建设方面，各级政府及文化、建设等部门要认真做好图书馆的规划和设计。要充分认识加强图书馆设施建设的重要性，切实做好图书馆设施规划和建设工作，纳入城乡规划和文化设施建设的规划。图书馆设施的规划和建设，要根据各地经济和社会发展状况、人口结构、自然环境、历史沿革和群众需要，因地制宜，优化配置，完善功能。图书馆设施建设选址要方便群众参加活动，充分发挥图书馆的功能。图书馆设施要跟周围环境相协调，在有条件的地方增加图书馆周围的绿化面积，逐步实现馆舍建筑的园林化，努力为广大群众创造一个良好的图书馆活动外部环境。

在设计中要充分考虑图书馆设施的使用功能及美学要求，注意体现地方特色、民族特色与时代精神，使图书馆设施兼具思想和精神内质。在内部基本设施建设方面，应设有普通的书刊阅览室、电子阅览室、语音室、影像室。有多功能报告厅，可以举办各种文艺科普教育活动的展览厅，还有满足各类读者需要的学习室、研究室等。读者可以随意选择不同的方式接受教育，学习知识。馆内服务设施标志醒目规范，服务窗口分布科学合理，停车、存包、复印、电话等辅助服务设施方便适

用。馆舍内布置名人图像、名人名言、学习方法、成功格言等，创设优雅的学习环境，对读者起到潜移默化、耳濡目染、暗示和渗透性的作用。在安静舒适的环境中，由于群体心理的影响，个体读者会被图书馆浓郁的学习气氛所感染，更加坚定学习的信念，养成良好的阅读习惯。

（二）加强馆际协作，实行资源共享

馆藏建设是图书馆的基础性工作之一，馆藏质量在很大程度上决定了信息服务工作的整体质量。因此，图书馆只有具备丰富的、高质量的图书资源，才能吸引读者到图书馆来，也才有物质条件开展对读者教育活动。文化建设部门可根据自身特点，加大图书经费投入力度，让图书馆有能力及时购买最新最好的图书．同时加强期刊交换，补充图书不足。图书采购人员要及时掌握那些思想健康、知识性强、符合读者口味的优秀书籍的出版信息。采购过程中，既要采购专业图书，又要兼顾非专业图书；既要采购纸制图书，又要采购录音带、光盘等电子出版物。对已入库流通的图书，要及时开展剔旧工作，优化藏书结构，防止馆藏老化，提高馆藏质量。

资源共享是图书馆现代化的体现和发展，图书馆应设计规划如何联系其他图书馆，以学习为中心成为一个紧密学习资源网络。在高速信息化的时代，文献资源越来越多，且载体多样化；需求量愈来愈大，且需求层次越来越高，显然一馆难以胜任，任何一个图书馆也不应成为信息孤岛。图书馆如果孤军作战，故步自封，那么从服务的范围到内容都远远不能满足创建学习型社会的需求，因此，必须经过适当的渠道，将自己的资源供他馆利用，也可以利用网络联系途径，加强馆际协作，互通有无，实行资源共享，加强网络建设，最大限度地为学习型社会的读者提供全面细致的服务，增强服务后劲。

（三）开展形式灵活多样的教育活动

在党和国家倡导向学习型社会迈进的今天，有责任不断创新，把社会各界爱学习、不爱学习的男女老少都吸引到图书馆来。举办"情报讲座""信息讲座"，免费开设"图书馆与个人、社会发展""图书馆的利用""文献检索基本知识"专题课，让读者了解图书馆，掌握图书馆，利用图书馆学会学习、自主学习。同时，图书馆还必须注意到，在学习型社会中，教育与职业之间联系的密切程度是十分突出的。图书馆可以邀请各行各业的专家，举办各种专题的知识讲座、专题报告会、座谈会；或者以市场需求为导向，举办各类职业培训班，还可与劳动部门、教育部门、工会合作，建立起一套互为配合补充的职业体系，从而激发人们的创造力和自身潜力，更好地为社会服务。

（四）提高图书馆工作人员素质

作为信息传播和导航者角色的图书馆工作人员素质的高低，直接影响到图书馆教育职能是否正常发挥。特别是在信息技术、网络技术飞速发展的今天，新技术在图书馆领域得到了广泛应用，这不仅改变了传统的工作模式，也更新了工作人员的角色。在信息时代，图书馆应扮演一些新的角色，如信息高速公路上的加油站、信息传播和发散中心、知识导航员等。随着 Internet 网络及用户的惊人增长，应建立起一个新型的完整的包括用户、信息资源、信息资源联络机制且以用户为中心的虚拟馆藏，繁荣虚拟信息体系。藏书成为网络上的数字化文献，空间变成支撑图书馆的广域网络。也正因为如此，图书馆工作人员应改变其辅导者、旁观者的传统工作模式，开始充当信息传播者和导航者的角色。每个工作人员充分施展他们的才能，在工作站上搜集、整理、分析和及时传播网络信息资源，同时还应知道如何帮助读者过滤、识别最适合最有价值的信息资源，以免读者被信息海洋中的大量无关信息所困扰。面对这样的角色转变，没有广博的专业知识和利用新技术的能力，想担此重任是不可能的。因此图书馆工作人员必须不断完善知识结构，掌握计算机基础知识及各类应用软件的操作知识，能够自如地使用计算机及其辅助设备。同时，图书馆工作人员还要掌握一定的外语知识，以迎接这一新的挑战。

第二节　促进与读者的交流

长期以来，高校图书馆比较重视与读者的交流，形成了较为完善的制度。相比之下，图书馆在促进读者之间的交流方面却显得较为薄弱。尽管有的高校图书馆也成立了"读者之家"或"读书会"等组织，在读者中开展读书交流会，但是内容显得过于单一，不能满足广大读者的学习需要。因此，探讨在新形势下如何以图书馆为基地，通过多种方式和途径，为读者搭建交流的平台，帮助学生读者解决在读书学习中遇到的各种问题，体验读书的快乐，对在读者中倡导终生学习，全面提升学生的全面素质，具有重要意义。

一、加强读者间交流的积极意义

（一）促进信息的交流，满足读者的个性化需求

读者间相互交流的是经过读者加工过的信息或知识，这样可以使读者在短时间

内方便快捷地获得自己所需要的信息或知识。在交流过程中，读者还可以向其他读者请教自己所需要解决的问题，使得读者的个性化信息需求得到满足，也可以使图书馆间接地完成对读者的个性化服务。

图书馆还可以通过读者交流活动反馈的信息，了解读者的需要，进一步完善图书馆的馆藏资源。读者在交流信息过程中，话题还会涉及各种书籍资料、相关的作者等，将会在读者中产生新的阅读兴趣和需求，促使读者到图书馆寻找和借阅有关的图书资料，图书馆的馆藏资源将得到更充分的利用。

(二) 有利于提高读者获取信息和实践的技能

高校图书馆在新生入学初就开设了关于如何使用图书馆的设备、如何获取信息以及读书技巧的讲座。这些技能和技巧需要读者在读书实践中，不断总结经验，通过相互交流加快他们对这些技能的掌握和提高。例如，许多读者喜欢通过互联网获取信息，如何能够快速地搜寻到自己需要的信息，如何能够识别恶意网站和虚假信息等，都是读者共同面临的问题。通过交流，能够提高读者在这方面的分析辨别能力，提高读者获取信息的技能。

高校为了使学生能够尽快适应社会发展的需要，在就业择业中占有更大的优势，在教学中更加重视提高学生的实践动手能力和解决问题的能力。通过组织形式多样的交流活动，打破单纯信息交流的传统，打破专业的界限，在交流经验和探讨问题中，提高学生的实践动手能力，了解和掌握各种方法和策略，人际技能即处理人际关系的能力也将得到进一步的提高。

(三) 帮助广大学生读者更好地完成学业

为了实现"一专多能"的目标，许多学生自学其他专业的课程，有的还参加了第二专业的系统学习。通过促进读者间的交流，可以使他们得到更为个性化的服务和帮助。

1. 帮助读者更好地去选择工具书和辅导资料

在高校，学生的学习活动在很大程度是通过自学方式来完成的。工具书和资料能够提高学生们的学习效率，尽管图书馆有非常多的工具书和辅导资料，但是不同学习基础的读者有不同的需要。通过读者间的交流，可以使跨专业学习的学生得到相关专业学生的建议和帮助，低年级的学生得到高年级学生的帮助，图书馆还可以联系相关院系，请有责任心、乐于助人的教师给学生读者推荐具有针对性的图书书目，或者帮助学生读者重新制定合理的学习目标。

2. 帮助学生有计划地安排学习，提高考试通过率

考试是教学工作的一个环节，是检查学生学习情况的一个途径，学生要顺利完成学业，必须通过各种各样的考试，如专业课程的考试及学生们都要面临的计算机、外语等各种能力水平测试。此外，很多学生还计划参加各种职业资格考试。如何能够顺利通过这些考试，是大家普遍关心的问题。尽管学校也会安排教师对学生进行辅导，但是毕竟时间有限，而他们通过彼此交流成功的经验或失败的教训，可以掌握一定的应试技巧。除了相互推荐复习材料和学习网站外，身边顺利通过考试的学生也能够成为榜样，使其他学生读者坚定信心，明确目标。共同的奋斗目标，使他们相互鼓励；定期或不定期的学习交流活动，为他们营造了良好的学习氛围，督促学生们自觉地、有计划地、科学地进行复习。这将大大提高学生们的考试通过率。

（四） 帮助教师改进教学，促进科研工作的开展

一方面，教师以读者的身份参加各种交流活动，或者通过读者交流活动收集反馈信息，能够使教师更好地了解学生，了解学生的需要，不断完善和改进自身的教学。另一方面，由于高校图书馆馆藏资源丰富并具有较强的专业性和学术性，对高校外的读者有很大的吸引力，加之互联网络的广泛应用，高校图书馆积极响应社会的需要，对社会进行有限的开放。一些专业人士或从事技术性工作的校外读者参与交流活动，可以拓宽校内读者的思维，学生能够进一步了解社会的实际需要和行业发展的趋势，可以帮助教师开展科研立项工作，掌握一定的案例，丰富教学内容，提高教学活动的效果。

（五） 全面提升读者的综合素养

1. 提高读者的文化素养

读者都有各自不同的兴趣爱好，他们除了希望能够在图书馆内学习外，还希望能够提高自身的文化修养，即希望提高自己对文学、艺术等方面的欣赏水平。尽管在高校中有许多学生社团，如书画协会、吉他协会等，但它们所能吸纳的人数是有限的，而且要求成员有一定的专长，社团活动虽然丰富了广大师生的生活，但是更多的是提高社团成员的技能，展示社团成员的才艺，这与读者的愿望要求还是有一定的差距。通过读者间的交流，可以弥补读者自身专业知识的不足，加深对文学、文艺作品的理解，提高自身的欣赏水平。

2. 提高读者的综合表达能力

在各种交流活动中，读者可以平等交流，畅所欲言，在交换各自意见的同时，

不断提高读者的思维能力和语言表达能力。

3. 促进学生不断加强自我教育

纠正学术自身不良的行为习惯，端正思想态度。在交流的过程中，读者可以了解到他人对自己言行的看法，发现与他人的差距，看到自身存在的不足，促使学生不断完善自己。

二、为促进读者交流创造有利条件

（一）长期以来，在高校图书馆的日常管理中形成了一系列较为规范和成熟的交流形式，为促进读者间交流提供了很好的平台。如成立"读者会""读者之家"，设立意见箱等，都是高校图书馆中运用得比较成熟的与读者交流的方式，也为广大读者所接受。如能给这些传统方式赋予新的内容，将会吸引更多的读者参加，取得良好的效果。

（二）学生社团成员将能够在交流活动中起积极推动作用。学生社团成员除了具有一定的专长外，他们在参加和组织各种课外活动中也积累了经验，这将使他们有能力协助图书馆组织策划各种交流活动。高校对学生社团有严格规范的管理制度，学生社团成员都有较强的组织纪律观念，能够很好地服从图书馆工作人员的管理。

（三）本校各学科的研究人员能够对各种交流活动给予学术上和技术上的支持。在高校，教师除了承担教学工作以外，还要完成一定的科研任务。他们在取得研究成果的同时，还了解到相关研究领域的发展状况及科研新成果对社会产生的影响，对学术界的领军人物或权威人士也都有一定的了解。他们能够给本校的读者开设讲座，还可以协助图书馆策划相关的讲座，比如选定讲座的专题，推荐主讲人等。

（四）高校图书馆自身的建设为开展各种交流活动提供了物质条件和空间场所。高校图书馆都在不断加强自身的建设，除了传统的图书阅览室之外，还增加了影视厅、报告厅、展览厅等多种功能活动室，为读者开展各种交流活动提供了必要的场所和必需的设备。另外，在网络化的社会背景下，各高校建设了自己的校园网，通过 BBS（电子公告板系统）等方式，拓宽了读者间的交流空间，活动形式更为丰富。

三、提高服务质量和水平，积极促进读者交流

在积极为读者创建活跃的思想氛围的同时，如何才能保证在读者中开展的各种

交流活动有序健康地发展呢？笔者认为，应把读者交流的各项管理工作纳入图书馆的日常工作，实现高校图书馆的教育职能，提高高校图书馆的服务水平。

（一）确保各种活动主题鲜明，具有正确的思想导向

1. 加强对各功能室的管理与设备维护，使各种交流活动能够正常有序的开展。2. 认真审核各种信息交流活动的主题内容以及活动主持人或讲座主讲人的资质，或者由图书馆直接设定活动主题和选定活动主持人或主讲人，保证各种交流活动的质量。3. 增强活动的透明度，如通过黑板报及其他校园信息公告系统预告活动或总结汇报活动开展情况，通过广大师生读者加大对活动的内容及开展过程的监督力度。4. 倡导文明上网，加强网络管理，确保网络信息的真实性。5. 制定相关的奖惩措施，对于一些不良的言行举止进行必要的批评处罚，规避不良行为的影响。6. 不断完善图书馆馆员的知识结构，提高图书馆组织开展各种活动的能力。

（二）改进传统交流方式，组织开展形式多样的交流活动

"读书会"与专题讲座是读者比较熟悉的交流方式。长期以来，"读书会"以读书交流为主要内容，专题讲座可以使读者在短时间内掌握相关的知识，它已成为人们获取信息的一个重要途径。各高校图书馆都购进了许多优秀的专题讲座光盘，供读者观看。但是，这些方式在增强和提高学生读者的实践技能方面则显得薄弱，还应从读者读书学习的需要出发，增加相关技能的交流，1. 读书会可由交流读书学习心得向交流实践技能方向延伸。比如，把自己在实践中总结的计算机使用或其他专业技能方面的成功经验跟大家分享，或提出自己在使用过程中遇到的问题，大家一起讨论。2. 增强活动的竞技性，提高学生读者的竞争意识及应变能力。比如让指导老师设计题目，由读者进行分组讨论，制定解决的方案，再以推介会的方式由各组推介自己的方案，指导老师再联系实际，对各小组的方案进行比较优劣性的点评。3. 增强现场效果，邀请校内外的专家或名师开设讲座，在时间允许和主讲人同意的前提下，以问答的形式加强读者与主讲人的交流，满足读者的个人学习需要，也可以组织观看影像资料，开展相关的交流活动。

运用信息技术对各种活动的记录或活动反馈的信息进行统计和分析，及时了解读者的需要，发现自身工作的不足，不断提高自身的服务质量。为增加交流活动的效果，除有计划地安排各种活动外，还应通过黑板报及其他信息公告系统做好各种活动的预告工作，向读者介绍主讲人或者主持人的事迹、研究领域及取得的成果等。如能结合本校图书馆的馆藏资源，向读者推荐相关的图书资料目录，则不但能够使读者进行必要的知识准备，而且还能够促进图书馆馆藏资源的充分利用。

（三）借鉴原有的工作制度，提高图书馆的服务功能

义务馆员制度目前在各高校图书馆广泛运用，除了能够增加学生的实践动手的机会，增强他们的工作责任感外，还能够帮助图书馆的工作人员完成部分工作。根据开展交流活动的需要，增加招募有技术专长或文艺特长的学生读者，作为义务馆员或志愿者协助图书馆策划、组织各种交流活动。

（四）积极使用新技术，充分利用各种信息资源

互联网络由于能够方便快捷地向读者提供信息，已经成为人们获取信息、进行信息交流的重要途径。各高校的校园网使高校图书馆能够向读者提供更为快捷的服务。1. 除了可以把"新书推介"的内容放在图书馆的网页上，还可以对借出的图书进行排行或公布一些大型图书市场提供的图书销售排行榜，让读者了解新书信息。2. 利用校园网的 BBS 开设论坛，把各种交流会和讲座相关的新闻和内容放到论坛上，这不但可以增加各种活动的透明度、扩大读者参与的程度，还能够解决一些现场尚未解决的问题。3. 目前许多高校聘请了客座教授或校外辅导员，他们也能为学生读书学习提供帮助。如果在图书馆的网页设立相应的链接或通过设立"专家信箱"等方式，为学生提供与他们交流的虚拟空间，则可以帮助学生解决读书和学习中遇到的问题。

第三节　地方高校图书馆服务

西部少数民族地区高校图书馆要做好读者服务工作，必须理性地分析自己的优劣势，清楚自己所处的位置，找准定位，俯下身去，踏踏实实地为读者服务。

一、地方高校图书馆读者服务的特点

（一）读者群的特色

1. 读者群的民族性

高校图书馆的读者群为学生、研究人员、教师、管理人员以及部分校外人员。少数民族地区的高校是这个地区的最高学府，其教师、研究人员以及学生大部分为本地区的少数民族。图书馆作为少数民族地区高校的一个工作机构，校内

人群的民族性决定了图书馆读者群的民族特征。如广西壮族自治区少数民族占总人口的 38，4％，壮族人口占少数民族人口的 85.7％，这就决定了读者服务工作的民族性。

2. 读者群的稳定性

高校图书馆的读者为高校的学生、教师、研究人员，学校的教学计划、教学内容都是提前制定的，是相对稳定的，所需教学用书和课外读物也相对稳定。

3. 读者群的阶段性

高校图书馆是为学校教学科研服务的，而学校的教学工作具有阶段性，在每个不同的阶段里，读者对文献资料的需求不尽相同，图书馆的藏书计划要与学校教学目标、教学计划相一致。高校的主要读者群是学生，包括大专生、本科生、硕士生、博士生，学生的学历层次不同，文献需求也不相同。

（二）馆藏文献的特色

1. 馆藏文献的民族性

民族高校图书馆馆藏和其他高校的馆藏一样，都是为了满足学校教学科研的需要，以专业文献为主，适当照顾全面。同时，西部少数民族地区高校图书馆藏应该具有其民族特征，要重点搜集、整理少数民族文献。少数民族文献是记录有关少数民族在不同时期、不同学科、不同地域，以不同方式进行社会实践的知识和经验的载体。少数民族文献的特征是：历史悠久，数量庞大，内容丰富，形式多样，布局分散。

2. 馆藏文献的地域性

我国少数民族分布具有区域性特征，因此其文献分布也具有很强的地域性。如广西民族大学图书馆的特色馆藏除了民族学、少数民族地方文献外，还有外国语非通用语种文献，那也是由其地域性决定的。我国广西西南与越南毗邻，面向东南亚，西接印度半岛。广西民族大学的外国语非通用语种特别是东南亚各国语种的招生决定了其馆藏的地域性。

（三）学科的民族特色

每个学校都有其学科建设重点，少数民族地区高校也有其各自的学科特点和办学重点，反映在学科上有民族的政治法律、文教科技、民族语言、民族宗教、民族历史、民族医药卫生等。如广西民族大学的壮学研究中心、瑶学研究中心，西南民族大学的彝族学等都带有浓厚的民族特点。

二、地方高校图书馆读者服务的现状

（一）馆员素质参差不齐

图书馆的服务质量很大程度上取决于图书馆员队伍的整体素质。目前许多西部少数民族地区图书馆馆员缺少专业的图书馆知识和信息管理技术，不懂外语，图书馆服务意识薄弱，大多属于被动服务。

（二）图书经费严重不足

处于落后不发达地区的西部少数民族地区高校图书馆每年购书经费远远少于东部发达地区的高校图书馆。学校购书经费不足，采购的文献资源满足不了读者的需求，必然会影响读者服务工作的开展。

（三）人才流失严重

地方高校图书馆普遍存在人才流失的问题，高学历人才难以引进，自己培养的人才也常常流失。这与图书馆员的职业地位有很大关系，图书馆工作繁杂而枯燥，且常常得不到社会的尊重和认可，也就很难引进和留住人才。

（四）管理模式落后

图书馆长期以来的"守摊式"服务重藏轻用，造成许多文献利用率低下，加上落后、繁琐的借还书手续，影响了读者服务工作的开展。

三、搞好读者服务工作的途径

（一）更新观念

图书馆的读者服务要坚持以人为本，以读者为本。只有在服务上对读者尽心尽力，把读者放在第一位，以读者为中心，才能让读者配合图书馆做好各项工作，充分发挥图书馆的各项职能。

图书馆要改变以往"守摊式"的服务方式，通过多种途径，积极主动地了解读者现时和潜在的需求，分析读者类型及需求结构，并适时更新服务手段，改变服务方式，调整充实服务内容，为读者提供方便的服务。

（二）改变管理模式

西部少数民族地区有其各自民族的民族文化特征、宗教信仰、风俗习惯等，要做好西部少数民族地区高校图书馆的读者服务工作，就要结合当地的民族特征，掌握好民族政策，有的放矢做好读者服务工作。

1. 开展特色化服务

（1）设立民族特色文献典藏室

通过民族文献典藏室的设立，将民族文献集中典藏，方便民族研究工作者查阅。同时要做好民族文献的目录整理工作，注意搜集反映本地区各民族科学研究新动向、新成果的文献信息。

（2）建立民族特色网络数据库

学校图书馆特色网站的建设是一项十分重要的工作，它将自己的实际馆藏和虚拟馆藏结合起来，拓宽了服务的领域和空间，如西藏大学的"西藏学"特色数据库，内蒙古大学的"蒙古学"等民族特色数据库的建设都收到了很好的效果。

（3）建设地区特色文献专题室

有条件的图书馆可以利用西部少数民族的文献资料，结合西部地区的特点，设立特色文献专题室。如广西南宁为东盟博览会的永久落户地，为了让更多人了解东盟，了解广西，可以建立中国—东盟博览会专题库。

2. 提供人文化服务

（1）避免与读者的冲突

图书馆员要善待每一位读者，热情主动地为读者提供服务，了解读者的需求，避免与读者发生冲突，特别要注意不能与少数民族读者发生民族性的冲突。

（2）搞好新书推荐工作

做好新书通报、新书简介、新书导读、新书系列专题介绍等工作；简化新书加工工序，让读者及时掌握最新的信息。

（3）营造和谐的学习环境

提高文献资源的开架率，书库实行借阅藏一体化管理模式。开架书库取消书代板，设立休息日还书窗口，延长开馆时间，保持图书馆的整洁安静，给读者营造一个宽松和谐的学习环境。

（三）开展多样化服务

图书馆应经常举办信息技术讲座，为预定读者送书上门，与其他院校联系，实现馆际互借，建立读者咨询服务中心。同时要加强与读者的沟通，如通过读者问卷调查、读者座谈会、读者意见箱等，虚心听取读者的宝贵意见，及时改进工作。

（四）加强图书馆专业队伍的建设

一直以来，图书馆管理队伍素质参差不齐，无论在学历结构、年龄结构还是性别结构上都不甚合理，给图书馆各项工作带来不少困难，特别是给读者服务工作带来了压力，所以要加强图书馆专业队伍的建设。一方面要大力引进专业人才；另一方面，对原有员工进行有针对性的培训，派馆员外出学习先进的管理经验、技术和理论知识，组织馆员参观先进图书馆，以全面提高馆员的综合素质。

第四节 网络环境下职院图书馆信息资源共建共享探讨

计算机与现代通信技术的结合，给大学图书馆带来了全新的网络环境，图书馆的馆藏发展模式由注重购买纸质书籍到利用网络实现信息资源共享，以此达到解决各高职院校图书馆存在大量重叠性资源购置造成信息资源涵盖面窄、各高校学科设置增加、复合型人才的社会需求也促使学生涉猎本专业以外的多学科知识信息等问题，将高职院校图书馆真正打造成"学生的学习中心、老师的科研中心"。图书馆信息资源共建共享是解决高职院校有限的图书馆信息资源与读者无限的信息需求矛盾的主要途径。

一、网络环境下图书馆信息资源共建共享的必要性；

（一）、各高职院校重复性信息资源建设严重：在以往对学院建设评估中，图书馆馆藏量是一个重要的考评指标，对馆藏量的评价，主要针对馆藏数量，因此，存在大量重复性书籍的建设，从而造成了其它偏门类信息量较少，资源共享是通过网络来构建新的系统，通过馆际互借来达到读者所需文献。这种馆际互借是补充本馆信息资源不足的很好途径，既能节约经费又能满足读者的需求。

（二）、各院校师生对信息资源的需求日益提升；为适应社会发展需要，培养出更多适应社会发展的复合性人才，很多中专学校已合并成技能型高职院校，每种专业对各信息资源都有需求，随着图书馆的建成和发展，当发展到一定规模时，由于馆藏面积和资金原因，购书量会书逐步减少，而且多面性人才的社会需求也促使师生对更多知识的获取。要想图书馆成为全院师生对知识信息获取的必要途径，资源共享是最快最佳的途径。

二、目前图书信息资源共建共享所面临的问题；

（一）缺乏规范合理的全局规化：越来越多高校将图书馆信息资源共建共享建设纳入到资源保障体系，实现合作采购。但信息建设是一项长期工程，很多图书馆将信息建设目标只设立在满足本校师生的需求上，往往只注重数量而不注重质量，这种没有统一规范和标准性的自我采购，使得大量数据被重复收录，致使浪费大量人力、财力。

（二）馆藏文献质量有待提高：随着科学知识突飞猛进，信息更新换代速度也加快，读者要及时了解、掌握新的知识信息，有的图书馆不及时根据馆藏情况购置新书，造成信息量的贫乏不能满足读者强大的信息需求。另外，馆藏信息不全，不能全面反应本地区特色。

（三）、信息资源开发制度有待完善：信息资源开发的质量主要取决于信息的处理，在网络飞速发展的今天，各种资源信息非常繁杂、混乱，加上电子信息易转载和复制，再加上也很容易篡改，造成信息污染；因此制订规范的信息资源开发制度也是不应忽视的问题。

（四）、资金严重不均是最大障碍：高校图书馆为学校教学、科研起到辅助作用，作为学校的信息窗口，信息的提供毕竟有限，如何做到馆际互借、资源共享，改变高校图书馆"各自为政"的书面，仅仅依靠高校图书馆自身的资金投入远远不够，政府应加大对高校图书馆的专项资金投入，根据各馆特点和现状，合理分配资金，改变目前图书馆操作平台的繁多现象。

三、图书馆信息资源共建共享策略；

（一）、做好网络环境下资源信息的规范化工作：目前，图书馆的信息资源主要包括现实馆藏，它包括本馆传统的文献资料、电子图书以及与其它机构合作建设或本校购买其它数据库等信息资源。在综合考虑文献资源现状、文献需求等情况下，合理规范信息资源规划、目标。

（二）、建立特色数据库：特色数据库是根据特色文献资源开发我具有独特内容的数据库。任何一个图书馆都不可能收集所有的出版物以满足读者需求。同时读者也不可能只满足于单一的文献资源，高校图书馆在已有文献基础上，利用计算机技术、网络技术等先进作息传播手段，建设具有自己特色数据库，为读者提供更广泛、更深度的信息服务，才能在竞争的社会中求得发展。

（三）、建立规范的信息评价体系：规范化的评价体系是创造信息资源良好环境的保障。主要是根据各图书馆馆藏目录及文献数据库，制订统一的标准和方法，对各馆馆藏情况进行定量、定性分析，做出正确评价，同时找出不足之处，以便完善。在信息资源建设过程中，各馆根据自身特色，突出馆藏重点，保证其系统性、完整性，只有这样，网上信息资源才能真正意义上的共享，同时给利用者更便利、快捷的服务。

（四）、合理利用资源：目前，包括因特网、存储结构、数据管理系统等网络技术的支持，为内部信息的交流起到了很好的桥梁作用。因此，图书馆应合理投入资金，优化配置硬件、软件工程，做好本馆内馆藏信息资源建设，是开展信息资源建设的重要内容，做到本馆信息资源共建共享，才能向本校师生全面开放，有效的节约文献购置经费的投入。高校图书馆实现信息资源共建共享是图书信息发展的必然趋势，也是高职院校图书馆成为一个融传播知识、启迪智慧、信息交流于一体的文体超市很好途径。只有利用好现有的纸质信息资源，积极开发、利用好网络资源，实现网络资源共享，才能提高服务水平，更好服务读者，满足读者要求。

▶ 第五章

图书馆共享服务

第一节　图书馆资源共享

文献，作为一种人类保存其记忆的方式，在历史的舞台上已走过几千年。从古代甲骨刻字、竹简帛书、石刻碑文、活字印刷，到近现代书籍纸张、缩微胶片、光盘、硬盘，文字记录载体更新迭代，图书馆作为保存人类文化遗产的重要机构，详细记载了从古至今人类历史的发展和演变，使人类文明得以薪火相传，生生不息。世界上最早的图书馆——亚述巴尼拔图书馆产生后，满足读者信息需求的活动随即开始，这也就是我们所要说的"文献资源共享"。它贯穿着图书馆的整个发展历程，不断地革新与丰富，对于现代图书馆，资源共享作为图书馆行业服务水平与服务质量的重要体现方式，需要我们不断研究，不断深化。

一、图书馆资源共享概述

（一）图书馆资源共享发展历程

1. 概念的提出

作为从事知识服务的核心社会机构，图书馆长期以来都高度重视图书馆之间的共享问题，这是整个业界的理想。因为没有哪一个图书馆能够收集全部的文献资源，有了这样的理想，也就会有各种各样的实践。19 世纪末，一些西方国家的图书馆以"馆际互借"的方式共享馆藏文献，以"联合目录"的方式共同揭示各馆收藏文献，"资源共享"作为图书馆领域的一个概念被正式提出。20 世纪 70 年代，在美国召开的第一届 ALA（American Library Association）大会成立了"协作委员会"，负责推广图书馆之间的合作，并将资源共享的馆际合作作为一个讨论主题，使资源共享正式走上历史舞台。随后，联合国教科文组织（IFLA）和国际图联（UNESCO）联合提出了"资源共享理念"，旨在馆际互借、互通有无，通过协作提高开发和利用文献信息资源的综合能力，实现资源的合理配置和有效利用。

2. 资源共享的发展

进入 20 世纪后，世界经济文化迅猛发展，纸质出版物大量涌现，图书馆行业日益认识到，只有依靠图书馆之间的相互合作和"资源共享"，才能满足读者的信息需求，这个共识促进了"资源共享"的发展。

最初，小规模、短距离之间的图书馆间协作是"资源共享"的运行模式，如藏书的协调分工和馆际互借。19 世纪中叶，德国的默尔首次提出图书馆之间藏书建设分工协调的思想，在此基础上普鲁士的 10 个大学图书馆划定了各自的藏书采购范围，彼此建立馆际互借关系。1917 年，为了促进和完善馆际互借，美国图书馆学会制定出了世界上第一个馆际互借规则，其后英国、苏联等国图书馆也制定了相应的规则。1938 年，国际图联制定了国际馆际互借规则，国际性国际互借业务也开展起来。到 20 世纪 40 年代，英国几乎全部公共图书馆、主要专业图书馆和许多大学图书馆都参加了馆际互借。

20 世纪 70 年代以来，联合国教科文组织、国际图联等国际组织共同致力于全球范围内的文献资源共享。1971 年，IFLA 首次提出"世界书目控制计划"（Universal Bibliographic Control，即"UBC 计划"），旨在使用世界通用的标准与规范，建立一个世界编目网，共同交流书目信息；与此同时，IFLA 又提出了"世界出版物的收集利用计划"（Universal Availability Publications，即"UAP 计划"），旨在建立一个具有文献出版、发行、采购、存储等基本功能的国内书目系统和馆际互借网络，最大限度地为读者提供所需要的文献资源，其最终目的是实现全球文献资源共享。1977 年，"发展中国家图书馆资源共享会议的预备会议""国际书目（UBC）协调会议""第二次苏联东欧国家图书馆会议"都将资源共享作为议题。

互联网的蓬勃发展开启了人类文明的新时代。20 世纪末，随着计算机、通信技术、网络等技术的发展及广泛应用，联机检索系统迅速发展，欧美一些发达国家的图书馆衍生出馆际间的多种合作方式。例如，美国的 OCLC、Ohiolink、RLIN，英国伦敦与东南亚地区的图书馆协作网 LASER、德国的联合编目系统统一"资格认证中心"；到 1990 年，全球已有 644 个联机检索系统，数据库 4465 个，如 DIALOG、ECHO、BLAISE 等，资源共享探索进入了网络时代。

随着互联网的日趋深入，图书馆的建设和发展也进入了数字时代，以数字化的方式保存人类文化遗产已成为不可逆转的发展趋势，全世界产生了众多的"数字图书馆计划"，如 1995 年美国国会图书馆实施的"美国记忆"项目（American Memory Project）；2000 年中美两国大学和科研机构联手筹建的"全球数字图书馆"（Universal Digital Library，UDL）项目；2005 年美国国会图书馆与联合国教育科学文化组织联合推出的"世界数字图书馆"（World Digital Library，WDL）；2007 年欧盟数字内容计划委员会负责实施的"欧洲数字图书馆"（Europeana Digital Library，DEL）；这些具有代表性的数字图书馆项目，目的都在于将人类的宝贵文化遗产进行数字化典藏并共享给全球用户。20 世纪初，美国大学图书馆就积极探讨资源共享，20 世纪 70 年代，美国图书馆联盟达到建设高潮，图书馆联盟旨在利用馆际互借和文献传递系统，快速共享成员馆的纸本资源和电子资源。"法明顿计划"是美国著名的以馆际互借和共编书目为特点的图书馆初级联盟，随着计算机及网络的发展，美国国家采购与编目计划（National Program forAcquisitions and Cataloging，NPAC）、国际图书馆联盟（International Coalition of Library Consortia，ICOLC）等相继出现，图书馆联盟模式多样化，如联机计算机图书馆中心（Online Computer Library Center，OCLC）、环太平洋数字图书馆联盟（The Pacific Rim Digital Library Alliance，PRDLA）、美国数字图书馆联盟（Digital Library Fedora，DLF）等。据国际图书馆联盟 2002 年统计结果，美国拥有世界上最多的图书馆联盟，占总量的 57%，目前，美国图书馆联盟拥有 200 多个图书馆联盟体 O。在资源共享实践中，日本所取得的成绩也尤为瞩目。1986 年，日本建立了全国性综合信息共享系统 NACSIS（National Center for Science Information Systems），参与系统的各大学图书馆输入馆藏资料，编制综合目录，形成了 NACSIS - CAT，进行校际馆际互借及资源共享，截至 2009 年 3 月，该系统参加馆总数达到 1224 家，其中，日本的国立大学图书馆 86 家，公立 75 家，私立 547 家，海外机构 107 家，NACSIS - CAT 书目数据突破一亿条。截至 2011 年，共有 86 所国立大学图书馆，87 所公立大学图书馆，508 所私立大学图书馆，73 所短期大学，57 所高等专门学校图书馆，15 所文部省所辖机关

（包括资料馆、研究所、图书室等），13 所公立机关图书馆，113 所其他性质的图书馆使用 NACSIS。

网络时代的"资源共享"，图书馆改变了"资源共享"思路：不再局限于自身的固有资源，呈现出向外扩伸趋势，跨区域、数字化、多样化；从用户角度出发，关注资源的利用率，注重用户需求和满意度，从被动等待服务转为主动提供服务。区别于以前的"馆际互借""联机检索书目"，向纵深方向发展，在内容上侧重于数字资源共享，如联合编目、电子图书、多媒体数据库、在线信息咨询等；在共享方式上除了邮寄、传真，更多的是依靠 E-mail、在线网页、即时通信软件等。

3. 我国资源共享发展概况

晚清时期，随着洋务运动和戊戌变法的兴起，一股强劲的西方新思潮涌入了古老的东方文明古国，西方图书馆"平等、开放、公开利用"的理念冲击着中国古代藏书楼"重藏轻用"的旧观，清末公共图书馆运动便随之兴起。1902 年，我国近代第一个正式的公共图书馆——皖省藏书楼创办；1902 年，倡导"存古开新"的古越藏书楼，成为我国第一个向社会开放的私人藏书楼，由此推动了我国近代藏书楼向公共图书馆的转变，促进了近代图书馆的兴起。随后，1904 年，我国诞生了第一所官办的公共图书馆——湖南图书馆；1909 年国立北平图书馆的建立，更标志着我国图书馆事业完成了由藏书楼向近代图书馆的转变。

民国时期，中国图书馆事业经历了从"古代藏书楼"到现代图书馆的彻底革新。归国的新派知识分子发起了"新图书馆运动"，"平等、开放、公开利用"的西方图书馆理念广泛传播，公共图书馆遍地开花。从民国初年全国仅有的十几所增长到 1916 年各省图书馆及通俗图书馆总数达 260 所，1925 年全国各类型图书馆已达 502 所，十年后的 1936 年更是发展到 1502 所，公共图书馆的繁荣兴办促进了藏书思想的进一步开放，体现了近代图书馆面向公众、服务社会的作用。此外，1909 年，我国第一所图书馆学专业教育学校——文华图书馆学专科学校成立；1915 年，民国政府先后颁布了《图书馆规程》和《通俗图书馆规程》，这是民国政府颁布的第一批关于图书馆事业的法律文件，这些文件为民国图书馆事业的发展提供了司法上的保障与支撑。1925 年，我国第一个官方图书馆学协会——中华图书馆学协会的成立，加之诸多海外归来的图书馆学专家都为近代图书馆的发展奠定了坚实的基础。

民国时期图书馆之间的"馆际互借"是我国"资源共享"的最初表现形式。1925 年，中华图书馆协会创办的《图书馆学季刊》"时论撮要"专栏中刊载的国外学者亚勒蒂的《各图书馆购借书籍之合作》一文详细介绍了美国图书馆馆际互借的成就。与此同时，我国进步图书馆学专家严文郁先生也在此期刊上撰文介绍了"馆际互借的意义及形成之大概"，由此，"文献资源共享"崭露头角。在 1929 年金陵大学召开的中华图书馆协会第一次年会上，"馆际互借提案""馆际互借书籍细则"被提出并决议一致通过。1939 年，民国政府教育部颁布的《修正图书馆规程》中第一次明确规定了地方图书馆"阅览部"的工作职责是"办理馆际间之互借与邮寄"，馆际互借正式成为各图书馆的业务之一；从 1934 年起，国立北平图书馆馆务报告中开始有了馆际互借的数据记录；民国史料中所见最为规范的馆际互借章程为无锡、太原两市图书馆协会的馆际互借章程。当时，中华图书馆协会和地方图书馆协会推动了民国图书馆馆际互借业务的成熟与发展，图书馆界"文献资源共享"得到了稳定而持续的发展。

中华人民共和国成立后，图书馆行业得到高度重视。20 世纪 50 年代，我国先后颁布了专门的馆际互借条例《高等学校图书馆馆际互借办法（草案）》《全国图书协调方案》，标志着我国文献资源共享工作的正式开启。随后，国家科学规划委员会成立了北京、上海两个全国中心图书馆委员会和 9 个地区性的中心图书馆委员会，共同编制联合目录，开展馆际互借等工作，为后期资源共享的开展打下了基础。20 世纪 80 年代，资源共享发展逐渐深入：1986 年中国图书馆学会学术委员会召开"全国文献资源布局学术研讨会"；1987 年华东师范大学图书馆系等召开了"现代图书馆资源建设和资源共享国际研讨会 O"；1987 年由国家科委和文化部发起，成立了由 11 个部委参加的全国部际图书情报协调委员会，负责协调编制联合目录、开放馆际互借等工作。20 世纪 90 年代，随着计算机的逐渐普及和因特网的发展，我国资源共享从传统走向现代，出现了图书馆协作网络建设和联机检索系统。1998 年，国家图书馆牵头建设了"全国图书馆信息咨询协作网"；1999 年，国家图书馆主办了"全国文献信息资源共建共享协作会议"；1999 年，教育部发起了"中国高等教育文献保障系统"（CALIS）；这一时期，资源共享从理论走向实践。

2000 年至今，通过 10 年来的探索实践，我国信息资源共享服务体系已经较为成熟，在国家层面上，除了稳步推行的 CALIS 项目，2000 年成立的中国国家科技图书文献中心（NSTL），2002 年文化部、财政部开始启动实施的全国文化信息资源共享工程，2004 年教育部启动的中国高等人文社会科学文献中心（CASHL）项目都发展良好。同时，全国范围内也出现了区域内资源共享工程，如江苏省文献资源保障系统、吉林省文献信息资源共享平台、天津市文献资源保障系统、重庆市科技文献共建共享平台等；让人欣喜的是，图书馆行业内也发起了专业特色资源共享平台的建设，如全军医学图书馆资源共享工程、北京地区财经类院校资源共享平台。

（二）资源共享的研究概况

1. 国外研究概况

"资源共享"作为一个概念起源于 18 世纪末期，1876 年美国图书馆协会的成立促使其得到了广泛的认同，之后该领域保持着良好的发展势头。随着社会环境的变迁，国外图书馆资源共享从最初简单的藏书建设、馆际互借、联合编目、联机检索、参考咨询，发展到今天多样化的图书馆联盟、图书馆系统、联盟业务交流等。

1998 年，Library Journal 发表了 James J. Kopp 关于图书馆间共同合作分享资源的文章，从此以后，图书馆合作分享资源引起了人们的广泛关注。美国图书馆协会也建立了合作委员会。1900 年，美国国会建立了系统为参与馆发布目录卡片；1933 年，美国的三角研究图书馆网络成立，最早加入的南加州大学和杜克大学成立了知识合作委员会，因为两所大学距离很近，因此地理优势是早期的图书馆联盟的一个重要特点。关于图书馆联盟研究，20 世纪 70 年代之前的文献几乎没有，1972 年美国教育委员会研究了全国范围内的这些联盟，并形成了学术图书馆联盟目录；关于联盟研究最重要的成果有：Ruth J. Patrick 的《Guidelines for Library Cooperation：Development of Academic Library Consortia》，这本书讨论了大学图书馆合作的概念，研究了 20 世纪六七十年代图书馆联盟的形成；定义了 125 个学术图书馆联盟，总结了这些联盟的 4 种模式，这 4 种模式仍然是现在美国图书馆联盟的基本模式。20 世纪八九十年代是美国图书馆联盟繁荣发展的时期，资源共享是图书馆联盟的重要特征，多类型合作，如合作购买、合作目录等在这一时期变得普遍，OCLC 和 RLIN 的形成为美国提供了重要的资源支持。2000 年，美国 Library Journal 发表的文章称当时图书馆联盟的数量和规模都达到了"临界数量"。关于图书馆联盟的研究，有如下观点：Sharon L Bostick 讨论了图书馆联盟的含义，介绍了美国图书馆联盟发展的历史、现状、联盟的类型、管理和资金等问题，Barbara McFaddenAllen 和 Arnold Hirshon 探讨了图书馆联盟要联合起来避免分化以及大学图书馆联盟的机遇。Sharon L. Bostick 从早期联盟、成长阶段、联盟经济、联盟类型等方面研究了美国高校图书馆联盟的历史发展，并指出为了解决经济问题，美国图书馆联盟应寻求新的不同的合作方式。Arnold Hirshon 分析了图书馆联盟在图书馆面临困境而改变管理方式时所起的作用。由于经费紧张，"合作发展馆藏"（Cooperative Collection Development）成为图书馆界满足读者需求的一种方式，这也是资源共享的一个重要部分。Rodney

Erickson 认为合作发展馆藏是图书馆提供服务的最佳途径；Edward P. Miller 研究了多系统馆藏建设发展的计划及方法；Margo Sasse 从图书馆馆藏发展、馆藏与供应商、图书馆组织等元素出发，探讨了自动化收购馆藏合作发展的前景。Stephen E. 和 Wiberley Jr. 研究了馆藏合作管理的理论等。目前，国外关于资源共享方面的研究有：Goldner. Matt 和 Birch. Katie 回顾了全球资源共享的发展历程，分析了在云计算时代资源共享所要面临的社会问题并提出了解决办法；Posner Beth 探讨了数字时代资源共享面临公平正义、权利理论、功利主义和公共利益四个方面的道德挑战O；Fourie Ina. 出版专著研究了全球资源共享；Posner Beth 和 Simp-son Evan 重新思考了资源共享计划的使命，提供了创新计划、策略和实践，使更多的资源满足用户的需求。Leon L. E. 指出当资源共享面对信息成本、运输成本、使用限制等方面的问题时，图书馆应研究出有效的方法来提升资源共享的质量。

2. 国内研究概况

1957 年 9 月，国务院批准颁布的《全国图书协调方案》为我国图书馆信息资源共享研究拉开了帷幕。"文革"期间，图书情报事业遭受严重破坏，研究被迫中断。20 世纪 70 年代末，资源共享研究有了初步恢复，《利用 MARC Ⅱ 机读目录系统建立书目数据库共享情报图书资源的探讨》一文的发表，标志着文献资源共享作为一种理论形式在我国被明确提出。1986 年年初，中国图书馆学会召开了"出版物资源共享国内学术讨论会"，推动了国内信息资源共享研究的步伐。1990 年，中国图书馆学会以"资源共享"为主题在广州召开了"第五届全国图书馆学会青年学术研讨会"，深入探讨了我国资源共享的一系列问题，标志着资源共享稳步地向前发展。以中国知网（CNKI）为例，调研"图书馆资源共享"主题文献，搜索统计结果：80 年代（1980—1989），资源共享论文 67 篇，90 年代（1990—1999）495篇，2000 年到现在已达 4135 篇。这其中，各类研究资助基金项目共有 145 篇，博士、硕士学位论文 291 篇，分析发现：从 20 世纪 80 年代开始，资源共享有了初期研究，90 年代有了较大发展；基金项目、博士、硕士论文都集中在 2000 年以后，资源共享研究进入白热化。通过大量文献调研，资源共享研究方向主要集中在以下几个方面。

（1）资源共享基础理论

我国资源共享理论研究是从"文献资源共享"逐渐过渡到"信息资源共享"，徐恩元提出：图书馆文献资源共享，就是指两个以上的图书馆之间彼此共享对方的文献资源以满足本馆读者文献需求的文献利用活动。孟广均等在《国外图书馆学情报学研究进展》一书中介绍了国外关于信息资源的数字化、存取与拥有、文献传递等理论研究情况，认为网络图书馆的本质是信息资源的共建和共享。目前，关于资源共享概念，更为广泛传播的是程焕文等在《信息资源共享》一书中提出的：信息资源共享主要是利用各种技术、途径和方法来建立各个图书馆之间以及图书馆与其他相关资源特有机构间的协作互补关系，达到共同揭示和共同建设信息资源的目的，从而最大限度地满足广大用户对信息资源的需求．戴龙基最早谈到"图书馆联盟"（Library Consortia）的概念，认为它是实现文献资源共享的重要组织形式。马费成从经济学角度出发，深入阐述了信息资源共享的经济效率和市场规划问题，他认为机会成本高是阻碍资源共享的重要原因。

（2）资源共享模式与平台

合理的发展模式决定了资源共享实际所能取得的效果，模式建设是资源共享的根本问题，因此，资源共享模式一直都是图书馆学界研究的重点。从 20 世纪 90 年代起，我国学者就把目光投向了欧美等发达国家，注重研究借鉴国外资源共享的成功经验。如孔兰兰等研究了法国图书馆信息资源共享模式的概况、管理与组织、联盟经费来源、技术标准、共享内容与形式、特点等，重点对法国图书馆信息资源共享模式进行研究分析，指出法国图书馆的信息资源共享实践既有世界各国图书馆的普遍做法，也有独特之处如信息资源共建共享经费的筹集方式，认为国内文献资源共享体系值得借鉴。李朝阳和高波通过合作成员与合作范围对英国信息资源共享模式进行了研究，阐述英国图书馆联盟的组织体制和管理体制以及经费来源，论述英国图书馆联盟在信息资源共享中的主要共享内容、共享形式、共享特点及其存在的问题，认为英国图书馆信息资源共享活动卓有成效，期望能对我国图书馆的信息资源共享活动提供一定借鉴。朱强介绍了英国高校在信息资源共享方面采取的对策和措施。马江宝对台湾地区图书馆联盟在组织形式、管理体制、经费来源及运作、资源共享形式和内容等方面进行了研究。

资源共享平台的建设，是实现信息资源共建共享的前提，直接影响着读者获取共享资源的质量。国内关于共享平台的研究有：区域内资源共建共享平台的研究，如潘妙辉、吴昊的《广州市职业教育信息资源共建共享系统平台构建》；孙冬林、鲁兴启以宁波纺织服装产业为例，探讨了区域产业文献资源共享平台的建设；杨思洛、陈湘杰研究了湖南省长株潭区域信息资源共享体系的构建；另外，也有跨区域平台研究，如胡开胜等的高校图书馆与公共图书馆资源共享平台研究等方面的研究与探索；张巧娜、孟树奎的海峡两岸科技信息资源共建共享。还有行业内资源共享平台研究，如查先进探讨了网络环境下政府信息资源共享、保密和平台设计问题；黄书立研究了吉林省党校系统资源共建共享及运行机制；吕莉媛从主观因素（平台建设者和使用者）和客观因素（技术平台、管理平台和标准规范平台）分析了图书馆信息资源共享平台建设的影响因素。

（3）资源共享机制与策略

戴维民主张从物质、制度、文化三个层面开展研究，建立一个立体的、具有整体演化和可持续发展以及充满创新活力的信息资源共建共享运行机制和保障体系。张新鹤、肖希明调查分析了我国图书馆信息资源共享机制现状，指出了我国在建立开放的共享组织及为共享发展提供监督保障和政策保障方面的不足．另外还有对省级、区域内、多校区的图书馆资源共享机制的研究，如刘文清、鄢朝晖对湖南地区图书馆联盟开展文献信息资源共建共享活动，研究了该区的文献信息需求环境、文献资源发展条件、合作组织成员的特点。何伟华、李圣清分析了图书馆信息资源共建共享的研究现状，研究了多校区信息资源共建共享管理模式与管理机制；张新鹤探讨了信息资源共享机制绩效评估的三个维度：机制体系的完备性评估、适应性评估及有效性评估，并具体分析了信息资源共享机制绩效评估的内容。

为了切实保障读者的需求，在实现资源共享的过程中，图书馆必须采取有效的措施，才能保证服务的品质与效率。王春梅等从P2P技术的角度出发，探讨了个体读者数字图书馆资源共享策略；翟拥华以行业为出发点，研究区域医学信息资源共享策略；刘继坤分析了图书馆资源共享的现状及不足，提出了基于个性化服务理念的高校图书馆资源共享策略；杨在娟、戚连忠介绍了浙江省内大学、科研院所、公共图书馆三大系统科技文献信息资源的基础情况，并分析了各系统间的问题，提出了浙江省科技文献资源共建共享建设策。

（4）资源共享法律法规

法律法规是信息资源共享开展的坚实保障。信息资源共享法律方面的研究始于1995年，国内学者肖希明曾主张完善文献资源法规体系，要求在图书馆法、知识产权法、情报工作法规、出版法等多部法律中包含关于信息资源共享的内容；陈传夫从对隐私的保护、知识产权问题等方面阐述了信息资源共享需要法律的保障。严峰认为，实现文献信息资源共享是信息服务中知识产权保护的最终目标，探讨了知识产权与文献信息资源共享之间的关系。王知津等提出在信息资源共享的环境下，资源的保存与利用及其法律权利与义务，如何实现权利与义务的统一等问题。

（三）我国资源共享的主要模式

从 20 世纪 90 年代开始，图书馆界开始尝试信息资源共建共享，21 世纪初，公共图书馆、大学图书馆、科研情报院所等几个系统迅速开始了共建共享的实践。十多年来，我国信息资源共享工作发展颇具规模，以下从国家级和地方级两个方面分析具体情况。

1. 国家级资源共享系统

中国高等教育文献保障系统（CALIS）管理中心在"十五"期间继续组织全国高校共同建设以高等教育数字图书馆为核心的文献保障体系，开展各个省级文献服务中心和高校数字图书馆基地的建设。目前，基本形成了以 CALIS 为中心，"全国中心—地区中心—高校图书馆"三级保障结构。CALIS 已经完成的第一、第二期建设，实现了不同介质、不同类型的纸质、电子资源之间的集成，实现了异构馆藏、虚拟馆藏的集成，建立了联合目录数据库、高校学位论文会议论文数据库、高校专题特色数据库、重点学科导航数据库等。目前，CALIS 已进入第三期建设，试图利用先进的云计算技术和数字图书馆信息技术，全面整合和提升 CALIS 原有服务与国内图书馆界的资源与服务，实现"一个账号，全国获取"的服务模式。此外，2000年由科技部组织牵头建设的国家科技图书文献中心（NSTL），旨在促进理、工、农、医各学科领域国家级文献信息机构之间的资源共建共享。

2. 区域资源共享系统

区域图书馆资源共享体系建设在近十年发展较好，初见成效。特别是率先在全国实施的江苏省高等教育文献保障系统（JALIS），作为 CALIS 建设的一个组成部分，已经初步形成了结构优化、布局合理、配置精当的文献收藏系统，形成江苏省高等教育文献信息的保障网络，保证了江苏省高等教育现代化建设目标的顺利实现。2003 年，江苏大学图书馆与镇江市图书馆实现链接，建成共享工程市级分中心，即"镇江地区文献资源共享联合体"，实现了镇江地区各个图书馆导航、联合书目、数字资源检索下载等服务。"上海教育网络图书馆"通过使用数据化手段整合利用教育信息资源的数字化统一服务平台，为上海各教育单位的教学科研提供了保障，也提高了上海地区各级各类高校的文献保障率和信息服务水平，目前 252 个大中学校图书馆已经加盟。

此外，广东、吉林、河北、海南等省也都开展了不同程度的文献资源共建共享活动，特别是经济发达地区，如北京高校网络图书馆、广东图书馆文献资源共建共享、天津市高校数字化图书馆、全军医学图书馆资源共享工程、吉林省高等教育优

质教育教学资源共享服务平台等。我国西部地区四川省、重庆市已启动部分文献信息资源共建共享建设项目 =

3. 自主资源共享

图书馆历来都有为读者服务的责任感和使命感，因此为了提高文献服务质量，一些在地域上比较接近的图书馆，自发成立了一些资源共享体系，最典型的就是广州石牌地区高校图书馆协作组。1994 年借广东省教育厅组织广州石牌地区高校联合办学的东风，在广东省教育厅和广东省高校图工委的组织下，由华南理工大学图书馆牵头成立了广州石牌地区高校图书馆协作组，探索建立区域性共建共享的文献保障模式，以保证石牌地区高校教学科研的文献信息需求，体现联合办馆的优越性。2008 年 11 月，经广东省教育厅批准，南方医科大学、广州体育学院、广东金融学院三所高校的图书馆加入协作组，成立"天河地区高校图书馆联盟"。2010 年元月，广东外语外贸大学图书馆加盟"天河地区高校图书馆联盟"，由于协作网成员馆广泛分布于天河区、番禺区和白云区，原"广州天河九校图书馆联盟"改名为"广州地区高校图书馆联盟"。此后随着广州中医药大学图书馆、广东商学院图书馆的加入，"广州地区高校图书馆联盟"已覆盖广州主要行政区，含成员馆 12 所，成为广州乃至华南地区教育教学资源的重要保障基地。

"卓越联盟"图书馆共享服务平台。"卓越联盟"是包括同济大学、重庆大学等 10 所国内工科强校组成的"卓越人才培养合作高校"的简称。"卓越联盟"各成员高校以共同推动高等教育教学改革与卓越人才培养为目标。2011 年，"卓越联盟"各成员高校图书馆共同签署了"卓越联盟"高校图书馆共享合作框架协议；2012 年 10 月 23 日，"卓越联盟图书馆知识共享服务平台"开通仪式在湖南大学举行，服务平台在各联盟高校同时开通。"卓越联盟"图书馆共享服务平台全面系统整合了联盟各高校图书、期刊、学术论文、会议论文和数据库的资源，实现了联盟内部资源导航和共享。目前，服务平台覆盖的资源有：图书书目 330 万种，期刊 85621 种，中文期刊 7155 万篇，外文期刊 10872 万篇，开放学术资源 3700 万篇，数据库 503 种。联盟高校师生可通过类似搜索引擎的方式一站式便捷检索、获取文献资源。该平台同步推出了手机版，更是方便师生随时随地访问阅读。

北京财经类院校数字图书馆资源共享。2009 年 12 月，北京地区五所财经类高校（对外经济贸易大学、首都经济贸易大学、北京工商大学、中央财经大学、北京物资学院）图书馆与北京世纪超星信息技术发展有限责任公司合作，依托该公司读秀搜索平台和跨库检索软件（Medalink），联合建设了"北京财经类院校资源共享平台"，该平台于 2010 年 1 月 1 日正式开通运行，共享资源包括五所院校图书馆的图书目录、电子图书、报纸、11 个中文数据库和 30 个外文数据库。5 所高校图书馆的读者在校园网 IP 范围内无需开户、直接登录就可以很方便地使用检索功能，本馆资源可以直接打开全文链接，外馆资源则提供免费原文传递服务。

二、主要图书馆资源共享体系

资源共享是目前图书馆行业广泛实践着的共享模式，其基础是图书馆联合书目，以实现"共知"，在此基础上实现文献的馆际互借和其他图书馆服务，也就是"共享"。下面试就目前国内外已经建成的具有代表性的文献资源共享体系的模式进行分析。

（一）典型的国外图书馆资源共享体系

经过多年的发展，国外图书馆资源共享体系已经非常发达，成为图书馆业务工作的常态，其应用范围广，也广为读者所接受和使用。目前最常用的资源共享体系有 OCLC、OhioLINK 等。

1. OCLC（Online Computer Library Center，联机计算机图书馆中心）

（1）OCLC 概况

OCLC 成立于 20 世纪 70 年代，总部设在美国的俄亥俄州，是世界上最大的文献信息服务机构之一，是一个不以营利为目的、提供计算机图书馆服务的会员制研究组织，其宗旨是为广大的用户开发针对全世界各种信息的应用，实现资源共享，减低获取信息的成本。OCLC 由最初俄亥俄州 54 所大学图书馆组成的州内图书馆协作网，发展成今天世界上最大的图书馆网络，为全球 170 个国家和地区超过 72000 个图书馆提供查询、采集、出借和保存图书馆资料以及为它们编目的服务。通过图书馆的合作将人们和知识连接起来。

（2）OCLC 主要服务

1）联机编目与馆际互借服务。一直以来，OCLC 坚持使用最先进的技术维护和管理图书联机编目系统，保证其他图书馆可分享其数目信息的功能。联机编目服务和馆际互借服务是 OCLC 提供的"核心"服务，其基础是"世界书目"（World-Cat）数据库，是世界上数据量最大、综合性最强的书目数据库，由遍及世界各国一万多家 OCLC 成员馆通过联合编目共同创建和维护，含有超过 5200 万条不重复的文献记录，并以每年两百多万条的速度在不断增加，覆盖了所有主题范畴和出版类型，涵盖 440 种语言的出版物，覆盖时段为四千多年，检索命中率高达 95%。联机编目服务正朝向整合的方向发展，OCLC 试图集成元数据将编目及有关服务整合于同一系统和界面下，提供更加便捷有力的服务。

OCLC 联合编目服务的同时向全世界的图书馆和信息中心提供了一种强有力的馆际互借工具。用户通过馆际互借服务的界面检索到需要的文献，确定文献收藏地（图书馆），通过查询"图书馆章程目录"获取有关文献收藏地的图书流通政策、服务方式、服务价格等信息。然后填写求借单发送出借书请求。出借图书馆则通过适当的方式，或传真，或邮递，或通过 Arial 等将文献送至求借图书馆。

2）OCLC 检索服务。1991 年开发的第一检索服务（First Search Serv – ice）是世界上同类服务中第一个"以最终用户为本"的设计原则的联机参考服务，通过无缝连接，16 个主题大类的 72 个数据库可供读者联机存取超过 1000 万篇的全文（文本和图像）。中文、英文、日文、法文、西班牙文五种语言服务，基本检索、高级检索和专家检索三种不同的检索界面和方式，为不同用户提供了十分友好的服务。图书馆也可通过 ECO 电子期刊数据库订阅 70 多家出版社的 4600 种电子版学术专业期刊。

3）网上联合参考咨询服务。Question Point（网上联合参考咨询服务，简称 QP）是由 OCLC 和美国国会图书馆联合开发的世界上唯一的全球网上联合虚拟参考咨询服务。该服务分为三级：全球（世界范围馆际间）、区域（集团馆际间）、本地。QP 将不同类型图书馆的优势、互联网络、图书馆员结合起来，本地服务通过电子邮件咨询和实时问答两种方式，如咨询馆员无法解答，可通过 QP 的区域协作网将问题转交给合作图书馆，也可将问题提交于 QP 的全球网络，超越了时间和地域的限制。想要加入 QP 的图书馆，只要在 QP 管理系统中提交一份详细的档案即可。

4）网上图书馆。网上图书馆（Net library）成立于 1999 年，是 OCLC 的一个分支机构，通过互联网提供电子图书服务。目前，网上图书馆提供 400 多家出版社出版的 76000 多种电子图书，每月新增书籍约 2000 种，90% 以上图书是 1990 年后出版的，主题广泛，内容新颖，主要面向大学程度文化水平的读者，也有少部分是面向中学图书馆的普通题材。网上图书馆向用户提供两种检索方法检索电子图书，读者可通过联机浏览和借阅两种方式进行阅读。电子图书采用一本书在一个时间只供一个读者阅读的操作方式，为图书馆避免重复收藏、联合采购提供了条件。

2. OhioLINK（Ohio Library and Information Network）

（1）OhioLINK 概况

OhioLINK（Ohio Library and Information Network），即美国俄亥俄州图书馆与信

息合作网，始建于 20 世纪 90 年代，是由该州 17 所公立大学、23 所社区/专科学院、43 所私立大学图书馆和州图书馆构成的资源共享联盟，也是美国最著名的地区电子文献资源共享网络。OhioLINK 通过一个综合性的地区图书馆目录和 OhioLINK 中央书目库（Central Catalog）、一个联机馆际互借系统、各个学科的数据库和 48 小时的文献配送系统为 84 个成员机构的 60 万在校学生、教员和职员提供服务。

（2）OhioLINK 主要服务

OhioLINK 具有丰富的书目数据、电子杂志、文献全文和多媒体数据库，并提供各种不同的服务。

1）中央藏书目录体系（Central Catalog）。中央书目库包含 2100 万条独特的主数据，囊括 84 个成员馆近 4000 万件馆藏，各成员馆开展联合编目，联机存取书目记录。中央目录库的书目数据来自本地系统，各成员馆将编制的本馆书目记录输送至中央目录库中，中央书目库可连接至各成员馆的 OPAC 系统和该州以外的图书馆书目资源。该网络的藏书量逐年递增，但目录库重复率并不高。

2）馆际互借（Patron On-line Borrowing）与文献配送。中央藏书目录库同时兼具联机馆际互借功能。读者在查阅图书的书目信息和馆藏地后，通过网络向所属图书馆递交申请，同时直接转送到 OhioLINK 中心处理，便可以实现馆际借阅。该功能为用户提供了极大的方便，活跃了文献信息的流通。1993 年，OhioLINK 建立了文献配送系统，用户提交申请后，文献配送系统将会通知快递公司在 48 小时内将图书送达，每年约有 1900 万册/次图书以这种方式提供给读者。

3）数据库检索与数字媒体。OhioLINK 所能提供的数据库数量是 100 多种，基本上覆盖了全学科的一些核心引文索引。这些数据库一部分存储在 OhioLINK 的计算机中心，另一部分则通过因特网直接链接到数据库的提供商。此外，OhioLINK 还提供全文数据库服务，含 28 万篇，其中包括在线词典等一些著名的百科全书等工具书的联机版。同时，OhioLINK 无偿提供俄亥俄州参与院校的硕士和博士论文在线电子文本。随着多媒体技术的应用，OhioLINK 储存和提供各成员馆拥有的各种各样的多媒体资料（录音、音像、艺术和建筑图像等），读者可检索应用。这其中有些收藏对全世界公开。

4）电子杂志中心。OhioLINK 电子杂志中心目前已收集有 28 万篇杂志全文，并分成 1378 个专题向全州读者提供服务。用户可以根据自己的需要，利用系统的检索功能，从该中心获取自己所需资料。此外，用户可利用其提供的"网上 SDI 服务"功能。系统会根据用户需求，自动地定期运行一个查询软件，从电子杂志库中代用户进行专题检索，并将检索结果以电子邮件方式发给用户。

3. 日本 NACSIS

（1）NACSIS 概况

NACSIS（National Center for Science Information Systems），即学术情报中心。它起步于 1983 年，隶属于文部省，是日本全国性综合信息共享系统，也是日本文献资源保障体系的中枢。由全国国立、公立、私立大学等共同参加，以人文、社科、自然科学等各领域的学术信息为对象，将各大学图书馆、信息中心等连接起来，为研究者提供所需学术信息。经过 20 多年的发展，NACSIS 已经覆盖了日本所有的大学，资源共享涵盖了学术信息网络、联机编目与联合书目数据库、馆际互借、数据库、信息检索、电子图书馆、国际交流与教育培训等领域。但 NACSIS 是由日本政府将各个图书馆的各种二次目录信息集中起来而建立起来的"书目共同体"，无独立的藏书体系。

（2）NACSIS 提供服务

1）联合书目数据库服务。联合书目数据库服务包括目录系统和馆际互借系统。目录系统（NACSIS – CAT）是全国大学图书馆书刊馆藏联合目录数据库系统，可以提供日文、西文图书联合目录，日文、西文期刊联合目录等四个数据库的服务。读者可通过该系统查询日本国内文献收藏情况。从 1997 年开始，NACSIS 通过互联网的万维网方式提供书目信息服务。馆际互借（NACSIS – ILL），则是充分利用目录系统中建立的联合目录数据库开展业务，迅速、准确地向研究者提供文献。它于 1992 年启动，并于 1994 年、1996 年和英国图书馆文献提供中心、日本国立国会图书馆实现了馆际互借功能。据 2011 年 3 月份的统计数据显示，2010 年 NACSISS – CAT/ILL 国内外成员馆共有 1248 家、注册登记的书目记录为 11034 万条。

2）信息检索服务。信息检索服务系统（NACSIS – IR）积累了人文、社会科学、自然科学诸领域的 50 多种数据库、9000 万条以上的学术信息。NACSIS 的数据库包括自建的数据库、从数据库公司引进的数据库和机关、研究者等建成的各种专题数据库。提供网上检索服务，迅速、准确地为研究者提供学术研究信息。

3）学术信息网络。为了促进日本全国的大学、研究机构学术信息的交流，NACSIS 建设了学术信息网络（SINET），连接各个研究者终端的学术研究专用信息通信网，在全国设置了 29 个节点，连接 700 多所大学和研究机构，使各学校校园网相互连通。

4）电子图书馆服务（NACSIS – ELS）。NACSIS – ELS 是将学术杂志的论文直接电子化，和书目信息同时检索的信息服务，具有二次文献数据库的检索功能和文献页的显示功能，杂志的封面和论文页均可直接显示，用户可将标题、作者作为检索点进行检索，可从杂志封面、目录查找文章，下载并打印。

5）国际交流与研究开发。NACSIS 与英国收藏日本语资料的主要研究图书馆合作，双方可相互检索彼此的书目信息。与英国图书馆文献提供中心的馆际互借系统连通，可向英国图书馆直接申请文献复印和网上借阅。NACSIS 还向海外提供信息检索服务，现在，美国、英国、法国、德国、澳大利亚和韩国的大学、图书馆都能利用这一服务。

6）研究开发。学术信息机构的目的是连接全国大学的图书馆和其他信息机构，共享所藏的信息资源，并为这些机构的研究者之间交换学术信息提供网络服务。因此其研究任务也包括信息处理、传递软件、硬件及应用方面的研究开发，开发研究都与系统建设相关，重视前瞻性和应用性。

4. 欧洲数字图书馆（Europeana Digital Library，EDL）

2005 年，为了制衡 Google 全球数字图书馆计划，时任法国总统希拉克提议创建欧洲数字图书馆，同年 4 月，欧洲 19 所国家图书馆正式签署了"欧洲数字图书馆声明"；同年 7 月，法国政府成立"欧洲数字图书馆"筹建协调委员会，研究法国历史文化财产的数字化计划，并通过欧洲委员会协调整个欧洲的数字图书馆的建设工作；10 月，欧洲委员会发表宣言将进行欧洲"历史和文化遗产"数字化战略，旨在数字化并保存欧洲遗产记录，包括图书、电影、片段、照片、手稿、讲演和音乐，使之便于欧洲人网上获取。

欧洲数字图书馆（Europeana）是欧盟大力推广的重要文化项目之一。2008 年11 月在比利时首都布鲁塞尔正式开馆，目前拥有大约 300 万件数字藏品，包括书籍、音乐、电影、报纸、相片、博物馆藏品等，这些内容大多来自欧洲各国的一流博物馆、图书馆、档案馆和音像资料馆，其中包括法国卢浮宫、荷兰阿姆斯特丹皇家博物馆等。如卢浮官对其收藏的油画等文化藏品进行了数字化处理，并将相关数字化资料贡献给 Europeana。法国国立广播电视档案馆也提供了其 20 世纪近 8 万份作品。网站目前可以提供英语、德语、法语等 20 多种语言的服务。网站内容没有版权，所有个人或者机构可以直接在 Europeana 网站上免费使用这些文化财富。

（二）国内主要的图书馆资源共享体系

1. 数字图书馆推广工程

2011 年，文化部、财政部共同推出"数字图书馆推广工程"（DigitalLibrary

Promotion Project），这是继我国文化信息资源共享工程、公共电子阅览室建设计划后，启动的又一个重要的数字文化建设工程。

数字图书馆推广工程的建设目标是以国家数字图书馆为中心，以各级数字图书馆为节点，覆盖全国公共图书馆的数字图书馆虚拟网，支持全国各地区数字图书馆间互联互通、共建共享；建设分级分布式数字图书馆资源库群，建设分级分布式数字资源库群，实现数字资源建设、保存、服务的统一规划；建设多层次、多样化、专业化、个性化的数字图书馆服务平台，对数字资源进行有效的组织、整合、知识挖掘，实现元数据集中与统一检索，依托互联网、移动通信网、广电网，建立满足不同需求的数字图书馆服务平台，通过新技术应用，提供基于移动通信网的移动数字图书馆服务、基于广播电视网的数字电视服务。数字图书馆推广工程海量资源库群的建设成果将广泛应用于全国文化信息资源共享工程、公共电子阅览室建设等国家重点文化建设项目中，为各项文化工程提供优质数字资源服务。

2. 国家科技图书文献中心（National Science and Technolo – gy Library，NSTL）

国家科技图书文献中心（NSTL）是经国务院批示于 2000 年 6 月 12 日组建的一个虚拟的科技文献信息服务机构，成员单位包括中国科学院文献情报中心、工程技术图书馆（中国科学技术信息研究所、机械工业信息研究院、冶金工业信息标准研究院、中国化工信息中心）、中国农业科学院图书馆、中国医学科学院图书馆。根据国家科技发展需要，中心按照"统一采购、规范加工、联合上网、资源共享"的原则，采集、收藏和开发理、工、农、医各学科领域的科技文献资源，面向全国开展科技文献信息服务。其主要任务是：统筹协调，较完整地收藏国内外科技文献信息资源制订数据加工标准、规范，建立科技文献数据库；利用现代网络技术，提供多层次服务，推进科技文献信息资源的共建共享；组织科技文献信息资源的深度开发和数字化应用，开展国内外合作与交流。目前，NSTL 提供了文献检索、期刊浏览、全文文献、引文检索、代查代借、参考咨询等服务项目。NSTL 包括西文、俄文、日文、中文期刊论文（会议文献、学位论文、科技报告）库 11 个；中外文专利文献库 15 个；中外文标准计量规程库 3 个，以文摘方式报道近万种外文期刊及其他类型文献，全球网络注册用户可免费搜索，并随时向系统提出全文传递请求。

3. 中国高等教育文献保障系统（China Academic Library& Information System，CALIS）

（1）CALIS 概况

CALIS 是经国务院批准的高等教育"211 工程""九五""十五"总体规划中三个公共服务体系之一，1991 年 1 月由我国高校系统正式启动。CALIS 下设了文理、工程、农学、医学 4 个全国文献信息服务中心、7 个地区信息中心和一个东北地区国防信息中心。CALIS 的主要建设内容和任务是通过文献信息服务网和文献信息资源及数字化建设，初步实现系统的公共检索、馆际互借、文献传递、协调采购、联机合作编目等功能，推进我国高等教育资源的合理优化配置，实现信息资源共建、共知、共享的目标，深化资源的有效开发和利用，提高高等学校教育和科研的文献保障水平。CALIS 二期建设目标是发展到全国 1000 所高校，为全国高校系统服务。2014 年，CALIS 三期已经完成建设并面向高校图书馆开展普遍免费服务。

（2）CALIS 的共享服务

1）CALIS 联合目录数据库建设。始建于 1997 年，以联合目录数据库为基础，以高校图书馆为服务对象，开展联机合作编目、编目数据批量提供、编目咨询与系统培训等业务，大大提高了成员馆书目数据库建设的质量和效率。到 2008 年 6 月已经积累了 235 余万条书目记录，涵盖印刷型图书和连续出版物、电子期刊和古籍等多种文献类型。CALIS 联合目录以实时性强、数据质量高享誉业界。

2）统一检索系统。"CALIS 统一检索"平台提供了基于异构系统的跨库检索服务，集成了 130 多个国内外异构资源数据库，用户可按学科、数据库、文种同时检索 20 个数据库平台上的多种资源，输入一个检索式，便可看到多个数据库的查询结果，并可进一步得到详细记录和下载全文。与此同时，读者也可选择单个数据库，针对某种具体资源进行个性化检索。此外，"CALIS 统一检索"还实现了统一用户管理、馆际互借等应用系统的无缝集成，使用户方便地访问国内外数字资源。

3）数字资源联合采购。数字资源联合采购，也就是集团采购。从 1999 年开始建设以来，CALIS 采用了联合采购的模式，引进和共建了一系列国内外文献数据库，为各成员馆节约了大量的经费，提高了成员馆的文献水平。目前，CALIS 已组织了 40 多个数据库集团，购买了 200 多个数据库，共有全文电子期刊 2 万余种，其中外文电子期刊 1 万余种，电子图书 2 万多种。全国已有 500 多个大学和科研机构、累计约 3000 多个馆次参加了集团采购。

4）馆际互借与文献传递。为了更好地在高校开展馆际互借与文献传递，CALIS 中心联合全国 46 所高校图书馆，建立了"馆际互借/文献传递服务系统"，这是 CALIS 公共服务软件系统的重要组成部分。目前，该系统已经实现了与 OPAC 系统、CCC 西文期刊篇名目次数据库综合服务系统、CALIS 统一检索系统、CALIS 文科外刊检索系统、CALIS 资源调度系统的集成，读者可直接通过网上提交馆际互借与文献传递申请，并且可以实时查询申请处理情况。

4. 大学数字图书馆国际合作计划（China Academic Digital Associative Library，CADAL）

大学数字图书馆国际合作计划前身为高等学校中英文图书数字化国际合作计划（China – America Digital Academic Library，CADAL）。原国家计委、教育部、财政部2002年9月联合下发《关于"十五"期间加强"211工程"项目建设的若干意见》的文件中，将"中英文图书数字化国际合作计划（CADAL）"列入"十五"期间"211工程"公共服务体系建设的重要组成部分。CADAL项目建设的目标是构建拥有多学科、多类型、多语种海量数字资源，由国内外图书馆、学术组织、学科专业人员广泛参与建设和服务，具有高技术水平的学术数字图书馆，成为国家创新体系信息基础设施之一。项目由国家投资建设，作为教育部"211"重点工程，由浙江大学联合国内外的高等院校、科研机构共同承担。

项目一期建设100万册（件）数字资源，国家投入7000万元，美方合作单位投入约200万美金，"十五"期间已经完成。一期建设由浙江大学和中国科学院研究生院牵头，北京大学、清华大学、复旦大学、南京大学等16个高校参与建设。建成2个数字图书馆技术中心（浙江大学，中国科学院研究生院）和14个数字资源中心，形成一套成熟的支持海量数字对象制作、管理与服务的技术平台，探索多媒体、虚拟现实等技术在数字图书馆中的应用。2009年8月，CADAL项目二期正式立项建设，计划完成150万册（件）数字资源，并建立分布式数据中心和服务体系，实现数据安全和全球服务，由国家投入1.5亿资金。CADAL项目建设的数字图书馆，提供一站式的个性化知识服务，将包含理、工、农、医、人文、社科等多种学科的科学技术与文化艺术，包括书画、建筑工程、篆刻、戏剧、工艺品等在内的多种类型媒体资源进行数字化整合，通过因特网向参与建设的高等院校、学术机构提供教学科研支撑．并与世界人民共享中国学术资源，宣传中国的文明与历史。

5. 中国高校人文社会科学文献中心（China AcademicHumanities and Social Sciences Library，CASHL）

2004年3月，根据全国高校人文社会科学的发展和文献资源建设的需要，教育部设立了中国高校人文社会科学文献中心（CASHL），其宗旨是集若干所具有学科优势、文献资源优势和服务条件优势的高等学校图书馆，有计划、有系统地引进和收藏国外人文社会科学文献资源，借助现代化的网络服务体系，为全国高校、哲学社会科学研究机构和工作者提供综合性文献信息服务。CASHL目前已收藏有近2万种国外人文社会科学领域的核心期刊和重要期刊，1956种电子期刊以及35万种电子图书，112万种外文图书，以及"高校人文社科外文期刊目次库"和"高校人文社科外文图书联合目录"等数据库，提供数据库检索和浏览、书刊馆际互借与原文传递、相关咨询服务等。

CASHL资源和服务体系由两个全国中心、五个区域中心和十个学科中心构成，其职责是收藏资源、提供服务。CASHL的全国中心设在北京大学和复旦大学，区域中心设在武汉大学、吉林大学、中山大学、南京大学、四川大学，学科中心设在北京师范大学、东北师范大学、华东师范大学、兰州大学、南开大学、山东大学、清华大学、厦门大学、浙江大学、中国人民大学。目前CASHL已拥有700家成员单位，包括高校图书馆和其他人文社会科学研究机构。个人用户逾8万多个，机构（团体）用户逾3000家。

6. 广东省信息资源共享工程

1995年，由广东省科技厅牵头，联络全省大多数科研机构建立了广东科技信息网，随后又联合广东省立中山图书馆，整合了中山图书馆数字资源、金科网中文数据库资源和省科技图书馆电子图书，建立了广东省网上科技文献馆。2001年广东省科技情报所组织联合省立多家单位，共同建立了广东省科技文献联合馆藏共享及提供系统。2002年广州6所高校合作建成广东高校网络图书馆。2003年广东省启动文化信息共享工程，建成拥有90万种电子图书、1500万篇期刊论文、12万篇硕博士学位论文、16万篇学术会议论文、数十个事实型数据库的数字化资源库群，大力开展网上信息服务，平均每天提供电子图书在线阅读量达810万页，网上参考咨询免费解答读者咨询600多例，远程传递文献2300多册；2004年被评为"全国文化信息资源共享工程建设先进单位"。2009年"珠江三角洲数字图书馆联盟联合目录平台"开通使用，这是我国公共、教育、科技系统图书馆共同建立的首个跨系统文献资源共享平台，实现了系统内联合馆藏目录、联合参考咨询与文献传递网无缝链接，可提供416万种中外文图书、9953万篇中外文期刊、668万篇硕博士论文等丰富信息资源。此外"广东地方文献资源共建共享平台""中国图书馆联合参考咨询联盟"两个项目也在实施中。

7. 天津高校图书馆文献资源共享体系

这是国内最成功的区域性文献资源共享体系。天津市在"十五"期间投资了建设项目"数字化图书馆建设"，于2001年启动。天津市的高校图书馆全部以成员馆身份参加该项目。"十五"期间，天津市累计投入经费7000余万元，各校自筹配套经费也达到数千万元。天津高校图书馆文献资源共享体系由天津高等教育文献信息中心进行管理，同时也是 CALIS 天津省中心。其共享体系在以下两个方面具有突出特色：

1）联合自动化集成管理系统平台的建设。共享体系统一采用 Unicorn 系统软件平台，共享一个系统平台、一个服务器、一个中央数据库。多个图书馆在一个系统平台上共同使用一套具有国际先进水平的自动化系统，大大减少了软硬件方面的开支，减少了重复劳动，将成员馆的现代化管理水平拉近到同一层次，为共享体系构建了良好的基础平台。

2）中文版本图书馆的建设与管理。为了补充天津市各高校图书馆馆藏书品种的不足，促进高校乃至更大范围的文献资源共享，2005 年开始建设版本图书馆，每年采集国内出版的专业图书 8 万种，成为天津市文献资源共享体系的重要基础设施。

8. 重庆大学城资源共享平台

重庆大学城资源共享网络平台于 2008 年 11 月正式启动，由重庆市教委信息与装备中心负责，惠普公司承建，建设经费 3300 万元，以身份认证数据库、知识数据库、基础设施资源数据库为基础，构建七大系统：教学资源共享系统、科研资源共享系统、生活设施共享系统、网上图书馆、就业信息共享系统、网上社区系统和大学城门户系统。网上图书馆作为重要的资源系统，在项目建设过程中，扩展到整个重庆市高校范围。2010 年 4 月，重庆大学城资源共享平台——网上图书馆项目通过了重庆市政府组织的专家组项目验收并正式运行。重庆大学城网上图书馆以"馆际互借，资源共享"为核心，是基于馆员和读者的新一代图书管理平台。网上图书馆实现了馆际互借，通过大学城"一卡通"借书证，实现区域内网上预约、通借通还、送书到馆等服务；可以进行文献传递，通过传真、邮寄、E - mail 等方式实现对纸质和数字资源的传递服务；开展了联合参考咨询。由各馆推荐组成区域性联合咨询馆员，面向区域内读者提供联合参考咨询服务。

（三）图书馆资源共享的主要优缺点

通过对上述较为成功的文献资源共享模式的分析，也就是未来图书馆共享的发展之路，笔者分析了资源共享的优缺点。

1. 可供借鉴的经验

（1）统一部署，注重协作

国外资源共享计划性强，协调性好，重视整体的系统建设，注重建设质量和实际的效果。如美国图书馆信息共享组织完善、合作基础良好、共享成员间联合合作密切，且有专门的管理委员会负责管理。如 OhioLINK 由州政府拨款建立，采取理事会负责制，政府每年给予固定经费以支持联盟运营；统一了电脑硬件和软件平台，使得资源整合能达到最大功效。我国 CALIS 系统由国家统一部署，下设文理、工程、农学、医学 4 个全国文献信息服务中心、7 个地区信息中心和一个东北地区国防信息中心。

（2）推广范围广、力度高

国外资源共享发展时间较长，实践经验丰富，推广范围广，力度高。如日本的 NACSIS，隶属于文部省，覆盖了日本所有的大学，是日本全国性综合信息共享系统，也是日本文献资源保障体系的中枢，NACSIS－CAT 书目记录已达亿条；美国图书馆联盟已达 200 多个，OCLC 已经发展成为今天世界上最大的图书馆网络，为全球 170 个国家和地区超过 72000 个图书馆提供服务，且 OCLC 的 50 个图书馆联盟中，跨系统的联盟多达 43 个 O。再如美国数字图书馆联盟（DLF）打破国家的界限，吸收了大英图书馆、牛津大学图书馆、亚历山大图书馆等的加盟，现已有 35 个成员和 5 个盟友，已经成为国际性的图书馆联盟。

（3）资源共享多样化

美国图书馆联盟各成员馆馆藏有重点、有特色，联盟众多，发展迅速且程度较高，甚至有国际范围资源共享的超级联盟，这些联盟以集团购买电子资源为基础，将互联网作为手段，提供多种多样的服务，除了馆际互借、文献传递、联合采购、远程教育等日常服务，还出现了工作经验、业务培训、系统支持等人力资源、管理资源方面的共享。如 NEOS 联盟为馆员安排每年一天的讨论会，分享技术上或工作经验方面的经历。资源共享理念渗入到联盟管理、运营、服务的方方面面。

（4）注重科学研究开发

国外资源共享非常重视研究项目的开展，在纸本文献数字化、资源利用最大化等方面进行了大量的研究。例如：OCLC 在肩负着建设网络和维护网络任务的同时，也投入大量的资金支持新技术的利用和创新，每年用在产品与服务改进、新技术研发等的费用在千万美元以上．日本 NACSIS 的学术信息网络专门为各个研究者终端提供学术研究专用的信息通信网，以促进大学、研究机构的学术信息交流；美国数字图书馆联盟（DLF）必须满足"具有重大的研究和开发能力"这一条件才能成为其盟友。

2. 图书馆资源共享的不足之处

（1）缺乏统一部署，模块化、重复性建设现象严重

由于我国图书馆在行政上归属于不同的行政管理部门，长期以来，导致图书馆

事业缺乏条块分割，缺乏协作意识，整体宏观调控力度不足。如根据 CALIS 项目进展，广州省教育厅与中山大学共同建立了"CALIS 华南地区中心"，在随后的十多年中，广东教育厅与华南师范大学共同建立了"广东网络图书馆"、广东省中心图书馆委员会组织建立了"广东省文献资源共建共享协作网"、广东省六所高校图书馆组织成立了"广州地区高校图书馆联盟"，这些项目建设的目的一致，但分属不同的管理部门，有重复建设的情况。

（2）主动性不足，重点关注文献，少有关注读者

我国图书馆资源共享项目，如联合书目、联合采购、版本图书馆都是重点立足于文献资源建设的体现，但是如何让读者能够方便地使用这些文献资源的建设项目偏少。笔者在 2014 年 4 月 15 日的随机访问中，发现中国高等教育数字图书馆（CADLIS）e 得文献获取与 e 读学术搜索引擎两种服务在馆际互借功能上有重复，经笔者多次验证，e 得文献获取检索不到所需文献。同样，访问中国高等学校数字图书馆联盟（CADLA）（http：//www.cadla.edu.cn/），其首页最新更新的日期是 2002 年 6 月 24 日，研究项目及论坛还在建设中。

（3）时间和空间范围有限

中国高等文献保障系统（CALIS）发展较为成熟，但推广的范围不够大。按照教育部颁布的数据，截至 2012 年，全国共有普通高等学校 2442 所（其中本科院校 1145 所），这个数据远远超过 CALIS 的成员馆数量，且经常性利用 CASHL 各项服务的图书馆并不多。再如天津市高校图书馆共享模式有些理想化，空间上有局限，如在校大学生读者毕业后，出了天津市的范围，就不能使用这个文献共享体系，而时间范围仅限于在大学期间。

（4）共享体系的可持续性发展与维持

国外资源共享项目建设除了政府拨款，还有基金会、联盟会费、年费、经营性收入等，如 2010 年、2011 年 OCLC 元数据服务收费与文献传递收费分别占联盟总收入的 69%、57.6%，是 OCLC 经费的主要来源。而我国资源共享项目主要依靠财政拨款，没有建立一个可持续发展的资金保证体系，一旦政府不再拨款，资源共享项目则难以为继。如 CALIS 和 CADAL 这两个文献资源共享体系，均依靠国家财政的项目拨款，一旦项目建设完成之后，今后又没有申请到后续项目，则会受到很大的影响。

（5）相应的法律法规及制度不完善

图书馆资源共享的健康发展需要法律法规的保障。随着数字图书馆的发展，纸

质文献的利用率在逐渐降低，读者真正需要的数字文献却由于版权保护的原因，不能通过网络直接获得，大多仍然采用传统的复制、扫描的方式获得，也就产生了相应的知识产权纠纷和信息安全问题。

因此，图书馆行业急需一种新的共享形态和共享理念，来弥补上述不足，在新的社会环境、信息技术环境下提升图书馆的管理和服务水平。笔者提出，应当构建以服务为核心的共享模式，来实现这个目标。

第二节　图书馆服务共享

"我们淹没在信息的海洋中，却饱受着知识的饥渴"——约翰·奈斯比特的预言恰到好处地形容了我们目前面临的信息环境。的确如此，数字文献已经超越传统文献，成为和物质、能源并列的三大社会基础资源的问题。图书馆作为一个开放的知识与信息中心，也不再是简单地将资源共享出来，更多的要满足读者的"不同口味"的需求，帮助人们获取知识。由此看来，服务共享则应该是图书馆下一步关注的重点。

一、服务共享概述

（一）"服务共享"起源和研究现状

服务共享，简单地说是指经营机构的一种共享机制，各经营机构或组织共同分享一套服务体系而不是各自建立独立系统而导致重复服务。

"服务共享"一词的起源至今还有争议，有人认为是 20 世纪 80 年代，美国通用电气公司建立的从事客户服务业务的全球性组织，加盟机构采用统一的服务标准和体系，这是早期的服务共享的模式，是服务共享的起源。但有人认为这一术语应该起源于 A. T. Kearney 在 1990 年的一次研究实践，这项实践包括强生公司、IBM公司、美国电报电话公司、杜邦等多家公司采用的财务共享。这两者的服务共享都是提供重复的服务机制和体系，如人力资源、市场营销、采购及研发等。

随着经济全球化、一体化的趋势愈加强烈，公司、酒店、航空等传统行业在构建其信息系统时，都希望其内部实现信息化管理，又希望与外部系统能够灵活地数据交换，这一趋势在互联网出现以后越发明显和迫切，此外传统行业为了扩大经营规模，就必须突破地域的限制，利用信息技术的快速发展。各种连锁经营、服务外包、联盟服务等新型服务共享模式逐渐成为社会的主流，在各行各业都得到大量的应用。

自 21 世纪以来，图书馆行业也逐渐将关注的重点从文献资源转向图书馆服务，一方面资源数字化引发读者到实体图书馆越来越少，另一方面更加关注读者的需求，成为图书馆服务的共识。沈勇研究数字信息资源进行有效整合后，如何开展服务共享的模式研究，认为海量信息的飞速产生，迫使各类文献机构把工作重心从如何获得信息，转到如何准确地过滤和有效利用各种信息上来，文献信息资源整合由于能有效地消除信息孤岛，提高各种信息资源的利用效率而成为大家广为流传的话题，在综合运用文献调研法、比较分析法、专家咨询法、层次分析法以及实证分析方法和计算机领域的相关技术方法进行理论探讨和实证研究，对国内外数字信息资源整合系统进行全面深入地比较分析的基础上，明确国内数字信息资源建设存在的差距，借鉴比较成功的数字信息资源整合模式和整合系统，为提出整合策略和构建整合模型奠定了理论基础。苏建华则研究了数字图书馆联盟的服务共享模式，分析比较目前数字图书馆联盟服务共享的模式，提出基于 SOA 和 Web 技术构建新的联盟服务共享模式的途径和思路，并详细论述了新模式的服务体系。

郭海明研究了公共图书馆的服务共享模式，认为知识的公共性决定了图书馆的公共性，知识公共性目标的实现需要充分共享的图书馆服务体系，公共图书馆服务共享体系是在知识公共与资源共享的背景下，围绕网络化信息环境而设计的新型图书馆服务场所、资源、设施与组织空间体系，共享的图书馆服务体系突破了单一服务体系的封闭性，为读者提供了一种开放共享的信息服务环境，实现了广阔的信息共用、服务共享和思想共有，共享的公共图书馆服务体系的构建应综合考虑图书馆体系发展的四大空间体系，即物理空间上的网点体系、虚拟空间上的网络体系、事业空间上的服务体系以及信息空间上的资源体系。余凌研究了图书馆联盟的机制，认为图书馆联盟实际上是各个图书馆的联合体，其实质是以联盟的形式实现各个图书馆之间的资源共享。共享模式有五种：基于 OPAC 系统的服务共享模式；基于导航系统的服务共享模式；基于跨库检索系统的服务共享模式；基于网络参考咨询系统的服务共享模式；基于链接系统和跨库检索系统整合的服务共享模式。

更多的研究则围绕在资源共享的基础上，如何采用联盟化、信息技术升级、SOA 服务理念等，扩展文献服务的范围，深入开展文献整理和知识组织方式等工作，开展新型的图书馆服务，满足读者的各种需求。

（二）图书馆服务共享的基础

图书馆服务共享的提出，是 21 世纪以后，随着信息技术的快速发展，图书馆对读者的重视越来越高而逐渐产生的。特别是 Web 2.0 的出现，个体化的共享、参与成为服务主流，图书馆也开始尝试图书馆 2.0 理念和相关技术提升文献服务，充分尊重读者，体现人文关怀、注重读者参与，构建以用户需求为核心的服务模式，让图书馆在完善文献资源支撑体系的同时，关注读者个性化需求，逐渐深化服务，拓展服务，提升图书馆管理水平及服务质量。在此背景下，图书馆服务共享应运而生。

1. Web 2.0 方兴未艾

（1）Web 2.0 的诞生

"Web 2.0" 这个概念源自于 2004 年，身为互联网先驱和 O'Reilly 公司副总裁 Dale Dougherty 在一场头脑风暴论坛中指出，伴随着令人激动的新程序和新网站间惊人的规律性，互联网不仅远没有 "崩溃"，甚至比以往更重要，那些得以活过泡沫破裂的公司之间似乎拥有某种相同点，这也是互联网的一个转折点，就是诸如 "Web 2.0" 这种运动。

通常认为 Web 2.0 更注重用户的交互作用，用户既是网站内容浏览者，也是网站内容制造者。Web 2.0 让互联网进入了一个崭新的时代，其核心是互联网的服务让用户从受众变成参众，用户成了真正的上帝。Web2.0 的网络传播与文字、印刷、电视的发明不同，它不是一个习惯性的自上而下的传播，而是一种自发组织式的传播形式，从下到上的进行传播。技术再次改变着整个社会，Web 2.0 的改变无疑是具有革命性的，如果说 Web1.0 是以数据为核心的网络，Web 2.0 就是以人为出发点的网络。

（2）Web 2.0 特征和相关技术

Web 2.0 具有去中心化、开放、共享等基本特征，主要体现在：

1）用户分享。在 Web 2.0 模式下，用户可以不受时间和地域的限制分享各种观点，既可以得到自己需要的信息，也可以发布自己的观点。

2）信息聚合。信息在网络上不断积累，通过 RSS 等聚合技术，统一呈现在用户的终端上，不再分别去各个网站。

3）出现大量以兴趣为聚合点的社群。在 Web 2.0 模式下，对某个或者对某些问题感兴趣的群体可以有效聚集，并对这些话题进行深入讨论，自然而然地细分了市场。

4）开放的平台，活跃的用户。几乎所有的 Web 2.0 平台都具有开放性，不仅对于用户来说是开放的，用户因为兴趣而保持比较高的忠诚度，他们会积极地参与其中，而且对于其他互联网网站也是开放的，更加有利于构建各类数据、服务共享系统。

Web 2.0 的技术主要包括：博客（BLOG）、RSS、百科全书（Wiki）、网摘、社会网络（SNS）、P2P、即时信息（IM）等。

① Blog（博客/网志）。Blog 的全名应该是 Web log，后来缩写为 Blog，是一个易于使用的网站，用户可以在其中迅速发布想法、与他人交流以及从事其他活动，所有这一切都是免费的。后来又在此基础上发展了微博，成为最有效的快速交流和社交网络。

② RSS。RSS 是站点用来和其他站点之间共享内容的一种简易方式（也叫聚合内容）的技术。最初源自浏览器"新闻频道"的技术，通常被用于新闻和其他按顺序排列的网站，如 Blog。

③ Wiki。Wiki——一种多人协作的写作工具。Wiki 站点可以有多人（甚至任何访问者）维护，每个人都可以发表自己的意见，或者对共同的主题进行扩展或者探讨。Wiki 指一种超文本系统。这种超文本系统支持面向社群的协作式写作，同时也包括一组支持这种写作的辅助工具。有人认为，Wiki 系统属于一种人类知识网格系统，我们可以在 Web 的基础上对 Wiki 文本进行浏览、创建、更改，而且创建、更改、发布的代价远比 HT – ML 文本小；同时 Wiki 系统还支持面向社群的协作式写作，为协作式写作提供必要帮助；最后，Wiki 的写作者自然构成了一个社群，Wiki 系统为这个社群提供简单的交流工具。与其他超文本系统相比，Wiki 有使用方便及开放的特点，所以 Wiki 系统可以帮助我们在一个社群内共享某领域的知识。

Web 2.0 技术构建起来的互联网网站，已经成为用户使用的主流：百度百科、Wiki 百科、豆瓣、音悦台、开心网、人人网、点点网、Wallop、dajie、openBC、Cyworld、43things、Flickr、Craigslist、客齐集、Friendster、Linkedln、UU 通、优友、天际网、爱米网、linkist、新浪点点通、Skype、亿友、新浪名博、土豆网、优酷网、QQ 空间、猪八戒网、知乎等。

（3）Web 2.0 文化

关于 2.0 文化究竟是怎样一种文化现象，目前社会上已经有了一定的讨论，但尚未有确切的定义，仅有局部的个别讨论和描述。有人认为 2.0 文化是一种后现代主义文化，它具有大众草根性、受众失落性和公众狂野性；也有人认为，2.0 文化意味着多元文化发展的黄金时期的到来，意味着原生态文化的延续，意味着弱势文化的保护，意味着通俗文化的形成和传播；也有人认为，2.0 文化是突破技术范畴的文化，是全面影响个人、社会和互联网的文化，认为"在我们全人类的生活中最终到处都会出现 2.0 的身影，或迟或早都会受到 2.0 的冲击和影响，最终都要普及和推广 2.0 文化"。而从 Web2.0 理念本身理解，2.0 文化就是人文的文化、参与的文化，共享的文化。不管怎么理解，2.0 已经成为一个事实的文化现象。

中国互联网信息中心的统计数据显示，2000—2007 年，中国网民的人数从 2250 万攀升至 1.37 亿，这一数据在持续增长，截止到 2010 年 12 月，我国网民总数飙升至 4.57 亿，互联网普及率攀升至 34.3%，网民规模居世界第一。从各种互联网使用情况来看，网民认为互联网对自己的学习、工作和生活非常重要的，分别占到 41.1%、45.8% 和 29.8%；网民每周使用互联网的时间从 2001 年的 8.5 小时攀升到现在的 16.9 小时。由此看来 Web2.0 的应用将会随着互联网普及率的上升而得到更大的发展，与此伴生的文化，也将越发地显现其特征。

2. 图书馆已经形成以读者为中心的服务理念

来自千百年来沿袭下来的观念的压力，来自 Google 的压力，来自开放获取运动的压力，等等，使得进入 21 世纪以来的图书馆，开始寻求改变。图书馆是否会成为一种更加面向大众的新型信息中介机构，或者逐渐被网络的信息服务所替代而成为类似图书的博物馆、文物收藏机构，都成为业界学者所关注、思考的重点。

随着 Web 2.0 的发展，给图书馆带来了新的理念和思路的同时，也带来了新的发展机遇。用户不再单纯地满足于大量的网上资源，而是渴求全方位的服务。因此建立在技术性与资源数字图书馆基础之上的服务型图书馆，是图书馆的未来发展方向，因为采用先进的服务方式、服务手段为用户提供更好的服务，才是图书馆建设和发展的核心。

近现代图书馆一直倡导以读者服务为核心构建图书馆系统，摒弃原来的"重藏轻用"思想，但是收效甚微。21 世纪以来，随着个性化时代的来临，这种思想越来越受到重视。2003 年，中山大学程焕文教授在编写教育部"面向 21 世纪课程教材"——《信息资源共享》时，根据世界各国图书馆信息资源共享的历史与现状、理论与实践，总结归纳出四个基本定理：定理一，一切信息资源都是有用的；定理二，一切信息资源都是为了用的；定理三，人人享有自由平等地利用信息资源的权利；定理四，用户永远都是正确的。这四个基本定理揭示了人类社会信息资源共享的基本观念、普遍原则和社会价值，是信息资源共享的理论核心和实践准则。定理四"用户永远都是正确的"揭示信息资源共享服务的用户观念和基本准则，引起了图书馆界的广泛关注和争论，也让这个定理进入很多图书馆馆员思想深处。

可以说，如何去实践和运用这个信念，决定了图书馆管理和图书馆服务的发展方向、路线和结果，也说明新世纪图书馆行业对于读者权利的重视。随之而来的，很多图书馆开始尝试为读者提供个性化的服务：定制收藏、个人门户、学科专题文献推送、手机图书馆定制等，都为随之而来的图书馆 2.0 的起源和发展奠定了基础。

3. 服务手段和服务内容的多样化，成为服务共享的坚实基础

有了计算机，有了互联网络，有了大规模存储技术的支撑，有了对于读者的关注，新世纪图书馆的服务手段和服务内容开始变得多样化：讲座与培训、专题文化展览、在线咨询和交流服务——甚至是 BBS、娱乐服务功能、读者利用文献的数据挖掘和分析、文化素质教育、定制复印、信息共享空间、高校科研成果转化的引路、学科研究者的网络虚拟社区等。有些服务似乎超出了传统图书馆的范畴，但这就是 21 世纪的信息服务，这些改变，意味着在社会发展的竞争和压力中，图书馆已经尝试着去寻求一条适合这个行业生存和发展的、倡导知识服务的特色之路。

图书馆的上述改变，具有两个鲜明的特色，一个是对于读者的高度关注，超过了以往任何时候，这也符合"以人为本"的时代特色；另一个是与信息技术紧密结合，科技是第一生产力，传统图书馆的每一次大发展，从文字的产生、纸张的诞生、印刷术的发明、计算机的使用等，无不都是以技术作为强大的推动力，这也同样符合信息时代的特征。

（三）对服务共享基础——图书馆资源的重新理解

（1）馆藏的文献资源

图书馆目前收藏的文献资源，主要是纸质文献，对于纸质文献的管理和服务，是图书馆的业务核心工作。计算机出现后，尤其是数字化出版的兴起，业界曾经讨论纸质文献什么时候消亡的问题，但是事实是：一方面纸质文献保存着人类自诞生以来的几乎全部的知识积累，这是不可替代的；另一方面，纸质文献仍然保持着稳定的增长率，由于各行业信息化水平的问题，由于地区之间贫富差距的原因，由于传统的阅读习惯的问题等，在很长的一段时间内，纸质文献仍将是文献的主流。前面已经提到传统图书馆学的重点就是对于纸质文献的研究，因此对于纸质文献的管理和服务已经形成了一整套的理论、技术方法，其中也不乏宝贵的经验。

（2）数字文献

计算机和互联网真是人类伟大的发明，数字文献随着计算机的产生而产生，又随着互联网的产生而凸显出价值，20 世纪 90 年代之后，多媒体技术的出现，也让数字文献变得丰富多彩起来，以前通过存储在光盘、磁性材料等载体的纯文本文献，增加了图像、声音、影像等更多直观的媒体，于是正式出版的数字文献出版物开始出现：数字图书、数字期刊、全文数据库、网络报纸、电子地图、软件、音乐CD、电影 DVD 等，似乎数不胜数。21 世纪初，互联网的推广又加速了数字文献的传播深度和广度。数字文献以其存储形式多样、体积小、内容丰富、传播速度快、范围广、检索方便等优点，越来越受到读者的认可和喜爱，图书馆自然也愿意投入购买数字资源的经费，目前图书馆主要是各类检索数据库和全文数据库，它们或者是自建的，或者是通过数据库商购买的；或者在本地建立镜像站，或者通过 IP 控制进行网络远程访问。今后还将包括多媒体文献资源，如多媒体课件、图片资源库、音乐资源库、视频资源库等。

但是，数字文献种类的繁多，带来了相应的问题：元数据标准的不统一、数字格式的多样性、独立的管理和服务系统等，都给读者带来很多不便。随着数据库的增多，图书馆服务器和存储系统的压力也越来越大，系统管理员日益发现自己成为机房管理员，因为不时地要监控各种文献服务器的状态，定期增加数据，进行数据备份。这些众多的数据库，其实大多数是以"信息孤岛"的方式而存在的，之间并没有数据关联，检索也是各自独立的，因此，图书馆不得不提出"统一检索平台"的概念，期望通过这样的折中方式，解决不同数据库之间的集中检索问题。

（3）共享的文献资源

图书馆的资源不能仅限于馆藏的文献，按照"为我所用"的文献资源策略，共享资源将会逐渐成为图书馆开展文献服务的重要支撑。尽管目前图书馆也大力提倡文献资源共享，并在国家层次、地区层次、高校之间建立起了一些行之有效的共享体系，但是对于图书馆来说，还是不够的，毕竟在目前的技术条件下，共享的技术支撑和共享的需求远远超过了以前。

（4）互联网的开放资源

通过 Google 或者 Baidu 获取信息，已经成为多数人的习惯，尤其是这些搜索引擎的事实数据的资源量，已经远远超过任何一家图书馆。互联网上的其他可用的知识资源，则更加丰富，比起传统文献来，在时效性、专业性方面有过之而无不及。这些开放的资源，都可以成为图书馆开展知识服务的重要来源，但是需要图书馆注意的是，互联网资源数量众多且分散，且每天都在快速增长，如何对这些资源进行开发利用并纳入图书馆的文献资源服务体系中？读者为什么不直接检索利用这些搜索引擎？都是急需解决的难题。

（5）读者的共享资源

在图书馆 2.0 的理念中，倡导读者分享自己的文献资源，这就需要在读者的个性化门户中，基于 Web2.0 技术，给读者提供保存各类私有文档和文献资源的网络虚拟空间，读者可以自行设定，将其中的部分文献共享出来，经图书馆馆员审核后发布，从而形成图书馆资源体系的一部分。这其实也是"开放获取"的精神和模式，是在图书馆得到的具体体现。但是图书馆需要解决的问题是：读者凭什么要把自己的文献资源共享到图书馆来？毕竟互联网上还有很多类似的服务。上述所有的文献资源，甚至包括网络书店的销售书目、出版社的新书目、新华书店的订购书目、二手图书市场的销售目录等，都需要纳入统一的图书馆知识检索的体系中，并具有统一的读者沙龙系统，针对检索出来的文献资源，鼓励读者开展评论和推荐，形成图书馆独特的网络文化氛围。

（6）馆员和读者也是图书馆最重要的资源

图书馆服务的对象是读者，是最宝贵的用户资源，读者和馆员共同在整个图书馆生态体系中承担着具有能动性的重要作用，也是图书馆服务的永恒不变的线索。图书馆系统为读者服务，也为图书馆馆员开展管理工作服务，换句话说，馆员也是整个系统架构中的用户之一，是从事管理工作的资源。随着文献服务体系的完善，我们甚至可以设想，将来或许会出现没有一本馆藏图书的图书馆，馆员按照读者提出的需要，再从不同的文献共享渠道获得文献并提供给读者，实现"按需服务"。

馆员也是一个广泛的概念，从事图书馆管理工作的都是馆员，包括馆长、副馆长、部门主管、普通馆员、系统管理员、临时工、勤工助学的学生等。图书馆应该倡导馆员进行图书馆管理的个性化，实现馆员与业务管理的关联，实现馆员角色的可管理、可跨部门。目前图书馆采用的现代化图书馆管理系统，一般包括图书采访子系统、编目子系统、流通子系统、公共检索子系统、期刊管理子系统及办公管理子系统等，都是针对馆藏图书来设计系统架构，而图书馆则以管理系统的各个功能块为基础，设置采访、编目、典藏、流通、阅览等部门，在这些部门之间以传统的纸质文献交接为核心。但是随着数字化资源的增多，服务类型的增多，这种线性"物质流"的工作流程已经不能适应图书馆现代化发展的需要，因此图书馆应该提倡以馆员为核心的业务流程重组，实现按角色、分层次的业务管理逻辑控制，以适应图书馆复合型的发展态势，凸显人力资源的重要性。

以用户为核心的图书馆服务共享体系，在提倡文献资源共享的同时，还将提倡馆员资源共享、读者资源共享。馆员资源共享，将实现图书馆之间的联合参考咨询、联合编目、联合建设数字化文献资源等，读者资源共享，将在 Web2.0 技术的支持下，实现在虚拟空间中，读者个人空间的互访、互助，并可以在大范围内，分享来自更多图书馆的读者上传的共享文献资源。

(7) 设施和设备

不可否认，这是图书馆的基础资源，也是必不可少的资源。在新技术背景下，在图书馆服务共享的背景下，图书馆的建筑、公共设施、自动化设备等都值得研究，以进一步适应读者的需要。就目前而言，图书馆的馆舍已经朝着全开放图书借阅一体化、功能多样化、网络化、休闲化的方向发展，而图书馆的设施和设备，也将适应现代化的发展进度，大量使用高性能服务器、计算机、海量的磁盘阵列等，生产力水平的提高，同样带来了图书馆知识服务效率的大幅提高。在设施、设备资源与图书馆服务理念结合方面，近期出现的"信息共享空间"（Information Commons，简称 IC）是一个较为完美的结合。这是图书馆的一个经过特别设计的一站式服务中心和协同学习环境，综合使用方便的互联网、功能完善的计算机软硬件设施和内容丰富的知识库（包括印刷型、数字化和多媒体等各种信息资源），在技术熟练的图书馆参考咨询馆员、计算机专家、多媒体工作者和指导教师的共同支持下，为读者（包括个人、小组或学术团队）的学习、讨论和研究等活动提供一站式服务，培育读者的信息素养，促进读者学习、交流、协作和研究。与之相类似的还有创新社区（Innovation Community，也简称 IC）。2007 年年底，上海师范大学图书馆建设了国内最早、规模最大、拥有全新服务理念的 IC，位于该校奉贤校区图书馆六楼，整合了互联网络、计算机硬件设施及各种类型文献资源（包括纸质资源和数字资源），有可伸缩性电子教室、促进小组研究的讨论室、指导读者学习和提高研究技能的咨询区、帮助读者开发教学作品的多媒体制作室等。该 IC 环境优美，技术设施先进，加上高水平的学科专业人员，为该校师生提供了一个方便、舒适、优雅的信息服务场所。上海交通大学、重庆大学等图书馆也已经计划在各自的新馆建设中构建信息共享空间。

（四）图书馆服务共享理念

随着信息时代的来临和社会进步，信息技术的种种诱惑让图书馆工作变得艰难起来，多样的读者需求，日益变化的服务方式，图书馆行业压力也日益增大。因此图书馆应通过各种技术手段，通过对传统文献管理方式的变革，强化对读者的知识服务，将图书馆的一部分服务内容或服务能力共享出来，其他图书馆或用户可以通过请求获得共享的服务内容或能力，通过服务共享将图书馆联结在一起，构成一朵服务云，在云中每个机构都是服务提供者，同时也是受益者。例如，一个是图书馆某学科的编目数据，可以通过一个数据接口，向另外一个图书馆提供服务调用，便可实现编目资源的共享。又如，某一图书馆网站拥有标签的规范化输出的能力，也可通过这种方式，为另外一个图书馆的用户提供规范标签提示。

因此图书馆服务共享是以共建信息为资源，个体图书馆之间共享服务内容，彼此互通有无，形成整体合作服务，发挥信息资源的优势，互联信息、联合服务、共享资源，降低了发展成本，为社会大众提供最大的方便，提升整个图书馆事业的服务能力。不论是在规划、建设和实施过程中，图书馆服务共享都要坚持共享的理念，主要有以下四个方面。

（1）资源"为我所有"转变为"为我所用"

现代图书馆的开放性要求图书馆应抱着"不求为我所有，但求为我所用"的态度，且意味着今后图书馆将突破文献资源的范畴，不管是哪种类型的资源，其建设目的仍然是为读者所用，并且义无反顾；图书馆资源建设的延续性，客观上图书馆馆藏文献仍然将成为开展知识服务的主要资源。"资源有限、服务无限；存取有限、获取无限"，但是图书馆的资源不能仅限于馆藏的文献，按照"为我所用"的文献资源策略，共享资源将会逐渐成为图书馆开展文献服务的重要支撑。将来服务共享文献资源来源将主要有三方面：图书馆参与的文献共享体系、互联网的开放资源、读者的共享资源。

（2）人性化"畅通无阻"服务

2008年4月发布的"OCLC成员委员会探讨图书馆的创新"消息中报道了2008年2月召开的OCLC成员委员会会议重点探讨了"图书馆服务的创新思想"。其中，关于大学图书馆服务创新有一点是，"信息时代图书馆的设计"中强调：图书馆创新应以内容管理、学习和服务扩展为指导，对馆藏和服务项目进行整合，开展馆际合作。图书馆是学习、阅读、免费获取信息的场所。2003年6月的"后数字图书馆的未来"研讨会（又称"泛在知识环境"研讨会）上提出了"后数字图书馆"，定位于提供"泛在知识环境"，"泛在"即"无处不在"，旨在创建一个人类共用的知识环境，提供无所不在，触手可及的移动信息服务。"5A"图书馆理想是"任何用户（Any User）在任何时候（Anytime）、任何地点（Anywhere），均可以获得任何图书馆（Any Library）拥有的任何信息资源（Any Wormation Resource）"。两者都意在突破时间、空间的限制，以"用户为中心"，提供"无所不在"的开放式、深层次的知识服务，这也为图书馆的蓬勃发展提供了广阔的空间，因此人性化"畅通无阻"服务，必须是图书馆服务共享坚持的理念，在读者的角度思考服务的细节，最好提供一站式服务，不论是现实的，还是虚拟空间的。

（3）高度重视用户参与和用户体验

2005 年 OCLC 的报告《图书馆与信息资源认知》为图书馆提供了清晰的方向：图书馆应当为用户主动宣传其服务，应当寻找方法将用户所需的文献提供给他们，而不是让人们到图书馆去找。新时代的图书馆，从对 Web 2.0 相关技术的应用发展到更加重视其理念和哲学在图书馆中的应用，将用户作为基础，以用户为中心，尊重读者，强调用户参与，重视用户体验、用户交互与用户参与，消除资源利用和获取的障碍，图书馆的资源建设、服务开展和管理工作都是围绕着用户而进行的，尽最大努力使得每位读者都能享受图书馆服务。有几个例子，如美国的密歇根州 Ann Arbor 市的市立图书馆（AADL）把整个图书馆网站改成以网志的形式呈现，并且各个部门都有自己的博客，如 AudioBlog、Book Blog、Events Blog、Service Blog 和 Research Blog，积极促进用户的参与和互动；圣约瑟芬公共图书馆（St. Joseph County Public Library）设立了专题指南维基（Wiki），帮助用户了解专题信息以及图书馆与社区事务，用户也可以进行反馈，提出想法和建议，由馆员发布相关的信息，用户也可以对图书馆提供的服务发表意见和进行讨论，鼓励用户参与。OCLC 也积极利用 Web 2.0 进行服务创新，并启动 Wiki 的试验（Wiki Worldcat），等等。可见"走近用户"重视用户参与、用户体验是图书馆要积极努力的方向之一，也是服务共享必须坚持的宗旨。

（4）共享互赢

构建网络社区，营造一个读者可以交互的虚拟空间，提供更多的知识服务，而且这个空间面向整个互联网的用户。这其中包括读者与馆员的交互、读者之间的交互、读者群的建立与交互、馆员之间的交互、图书馆直接的交互，可采用激励的积分制度等。

图书馆的知识社区应给读者提供各类文献资源（包括读者之间的共享资源）的个性化定制服务，并能根据自己的需要，进行分类、组织、标引等，供读者方便地、长期地利用自己需要的文献知识。此外，每位读者都有自己的学科背景，或者学科关注方向。

Web 2.0 以个人交流为中心，形成信息发布与互动的聚集，信息丰富的个人或社群站点成为信息汇集的中心。这种信息汇集中心，具有互动解题和资源自给的功能，是网络多向交流、多媒体类型交流的生存适应者，是 Web2.0 时代的新生信息中心。这种新生的信息中心使得知识的获取呈现"去中心化"的特征，这对图书馆由于知识资源聚集而自然形成的中心地位，构成了很大挑战。

（五）图书馆服务共享内容

图书馆服务共享对系统的新技术有了更高的要求，以求更加符合"读者至上"的服务原则。图书馆服务共享通常采用 SOA 架构的图书馆服务共享体系，通过相关书库标准和互操作标准，实现成员机构所需业务的互联互通，保障用户在各个成员机构能够享受通行的服务，构建数据交换中心，实现对于用户的统一认证和相关成员机构之间的结算，忽略对于成员机构内部业务的管理和影响，重视用户的共享需求，开展相关共享服务，加强互动交流，发挥文献互助、资源共享的最大功效。

图书馆服务共享背靠图书馆行业的文献资源背景和用户背景，制订图书馆服务标准、元数据标准和相关业务规范，建设读者认证中心和数据交换中心，实现公共数据交换基础上的读者和服务共享。对于各个图书馆的文献服务进行统筹、引导和协调，最大限度地满足读者的各类文献需求。图书馆服务共享可围绕图书馆群和读者群，建设网络知识服务社区，开展在线阅读、参考咨询、知识共享等服务。

（1）传统图书馆服务

1）馆藏目录。同时获得参与服务共享的多个图书馆馆藏目录，编目人员可用共享出来的书目信息，快速完成编目工作，节约时间精力；读者可查询共享图书馆的馆藏信息，实现网上预约、网上续借、还书日提醒等功能。

2）馆际互借。用户可以在服务平台内填写并提交馆际互借需求。在统一规划下实现借书证"一卡通"。同城可"网上预约、通借通还、送书到馆、资源共享"的服务模式。不同地域的用户或在不同图书馆注册的用户，可在整个保障体系中的图书馆就近借阅。

3）文献传递。通过复印、电传、邮寄等方式实现对纸型文献的介质传递服务，通过 E－mail 和建立文献传递专用服务器等方式实现数字化资源的网络传递服务。读者通过服务共享平台查询感兴趣的资源文献，并预订传递服务。这些服务都是传统以资源共享为核心的共享体系的基础性工作，在服务共享体系中依然非常重要。

（2）知识社区

图书馆知识社区构建于 Web2.0 技术之上，因为 Web2.0 的思想完全符合图书馆建设读者知识社区的目的，尤其是"以人为本"的思想。但是图书馆毕竟有自己的实际情况，根据读者的需求设计新的服务功能，可以尝试包括以下社区要素。

1）SNS 的基本功能。网络社区基本功能，可以在图书馆的知识社区中进行提供。包括站内短信、好友的搜索与添加、好友空间的互访、好友群的设置与管理、开放获取空间的提供、协同写作、生活服务功能等，甚至是一些小游戏功能，都是吸引读者使用知识社区的要素。

2）与图书馆传统文献服务的联系。既然同样也是图书馆管理的一个门户系统，就务必实现读者在图书馆中各项阅读活动的真实反映的诸多功能，包括检索馆藏图书、借阅情况查询、推荐采购图书、图书超期提醒及通知、图书预约和续借、个性化的数字文献资源定制、馆员的在线咨询和服务、读者建议和投诉等。这些功能方便读者利用传统图书馆，提高文献的利用率。

3）RSS 的知识订制与阅读。RSS 是一个非常典型的、适合于图书馆使用的应用。除了图书馆可以提供新书目录、图书馆通知、学科信息等 RSS 的推送服务之外，还可以在门户系统中给读者提供 RSS 订制与阅读的功能，读者通过 RSS 订制各类互联网新闻、博客、产品信息、图书馆书评等，并自行分类整理，形成个性化的网页，所有需要的图书馆信息或者互联网都能够及时更新、查阅，成为图书馆与互联网的一个很好的纽带。

4）文献资源收藏。图书馆的文献资源可以用浩如烟海来形容，读者往往重复需要某篇文献，不得不重新进行搜索，因此图书馆的个人书斋必须提供文献资源的收藏功能，读者将需要的、感兴趣的文献资源收藏起来，也可以自行设置分类、标注等，实际上就是个人组织起来的图书线索，以大大方便读者利用图书资源。通过收藏功能，读者可以组建一个属于自己的虚拟的图书馆。目前图书馆已经逐步将数字资源也纳入图书馆检索系统中，这样会使个人门户的收藏功能更具有实用价值。

5）读书笔记（含书评系统）。读书人通常都有一个习惯，就是写读书笔记，有些读者还有专门的读书笔记本，但是纸质图书和计算机之间没有形成关联，所以之前图书馆不能实现这个服务。在拥有个人门户之后，图书馆可以一个类似博客记录日志的功能，将读者检索过的、借阅过的图书统一进行罗列，然后由读者自己添加该书的读后感、评论等，图书馆可以委派馆员评分和推荐。这些读书笔记将显示在图书检索系统中（隐私的书评，读者可以设置权限不进行共享），供别的读者检索到这本书后进行参考，以决定是否借阅。同样图书检索系统也可以提供书评功能，阅读过这本图书的读者，就可以直接在检索系统中添加图书评论。读书笔记加上图书评论功能，相当于读者也参与到图书馆的图书推荐中。

6）图书交易。图书馆的门户系统在技术实现上，和商务门户没有太大差别，差别在于内容的实现。既然是图书馆就和"书"有关，个人书斋系统就应该把"书"的文章做足：如果读者不能检索到需要的图书，不能馆际互借到需要的图书，那么图书馆还可以通过电子商务的方式，读者自购急需的图书，这种情况往往发生两种情况下：所需图书是新书、所需图书一直都处于被其他读者借阅的状态。更进一步的，读者自己手中的图书，如果不需要，也可以通过个人门户系统提供的商务平台，实现二手图书交易。

（3）荐购图书

用户可以向其他用户推荐本馆已有图书，也可以在本馆的电子订单中向采编部推荐采购新书。这是图书馆馆藏资源建设的重要渠道，其方式有多种，往往开发专门的服务平台，将出版社和书商最新的书目信息进行推送，供读者按需推荐，馆员收到推荐信息后．查重后自动生成订单。

（4）参考咨询

目前图书馆通常采用在线回答、留言簿、BBS、电子邮件、电话等多种方式，实现与读者之间的沟通，开展各种类型的参考咨询服务，用户可以在线填写相关的咨询、建议或意见，并能及时得到在线馆员的答复或解决方案。由各馆推荐咨询馆员组成服务共享联盟内联合咨询馆员，通过电话、E－mail、面谈以及在线咨询等形式，为读者提供联合参考咨询服务，并逐渐建立起 FAQ 专家知识库。还可以进一步尝试在两方面得到提高：其他读者也可以参与咨询工作，读者对于问题的解决能够更加贴近需求；由于图书馆服务联盟的建立，使学科专家参与咨询和图书馆联合咨询成为可能。

（5）科技查新的服务共享

用户在先填写查新委托书，提交相关资料，并可在系统查询委托查新项目的进度。不同的图书馆具有专业各色，其取得查新资质的方向也不同，服务共享后可以充分利用这些特色，开展更深入的服务。

（6）知识共享

1）文档库。可以分为"我的文档""我的收藏""共享文档""文档上传""我的分类""个人论著"几个部分。用户可以向知识社区上传和共享自己的文档，通过共享服务阅读和下载其他用户的知识文档，也可以通过收藏文档功能将共享文档库中的有用资料建立起快捷访问方式，从而缩短获取知识的时间。在本模块中，用户还可以将自己上传的文献按照自定义标准进行分类，方便用户管理文档。

2）藏书架。由于大多数图书馆受到经费、场地等限制，不可能将各学科的图书都纳入馆藏计划。在该模块中，用户可以通过上传私人藏书目录并与其他用于共享，从而达到图书交流的作用。

3）读书笔记：读书笔记是对书评的一种层次上的提升。一般书评以短小精悍为主，而读书笔记更倡导"长篇大论"，用户可以在这个功能的帮助与整个知识社区的用户分享读书心得与收获，激发灵感。

（7）多样性知识源的聚合（RSS）

RSS 是一种被广泛采用的内容包装定义格式，如在重庆大学图书馆的知识社区中，RSS 聚合被命名为"知识源"，其基本模块为用户提供了如天气预报、移动便签、日程安排、书签等服务，模块中的知识源不仅可以由用户根据自己的需求从图书馆定制或自行添加，同时还可以将已经添加的知识源在知识社区中进行共享。当用户有明确的学习目的但没有确定的学习内容时，知识源的交换与共享可以帮助用户提高学习效率。目前大多数期刊都提供 RSS 信息推送，读者选用这种方式订阅期刊发文的最新情况，在第一时间获得专业信息。

（8）开放式互动服务

"文献互助""买书卖书"（图书交换）和"写写文章"（协同写作）三部分可以实现图书馆知识社区的开放互动功能。"文献互助"使图书馆文献传递服务在"馆际互借"功能中已得到实现，因此"文献互助"系统主要用于户之间的知识交换和文献互助，读者可发表个查找文档的信息，其他读者可以帮忙一起来做这件事，有求助的文献信息的可以直接提供给读者。节约读者获取搜索文献信息的时间。这也正是体现了图书馆服务的目标——"节约读者时间"，让读者在最短时间内获得自己想要的知识，也更加完善了知识社区的互动功能。"写写文章"（协同写作）则是基于 SNS 技术中的 Wiki 思想的服务，它为做共同研究的用户集体编辑写作同一文章提供的技术支持。协同写作保留历史编辑记录，可以追溯以前的版本，有利于研究团队的组织与管理，便于分工合作。图书交换功能是通过用户上传并共享可供交流的私人藏书信息，为用户间交流图书提供的一项服务，该服务也是弥补馆藏有限的一种措施。图书的交换功能则是由用户在系统之外实施完成，充分利用私人藏书开展服务。

（9）人际交流服务

SNS 的基本功能是将现实的人际关系虚拟化，并重新构建社会人际关系。在图书馆知识社区中，"相册""迷你博客"和"好友互访"三大功能模块的目的就是帮助用户建立、添加好友．增加交流的机会，从而帮助用户实现虚拟的知识社区人际网络关系的建立。如前所述，社区互访除了提供个好友空间及一些借阅信息的查询等，采用 SNS 技术全面集成社交功能，用户在通过添加好友并快速地访问好友的同时，还可以从好友动态中了解到好友最新的动态，如上传了哪些图片，最新哪些文档，最新添加了哪些好友，最新写了什么迷你博客等，同时用户可以了解最近有哪些读者访问了自己的书斋等。这一技术的集成与应用，大大丰富了用户在知识社区的社交关系网络。用户可以好友为中心把各个单一的读者联系成一个人际关系网，基本每个读者与读者之间都是有联系的，自己可以根据自己的交友原则，迅速快捷地建立起知识社区的社交网络。

（10）联合开展阅读推广和其他主题活动

各成员馆可以联合开展主题书展、书评、新书通报、阅读辅导等读者阅读主题活动，开展学者讲座、文献利用培训、影视评介、书画展览等文化主题活动，持有服务共享"借阅证"的读者可免费参与。

二、可供借鉴的服务共享体系

（一）中国银联的共享模式

（1）中国银联概况

20 世纪 80 年代，以四大国有商业银行为主的银行进行行内测试发卡，布放银行卡终端，初步形成银行卡系统。但各自独立的模式，导致银行之间的卡片和终端标准不统一，"一柜多机"现象严重，同行的卡也无法跨地区使用。为了改变现状促进银行卡的联网联合，1993 年中国启动"金卡工程"，到 2000 年，陆续建立 18 个城市银行卡交换中心和一个总中心，部分实现当地城市的同城跨行通用和部分城市间的异地跨行通用。随着社会接受银行卡的程度越来越高，经国务院同意，各商业银行联合起来，合并原有银行卡信息交换中心，于 2002 年 3 月在上海成立中国的银行卡联合组织——中国银联。

目前中国银联已经成为不仅服务于中国，而且服务于越来越多国家和地区，拥有 200 多家境内外成员机构的银行卡组织，并延伸到亚太、欧美、非洲、澳洲等多个国家和地区，银联自主品牌成为国内普遍认可、国际具有影响的银行卡品牌。

中国银联通过银联跨行交易清算系统，实现商业银行系统间的互联互通和资源共享，保证银行卡跨行、跨地区和跨境的使用。中国银联已与境内外数百家机构展开广泛合作，银联网络遍布中国城乡，并已延伸至亚洲、欧洲、美洲、大洋洲、非洲等境外 150 多个国家和地区。中国银联大力推进各类基于银行卡的综合支付服务。持卡人不仅可以在 ATM 自动取款机、商户 POS 刷卡终端等使用银行卡，还可以通过互联网、手机、固定电话、自助终端、智能电视终端等各类新兴渠道实现公用事业缴费、机票和酒店预订、信用卡还款、自助转账等多种支付。围绕着满足多元化用卡需求，在中国银联和商业银行等相关机构的共同努力下，一个范围更广、领域更多、渠道更丰富的银行卡受理环境正在逐步形成。

（2）性质与职责

中国银联处于银行卡产业的核心和枢纽地位，是实现银行卡系统互联互通的关键所在。依托中国银联跨行交易清算系统，中国银联制定和推广银联跨行交易清算系统入网标准，统一银行卡跨行技术标准和业务规范，形成银行卡产业的资源共享和自律机制，从而对银行卡产业的发展起到引导、协调、推动和促进作用。

中国银联的主要职责是负责建设和运营银联跨行交易清算系统这一基础设施，推广统一的银行卡标准规范，为商业银行、特约商户、持卡人提供跨行信息交换、清算数据处理、风险防范等银行卡基础服务，推动银行卡产业集约化、规模化发展，同时联合商业银行，创建银行卡的自主品牌。

（3）银联的服务

1）基础服务。包括建设和运营银行卡跨行交易清算系统这一基础设施，推广统一的银行卡标准规范，提供高效的跨行信息交换、清算数据处理、风险防范等基础服务。

2）银行服务。为各大商业银行提供集清算数据处理、技术支持、风险控制、数据分析、产品创新的综合服务方案。通过银行卡跨行交易清算系统，为国内商业银行提供跨行、跨地区、跨境的银行卡转接服务。

3）商户服务。为商户提供多种多样的支付解决方案，帮助商户解决支付应用方面的实际问题，实现商业运行的高效和便捷。

4）持卡人服务。建立形式多样的持卡人服务平台，满足持卡人多样化的增值服务需求。

（4）银联的管理与服务体系

中国银联采用公司化运作，以推动银行卡专业化服务体系的可持续性发展。具体包括以下商业公司。

1）银联商务有限公司。从事银行卡受理市场专业化服务的全国性集团公司，为发卡机构、特约商户和广大持卡人提供银行卡收单专业化服务。

2）银联数据服务有限公司。为金融机构提供银行卡数据处理服务的专业化公司，集成和提供各类银行卡业务所需的解决方案、服务平台和网络基础设施。

3）银联电子支付有限公司。是银行卡增值业务应用的专业支付公司，拥有面向全国的统一支付网关，从事以互联网等新兴渠道为基础的网上支付、网上跨行转账、网上基金交易、自助终端支付等银行卡网上支付及增值业务。

4）银行卡检测中心。是银行卡产品及其受理终端机具的检测机构，拥有国家级检测中心资质以及符合国际标准的 EMV 检测实验室，对各种银行卡和机具进行技术质量检测。

5）中金金融认证中心（英文简称 CFCA）。由中国人民银行和国家信息安全管理部门批准成立的互联网第三方安全认证机构，通过发放数字证书为网上银行、电子商务、电子政务提供安全认证服务。

这些商业公司通力合作，在共同的目标下密切联系，合作共享，推动了中国银联这些年的快速扩充和发展。

（二）航空联盟

随着世界航空运输业的迅猛发展，特别是国际航运服务领域的拓宽，一些航空公司开始在业务服务、信息交流等各方面加强合作，组成航空联盟。航空联盟指数家航空公司为了实现网络互联、枢纽互通、客源互补、常客互助，达到扩大市场份额、巩固常客客源、增加收入的目的，在双方利益一致的基础上，选择在地区市场处于领导地位的盈利航空公司，共同协商，相互间建立战略合作伙伴关系，发挥协同效应。1997 年 5 月，汉莎、加航、美联航、泰航、斯堪的那维亚航共同发起成立了世界上第一个航空联盟。目前，世界上普遍流行航空联盟，最近几年也掀起了入盟浪潮。目前较为成功的航盟有：天合联盟、星空联盟、寰宇一家等。

（1）航空联盟的服务共享体系

我们以星空联盟为例，了解航空联盟的具体服务共享体系。

星空联盟（Star Alliance）成立于 1997 年，总部位于德国法兰克福，是世界上第一家全球性航空公司联盟。星空联盟英语名称和标志代表了最初成立时的五个成员：北欧航空（Scandinavian Airlines）、泰国国际航空（Thai Airways International）、加拿大航空（Air Canada）、汉莎航空（Lufthansa）以及美国联合航空（United Airlines）。联盟的主要合作内容是将航线网络、贵宾候机室、值机服务、票务及其他服务融为一体，无论客户位于世界何处，都可以提高其旅游体验。目前拥有 28 家正式成员，航线涵盖了 192 个国家以及 1330 个机场，包括中国国航等国内航空公司。

通过星空联盟成员的共同协调与安排，将提供旅客更多的班机选择、更理想的接转机时间、更简单化的订票手续及更妥善的地勤服务，符合资格的旅客可享用全球机场贵宾室及相互通用。

会员搭乘任一星空联盟成员的航班，皆可将累计里程数转换至任一成员航空的里程酬宾计划的账户内，进而成为该计划的尊贵级会员，金钻级会员可享受订位及机场后补机位优先确认权，优先办理机场报到、登机、通关及行李托运等手续，不仅如此，任一星空联盟的乘客只要是持全额、无限制条件的机票，如果在机场临时更改航班，不需要至原开票航空公司要求背书，便可直接改搭联盟其他成员的航班，另外星空联盟设计了以飞行里程数为计算基础的"星空联盟环球票"，票价经济实惠再加上联盟的密集航线网，提供旅客轻松实现环游的旅程。

星空联盟主要的合作方式包括扩大代码共享规模，常旅客计划的点数分享，航线分布网的串连与飞行时间表的协调，在各地机场的服务柜台与贵宾室共享，与共同执行形象提升活动。相对于航空公司之间的复杂合作方式，对于一般的搭机旅客来说，要使用星空联盟的服务则比较简单，只需申办成员航空公司提供的独立常旅客计划中的任何一个（重复申办不同公司的 FFP 并没有累加作用），就可以将搭乘不同航空公司班机的里程累积在同一个 FFP 里。除此之外，原本是跨公司的转机延远航段也被视为是同一家公司内部航线的衔接，因此在票价上有机会享有更多优惠。

星空联盟优惠包括常旅客计划、星空联盟金卡/银卡等级、贵宾休息室、获得里程数/积分、星空联盟奖励、星空联盟升级奖励、转机、同一屋檐计划（成员航空公司在同一航站楼运营）。星空联盟产品和服务还包括特惠套票和航空通票。星空联盟已于德国法兰克福机场设置共同票务柜台、于伦敦成立星空联盟市区票务中心，香港国际机场的星空联盟专用贵宾室及各成员尽可能将机场柜台安排在同一栋航站大楼，这些皆显示星空联盟尽心尽力提供旅客于购票、机场报到及登机时更多的便利，同时可减少成本，提高效率，以合作代替竞争。

星空联盟的乘客权益包括享受到超值通票和特惠机票，如环球票、环亚洲通票。享受通程登机一站式服务。航班不正常时，乘客可以享受最快时间的签转。乘客的行李发生错运、漏运后，可在第一时间找回。乘客搭乘联盟内任何一家航空公司的航班，都可积攒和兑换里程积分。星空联盟金卡会员享有优先办理登机手续权（享用专门的值机柜台办理登记手续）、优先机场候补权（如在到达机场前未做预订，可优先候补座位）、优先候补权（在航班预订已满时，享受优先候补座位权）、优先提取行李（可在联盟内优先提取行李）、增加托运行李额度（金卡会员可额外免费享受一件行李的托运）、航班时刻协调（星空联盟各成员航空公司通过协调航班进出港时间，降低旅客候机时间）、享受全球机场贵宾休息室等。

（2）航空联盟的主要价值体现

目前航空联盟的利益主要体现在商务方面，其价值体现在以下几个方面。

1）优化枢纽网络结构，扩大网络覆盖能力，扩大旅客选择机会，创造更多收入，因为成员公司的网络可以互相支持，提供以远点客源，做强做大本地市场。

2）实现与其他成员航空公司渠道共享，拓宽销售渠道，特别是国际销售渠道，能够以较低成本渗透到新的市场，进行产品整合，优化产品结构，丰富产品种类，推出更加完善、更有吸引力的常客产品。

3）提升服务水平，改善服务质量。

4）借助联盟，提高在陌生市场上的品牌认知度。

5）通过航空联盟成员之间更加紧密的联营合作，实现风险共担，提高抗风险的能力。

6）提升核心竞争力，提高应对低成本航空公司的能力。

（3）航空理解的主要服务共享领域

1）常规合作：比例分摊、包舱包位、代码共享、渠道整合、航班整合。

2）加深合作：销售网络、信息管理系统、常客、服务整合。

3）深度合作：共同市场促销、共同产品设计、共同品牌推广等深度合作领域。

4）信息共享：创建信息共享平台。包括服务注册管理、业务流程管理、监控管理等功能，通过上述功能接人航班信息发布平台、短信平台、市场销售分析等系统，并将这些系统中可复用的功能发布成统一航班动态查询、短信发送、客户主数据等共享服务，信息共享平台上线运行不仅在 IT 资产值上得到极大提升，而且打破了各自信息之间的壁垒，促进了联盟内各航空公司之间在广度和深度上的合作。

（三）连锁酒店

连锁酒店也是服务行业重要和典型的服务共享体系，已经成为酒店行业的主流服务形态。

（1）连锁酒店的发展历程

20世纪50年代，连锁酒店作为一种现代酒店经营模式出现在欧美各国，到80年代末期经济型连锁酒店已经成为欧美发达国家成熟的酒店业态，90年代后，连锁酒店以其独有的规范化、高效化管理风靡至今。如世界最大的连锁酒店希尔顿，在全球80个国家及地区拥有2900间酒店。伴随着我国迅猛的经济建设浪潮，国内的连锁酒店如雨后春笋般出现，如锦江之星、莫泰等。透过它们骄人的业绩得出以下几点连锁经营的优势：一是拥有一个强大的信息共享系统，监测市场，规避风险；二是集约化的管理模式，最大限度降低经营成本；三是人员的集中培训与调配，保证服务的专业性与企业的稳定性。

（2）连锁酒店的经营模式

1）直营店模式。经济型连锁酒店在进入一个区域时，往往采用标准连锁的直营店模式来塑造自己的形象，如锦江之星、如家快捷等经济型连锁酒店，最开始时均以直营店模式拓展市场，直营店模式最开始的投入较大，但却有利于统一的管理，服务质量高，还可以积累稳定的资产，有利于酒店企业的形象塑造和为扩充加盟做示范。

2）特许经营模式。特许经营是指特许权拥有者授予特许权经营者一种获得许可的特权以从事经营的行为。经济型连锁酒店的规模扩张需要走低成本战略，特许经营模式对于酒店总部而言，只需将规范化的管理方式、经营技术及经营理念通过受让或转让给加盟者，就可以实现规模扩张。而对于加盟者而言，也只需支付一定的加盟费用，接受培训后就可直接套用酒店成功的经验、技术和无形资产，降低投资风险。目前国内运作成熟的连锁酒店，特别是经济型酒店已经逐渐向特许经营模式转化。

3）战略联盟模式。连锁酒店要改变规模小、市场竞争力不强的现状，需要集合两个或两个以上的酒店资源和优势，形成战略联盟经营模式。建立连锁酒店战略联盟更有助于了解市场形势、风险共担、资金、技术共享，有利于形成规模经济，降低运营成本。

4）兼并收购模式。兼并收购模式是另一种酒店连锁经营模式，可以促进酒店发展，扩大经营规模，有效降低进入壁垒，并获得原有酒店企业的生产能力和各种资产、企业经验及市场份额。兼并收购模式主要适用于发展成熟、规模较大的连锁酒店，目前国内并不常见，如家快捷这样的品牌连锁酒店曾采用过这种经营和发展模式。

（3）连锁酒店的优势

1）品牌效应。连锁酒店往往是在品牌酒店发展到一定的规模后，具有相当的市场份额后，逐渐在全国各大城市开设分店而形成。连锁酒店能够借助品牌的影响力与经验，降低投资和经营的风险，从而克服单体酒店单打独斗的经营弊端，既有利于降低风险，也有利于扩大品牌知名度。

2）统一经营，降低成本。连锁酒店采取统一的采购系统、订房系统、批量采购，可以降低酒店的固定成本投入，具有一定的规模优势和资金优势，能够更好地控制成本，实现竞争优势，达到利润最大化目标。

3）管理水平高。连锁酒店品牌具有专业的管理和经营团队，能够为加盟后的单体酒店营运打造坚实的运作保障，另外还可以通过连锁酒店建设信息、资源共享系统，各分营店之间可以共享客房数据库和客户信息档案，通过分析客户信息资源，全方位、多角度地了解客户需求，可以有效地稳定客源，提升酒店形象。

（四）可供借鉴的图书馆服务共享经验

图书馆从诞生到现在，以服务社会阅读为天职，担负着保存历史记忆、传承社会文明的艰巨任务，服务对象自始至终都是社会大众。"同一个世界，同一个图书馆"，全世界图书馆联合起来，共同服务于人类大众。现代图书馆的管理和服务应向银行、航空、餐饮、宾馆、零售等传统服务行业学习并理解服务的真正内涵，构建起基于读者的知识服务联盟，以替代原来的以文献资源共享为核心的共享，也就是从文献资源共享发展为文献服务共享。图书馆的文献资源是有限的，文献服务却是无限的 O。

（1）图书馆服务共享联盟的理念

通过上述对于中国银联、航空和酒店联盟的阐述，图书馆可向传统服务行业的服务共享借鉴先进的理念，采用如下新思路：

1）忽略对于成员机构内部业务的管理和影响，重视用户的共享需求，开展相关服务。

2）通过相关数据标准和通用卡片介质，实现成员机构的所需业务的互联互通，保证用户在各个成员机构能够享受通行的服务。

3）构建标准的管理和服务规范和流程，以保证联盟内个成员单位的服务质量控制。

4）构建数据交换中心，实现对于用户的统一认证，和相关的成员机构之间的结算。

5）商务化运作以保持可持续性发展。

笔者认为，图书馆共享体系的建设是分阶段发展的。如果说第一阶段是以文献资源共享为核心，那么随着共享文献目录、文献资源的建设达到一定规模，重点面向读者的共享服务就成为共享体系发展的第二阶段核心。借鉴各个服务行业的经验和解决方案，我们倡导在图书馆行业，也构建类似的管理与服务联合体，如可以命名为"中国图联"。在图书馆的以用户为核心的指导思想下，重点解决如何让读者享受联合体的成员馆提供的各种各样的文献服务。

中国图联可以是中国图书馆行业的文献服务共享联盟，依靠图书馆行业的文献资源背景和用户背景，制订图书馆服务标准、元数据标准和相关业务规范，建设全国读者认证中心和数据交换中心，实现公共数据交换基础上的读者和服务共享。对各个图书馆的文献服务进行统筹、引导和协调，最大限度地满足读者的各类文献需求。围绕图书馆群和读者群，建设网络知识服务社区，开展在线阅读、参考咨询、知识共享等服务，以此构建数字图书馆联合体，共同为读者服务。

（2）图书馆共享服务联盟的原则

图书馆的服务联盟应坚持"平等、统一、共享、参与"四原则。

1）平等原则。包括读者平等和图书馆平等。读者平等是指图书馆的读者，不论职别，尽量平等，对待其他图书馆的读者，与对待本馆读者一样。图书馆平等是指图书馆不论大小，在统一的服务公约基础上，一律平等。

2）统一原则。成员馆在服务规范方面，如办证的方法和流程、读者借阅流程、借书册数、借书时长、超期违约金、赔书标准、开放时间的约定等方面尽可能统一，相关的业务流程也应尽可能统一。为了实现高效的数据交换，现代化管理系统应尽可能实现统一。

3）共享原则。倡导图书馆在知识产权允许的情况下，开展文献共享；构建读者社交网络，倡导读者共享自己的资源。

4）参与原则。坚持以读者为核心的图书馆发展思路，图书馆积极参与联盟的文献服务和资源建设等工作，读者可以参与图书馆的资源建设、网络文献服务、参考咨询等工作。

（3）图书馆服务共享联盟的运行管理与服务原则

这样的共享联盟体制必须采用公司化运作的模式。除日常运行管理必要的管理委员会、专家委员会等常设机构外，应成立整个运行体系建设和发展必要的第三方运营服务公司。主要职能包括：一是向各个图书馆推销图书馆服务联盟的理念，为加入的图书馆提供现代化管理系统软件，在收取年软件服务费的前提下，提供售后支持与服务；二是给各个图书馆的读者发放可以实现馆际互借的类似银行的银联卡的"图联卡"，并给图书馆联盟提供馆际互借的物流支持；三是在各个图书馆管理系统的基础上，构建统一的用户认证中心和数据交换中心，共享读者、书目信息等，并在此基础上构建、运营、发展全新的网络知识服务社区。

笔者认为，服务共享联盟只有坚持以下三项服务原则，方能够对读者产生足够的吸引力，这也是现代社会对图书馆发展的要求。

1）终身服务。知识社会的几何级数的发展速度要求人类必须不断更新自己的知识，学校教育已经不能满足社会的需要，教育需要发展成为一个持续不断的进程，贯穿于人的一生。图书馆也将成为终身教育的重要组成部分，是终身学习的重要场所。信息化为读者的终身服务奠定了基础，使得终身服务这个理想变得不那么空洞，特别是以用户为核心的现在，图书馆必须为读者提供终身服务，这将成为图书馆服务联盟最吸引入的优势之一。

2）广泛的社会服务。主要是针对高校图书馆。根据国家教育部新发布的《普通高等学校图书馆规程》，有条件的高校图书馆要向社会开放，发挥地区文献中心的作用，支持地方建设。已经有一些高校，如厦门大学图书馆率先这么做了，但是没有形成普遍性。向社会开放，应该是图书馆服务联盟对以读者为核心理念的阐释，尤其在高校图书馆，毕业的学生从性质上讲就是社会读者，如果不向社会服务，也就无法实现终身服务的承诺。终身服务和为社会服务是密不可分的。

3）非营利的收费服务。在市场经济条件下，知识消费的观点已经深入人心，收取合理的信息服务费用，不存在什么法律和社会舆论的障碍，关键是哪些收费、哪些免费需要界定。实现非营利的收费，以提高服务共享联盟的服务水平，是相关收费服务的基本原则。如成员图书馆向第三方运营公司支付一定的经过核算的成本费用。

（4）图书馆服务共享联盟的可持续性发展

构建一个庞大的共享体系，且涉及的用户、参与的机构众多，其可持续性将是重点研究的内容。笔者认为，服务共享联盟可以因为以下三点，保持其可持续性。

1）社会发展对于图书馆的必然要求。知识经济时代的来临，信息社会的高速发展，对图书馆的要求越来越高。图书馆要满足社会发展的需要，以原来基本上还是单打独斗的姿态，是远远不够的，势必形成合力来满足这个需求。这样做了也可以较容易地获得国家财政、社会舆论的支持。

2）稳定的用户群。图书馆自身的共享需求，以及读者的知识需求，使得一个依靠整个行业的共享服务计划得以保障，比如，大学图书馆每年自动会增加新用户，而原有的用户则因为实施终身服务没有流失，使得计划的可持续性发展得到保证。

3）非营利性收费，保证图书馆服务共享联盟的基本运行。为了保证共享联盟的正常运行，非营利性收费是必要的，可以尝试通过对社会读者服务、文献传递、网络广告、网络知识社区的电子商务、情报服务等方面获得非营利性收入。

这样一个拥有如此庞大、优质用户群的服务联盟体系的营利能力，应对其发展持乐观的态度。当然这样的庞大的共享体系计划，将会出现建设和发展中的诸多问题，单靠哪一个图书馆是不可能得到解决的，不排除纯商业化运作出现的可能性，毕竟这里有上千万的用户群体，而且是中国素质最高的一个用户群体。在更加遥远的图书馆理想中，如果构建成功这样的图联体系，形成全新的知识服务产业，那么以"知识搜索与服务"的概念，才有可能逐步在与百度、谷歌、雅虎等的"信息搜索"的竞争中占有一席之地。

三、从资源共享到服务共享

有学者说，资源共享的终极目标是"任何用户在任何时候、任何地点均可以获得任何图书馆的任何资源"；有学者说，数字图书馆的灵魂在于对用户行为习惯的把握；更有学者说，数字图书馆所要解决的问题是在网络世界中做好文献服务的同时，还要坚持图书馆的"人文精神"与"服务传统"；从资源共享到服务共享是图书馆共享理念的进步与发展，资源共享是服务共享的物质基础；服务共享是资源共享的未来发展趋向，更是资源共享所要达到的理想目标。

（一）资源共享是服务共享的物质基础

目前文献资源共享是目前图书馆行业广泛实践着的共享模式，其基础是图书馆联合书目，以实现"共知"，在此基础上实现文献的馆际互借等，也就是"共享"。2000 年以来，我国信息资源共享体系的发展已经较为成熟，颇具规模。各级各类图书馆参与的文献共享体系，如中国高等教育文献保障体系 CALIS、国家科技图书文献中心 NSTL、江苏省高等教育文献保障体系 JALIS、广东图书馆文献资源共建共享等一批资源共享体系项目，建设了大量的专题特色数据库、联合目录数据库、学科导航数据库等，还有互联网的开放资源、读者共享的资源，都为服务共享提供了强大资源保障。随着现代化技术的发展，图书馆的基础设施和设备也在不断改进，高性能服务器、计算机、海量磁盘阵列等，全国纷纷建设了各类的资源共享平台，如吉林省高等教育优质教育教学资源共享服务平台、北京高校网络图书馆、天津市高校数字化图书馆等，实现了联合书目、数字资源检索下载、文献传递、馆际互借、参考咨询等服务，为服务共享的实践打好了坚实的基础；制度法规方面，2005 年 7 月 50 多所高校图书馆馆长在武汉联合签署发表的图书馆合作与信息共享武汉宣言（简称"武汉宣言"），国家发布的《普通高校图书馆规程（修订）》《中国图书馆馆员职业道德准则》《全国文献信资源共享倡议书》等有关文献制度等，为我国图书馆信息资源的网络合作与资源共享提供了依据。此外，随着网络技术、博弈论、HTTP 隧道技术、经济学原理等一系列技术的引入研究，资源共享也变得愈发成熟。资源共享在资源、设备、人才、技术等方面为服务共享打下了基础，也在制度、法规、标准、模式等方面为服务共享探明了道路。

（二）服务共享是资源共享的未来发展趋向

（1）图书馆服务革新的需要

随着数字图书馆的发展，原有的建设和发展模式显然不能满足时代的需求，Google、Baidu 逐渐渗入图书馆的文献服务领域，在诸多方面使图书馆行业陷入尴尬的处境。图书馆正逐渐认识到整个行业需要真正的革新，图书馆 2.0 的理念应运而生。如果说图书馆 1.0 是文献的时代，那么图书馆 2.0 就是读者的时代，这与知识经济时代一样，谁拥有用户谁就拥有了全部，这是现代图书馆的核心价值观，图书馆应超越文献资源的关注点，而更加以读者的诉求为核心，因为"资源有限、服务无限！存取有限、获取无限！"各个图书馆构建基于读者的服务共享体系，替代原来的基于文献的资源共享，是图书馆事业取得发展的必由之路。

（2）资源共享的目标所决定

20 世纪 70 年代，美国图书馆学家肯特提出了"资源共享"的两个目标：一是在获得更多的资料和服务方面，对图书馆用户产生积极的效果；二是在用更少的花费提供同等水平的服务，用同等的花费提供更多的服务，或者用比过去更少的花费提供比现在更多的服务方面，对图书馆预算产生积极的效果。这两点分别强调了"服务"的多、好、优。显而易见，"资源共享"目标与服务不可分割。马费成等在《信息资源管理》中提到"资源共享的目的在于使每个组织和个人都能够在一定范围内最大限度地利用信息资源"，突出强调了"最大限度地利用信息资源"；程焕文教授在《信息资源共享》中提到"信息资源共享的最终目标是：任何用户（Any User）在任何时候（Anytime）、任何地点（Anywhere），均可以获得任何图书馆（Any Library）提供的任何信息资源（Any Information Re‑souce），这是一种梦寐以求的崇高理想"。可见,"资源共享"的发展始终是以"分享资源,提供更好服务"为其宗旨。如果说,20世纪的"资源共享"是文献、信息资源的共享,限于图书馆之间纸本文献的互惠互借、协调采购等,而21世纪的"资源共享"则是打破地域限制、超越时空约束,追求"泛在化"的资源大共享,注重用户的资源获取与利用,侧重于服务的共享。

(3)SOA技术支撑

数字时代,图书馆的核心竞争力已转移到文献信息资源服务与共享方面。在信息技术领域,面向服务的SOA体系结构(Service – Oriented Archi – tecture)将应用程序的不同服务,通过这些服务之间定义好的接口和契约联系起来,而构成以用户需求为核心的服务体系。最近几年,图书馆领域基于SOA的服务共享的研究也已经崭露头角,如唐小新的《SOA在高校图书馆采访系统中的应用探索》,周全明、吴延凤的《基于SOA的校际资源共享研究》,刘雪艳等的《基于SOA的电子化服务共享及实施》等学术论文,集中研究区域资源共享、数字资源整合、信息服务架构模式、信息共享平台等几个方面。从通俗的概念层面上说,SOA技术最终使得系统中不同的服务变得"伸手可触",这为图书馆为用户提供高效、快速、便捷的服务共享提供了强有力的支撑。

(三)管理信息系统开始向服务型平台转型

图书馆服务的支撑是信息化建设,尤其是在当前互联网时代,这几年来,随着对服务的日益重视,图书馆信息化平台也开始发生转型,这为实现服务共享体系的平台建设奠定了基础。

图书馆是最早推进信息化的行业之一,随着文献资源数字化的逐步完善,开始在互联网和移动互联网的背景下探索文献服务升级和转型,这也就促使了图书馆管理信息系统必须由以"书"为核心的管理体系,转变为以"人"为核心的服务体系。与此同时,大数据、可穿戴移动设备、云计算、关联数据等新技术日益成熟和被读者接受,推动着图书馆的转型和对传统服务的颠覆,读者对图书馆的管理与服务要求不断提高,如数据分析、知识管理和流动、社交功能等,这也促使支撑管理和服务体系的图书馆管理信息系统必须尽快开展升级改造行动。

(1)图书馆管理信息系统的发展趋势

对于图书馆系统的发展趋势,有学者认为情景感知是下一代数字图书馆的核心概念,并从基于情景感知的数字图书馆系统构架分为情景信息层、情景感知环境层及情景感知服务层。从技术层面讲,下一代图书馆理应更好地适应图书馆的复合型资源发展和服务进程。国外对下一代图书馆自动化系统进行了开发应用，如 Alma、Sierra、Open Skies 等系统，但其同样面临着图书馆多变的服务需求，以及安全性、兼容性、标准化等技术方面的挑战。国内开展的未来图书馆研究主要集中在基于 RFID 技术、SoLo-Mo 技术的智慧图书馆研究、移动图书馆的智慧及数字图书馆、图书馆 2.0 与智慧图书馆的区别等方面，如借鉴最新互联网应用模式 SoLoMo 理念，构建智慧自助图书馆服务架构和移动应用框架，或者对可穿戴移动设备在图书馆中的应用前景进行了探讨，RFID 技术在高校图书馆中也开展了大量的研究和应用实践。2015 年 1 月，在日本国立国会图书馆举办的"面向数字文化资源的信息架构：欧洲数字图书馆（Europeana）与国立国会图书馆的检索"研讨会中的一个关键词之一是"平台化"，认为未来将面向借阅的目录门户发展为面向信息交流的开放平台，即将馆内馆外的各种资源融合为一体。吴建中先生也认为，构建平台化的图书馆系统，让知识流动起来，释放数据，同时让数据与其他数据关联起来，形成一个开放、关联的网络将成为发展的趋势。这些观点得到国内专家的认可，因此向服务"平台化"转型应成为下一代图书馆管理系统的发展趋势。

（2）新形势下图书馆管理系统存在的主要问题

1）顶层设计与规划不充分。从国内图书馆行业的实践来看，对于图书馆管理系统的顶层设计与规划还不够充分。以大学图书馆为例，其在学校信息化的角色仍处于文献支撑的范畴，普遍游离于大学教学、科研的核心流程之外，也就很难纳入大学流程再造计划中。其一，图书馆没能有效纳入大学的学术评价体系中，对科研过程和科研管理缺乏直接的文献数据支持；其二，作为知识仓库的图书馆，未能有效地将文献服务和数据推送到人才培养的过程中；其三，面对层出不穷的新技术，如何纳入管理和服务体系中，缺乏有效的研发和推广机制。

2）下一代管理系统的标准化体系不够完善。从图书馆自身信息化建设来看，存在缺乏业务流程的互操作标准体系、对图书馆的服务整合不够等问题，如果开展下一代管理信息系统建设，需完善相关的标准化体系。

3）信息化的深度和广度不够。在深度方面，图书馆管理系统还没有形成基于数据分析的业务管理和文献服务机制，决策系统的使用较少。在广度方面，下一代管理系统应实现整合的全面信息管理，但目前还有很多业务没有通过信息化进行管理控制，主要是非读者服务部门的业务。

（3）下一代图书馆管理系统的基本特征

平台化转型是下一代图书馆的发展趋势，其基本特征主要体现在以下三个关键词中。

1）平台化。系统架构是实现各种管理和服务的前提，下一代图书馆应紧密围绕"资源"和"服务"两个核心的整合进行平台化架构。资源平台和服务平台需要同时构建在移动互联网和互联网这两大基础平台上，广泛采用新技术满足和推动图书馆的资源建设与服务。例如，利用感知技术更好了解学术研究的需求，主动推送必要的学术信息；利用互联技术，将孤立的信息孤岛连接起来，拓宽学术研究的信息覆盖度；利用智能技术，对互联技术下的大数据进行分析、处理、建模、预测，为学术研究指明方向，并验证结果。

2）整合。服务是图书馆的核心，资源是图书馆的基础。不论传统的图书馆服务和纸本文献资源，还是基于移动网络的图书馆新服务和数字化资源，这些都是下一代图书馆共同的核心与基础。将服务与资源高度整合，方可消除读者利用障碍。整合馆内外的各种资源，方可将图书馆变为知识信息的集散地。下一代图书馆的资源管理和服务管理在实际工作中是相辅相成、互相制约而不可分离的，它们的不断变化和发展推动了图书馆的发展。

3）新技术。技术始终体现了它在图书馆发展历史中的重要性和基础性地位，下一代图书馆需要也必须采用更多的新技术对其服务和资源进行支持，除了提高工作效率和能力，也能促使读者更加关注图书馆服务。包括手机短信、邮件、微博、微信、社交网络、游戏式学习、3D 打印机、体感技术、二维码、信息交互终端、微电影、慕课（Mooc）等。在图书馆自身的服务中，合理的流程设计、决策分析、数据挖掘、知识发现等也需要新技术作为技术保障，可以说新技术是实现图书馆系统向平台化转型的根本保障。

（4）实证：重庆大学下一代图书馆管理系统的实践

下一代图书馆系统是图书馆建设和发展的基础，在信息时代，一个图书馆的服务理念、管理和服务水平都能体现在图书馆系统建设中。重庆大学一直非常重视系统建设和发展，2007 年 10 月率先启用图书馆 2.0 思想的系统，根据几年的运行和发展经验，认为下一代图书馆系统的核心是平台化，以整合的文献搜索为基础，利用大量的新技术，实现管理和服务的全面信息化。项目于 2014 年 5 月立项，计划通过 3 年完成研发和使用。

1）软件体系架构的规划

软件体系系统架构采用四层架构，分别为用户层、服务与管理层、资源层、评价与分析层（数据服务层）。用户层是用户和服务与管理层的应用接口，是下一代图书馆管理系统的系统入口。服务与管理层是用户层和数据层之间连接的桥梁，也是下一代图书馆管理系统的重要组成。资源层是下一代图书馆管理系统的文献数据仓库，为图书馆的资源服务提供了基础保障。评价与分析层是下一代图书馆管理系统的智能头脑，利用数据服务的理论和经验，帮助实现图书馆的智能决策。

①用户层。主要包括统一身份认证和用户管理系统，方便读者进入图书馆各个系统，免去多次登录的麻烦。将提供开放的统一认证模块，实现异构系统与平台的用户单点登录、统一安全控制与审计等功能，是实现业务整合、统一管理的关键。

②服务与管理层。服务与管理层实现图书馆的全面管理，致力于将图书馆的各类管理工作全面信息化，除了纸质图书的流转，还应包括图书馆管理的方方面面，如人力资源、资产与设备、文献服务等，并有合理的业务流程。同时为读者搭建知识社区，实现读者与图书馆的交互，读者之间的交互，提供各种相关应用系统，搭建完整的文献服务网络化平台，包括馆藏导读系统、公共门户系统、总服务台、我的书斋（SNS 读者社区）、用户信息推送系统、电子资源管理系统、校友云服务中心等应用系统。

③资源层。资源层是图书馆的文献资源中心，致力于整合图书馆的全部文献资源，包括新一代 OPAC、数字资源和自建资源等。OPAC 系统将升级为传统文献和数字化文献资源整合的搜索服务，并整合各类图书馆服务的全新搜索系统。具体包括知识发现系统、文献资源管理平台、机构知识库、重大影像和随书光盘系统 5 大系统平台。

④评价与分析层（数据服务层）。评价与分析层主要实现数据的挖掘与分析，主要包括决策系统、馆藏评价系统、科研评价与分析系统、计量分析系统和读者行为分析系统。数据服务有对外（读者）与对内（馆员）两个方向，有信息数据与业务数据两个维度，信息数据的对外是关联数据服务、读者信息行为分析等，如借阅账单、毕业季信息汇集等；对内是业务数据为核心，在数据仓库的基础上构建各种分析模型，评价图书馆的馆藏体系，分析读者的用户行为，支撑图书馆的服务决策和运行管理。

2）移动互联网平台和 PC 平台

作为下一代图书馆管理系统的重要升级，就是不仅要支持 PC 终端访问，同时要很好地支持移动终端的访问，因此除了进一步完善 PC 平台的门户，将重点搭建移动互联网的服务平台，如 APP 平台、微信平台、响应式门户网站平台等。

3）标准化的系统接口池

作为一个开放的平台化系统，会有大量的与其他应用系统之间的数据交换需求，为进一步规范接口的使用，提高数据交换效率，提出构建标准的接口池，使需要接入图书馆认证系统的、集成图书馆数据的外部系统，通过标准的、统一的、通用的接口获取数据，解决接口众多、功能重复、难以监控和管理的问题。前提是梳理图书馆现有的系统接口，整理最常用的接口列表，重新规划这些接口的类型、参数和返回值，关闭功能重复的接口，开发标准的、统一的、通用的接口，并提供完整的接口调用说明文档。

4）重点发展的业务管理系统

为实现服务"平台化"的建设需求，系统将重点建设一些新业务系统，如构建虚拟化的一站式服务平台，为读者提供网络环境下的一站式服务办理；用户信息推送系统将利用数据分析，智能地提供包括邮件、短信和站内信三种方式的信息推送功能，变被动服务为主动服务；决策系统将通过对图书馆运行的相关数据进行有效分析，根据提取出的数据特征对运行情况进行有效地监控，细致地把握图书馆的应用需求，为管理决策提供有效支持；馆藏评价系统是对文献采集和入藏情况、馆藏满足读者需求情况及馆藏物理状态等进行调查研究并做出评价的过程，同时利用读者行为分析为读者提供个性化服务。

（5）问题与展望

1）快速更迭的新技术与图书馆服务推广的矛盾

随着信息技术的爆炸式发展，新技术不断涌现，而图书馆的服务一般具有延展性、继承性和稳定性。技术的快速更迭和采用，对图书馆服务推广存在着冲击，使图书馆的服务在不断面临新技术带来革新的同时，又因为馆员素质、硬件结果、读者接受程度等使其服务推广受到制约。

2）如何通过技术手段推动读者阅读

全民阅读是当前文化建设的重要举措，只有让阅读变得触手可及，才能更好地创造全民阅读的氛围和环境。下一代图书馆如何利用新技术，将阅读推送到读者面前，最大限度地降低读者阅读障碍，是图书馆转型过程中需要思考和解决的问题。

综上所述，通过下一代图书馆管理系统的平台化研究和建设，可以有效提升图书馆流程化管理和精细化管理水平，通过文献搜索或知识发现系统整合传统文献资源和数字资源，通过全面信息化系统拓展管理和服务能力，采用数据服务的方式实现各系统的智能化、个性化，将极大地方便读者，在提升图书馆系统开放性的同时，为图书馆服务共享搭建坚实的技术基础平台，也就有效提高了图书馆的服务水平和社会影响力。

▶ 第六章

科技查新的创新服务

~~~~~~

　　科技查新是以科研立项、科技评估、成果鉴定等科研和科技管理活动为主要对象的科技信息咨询服务工作，它以信息资源为基础，以信息检索为基本手段，以文献内容的对比分析为主要方法，以项目或成果内容的新颖性判断为核心任务，在科技资源合理配置中起着"把关人"的作用，是我国科技咨询服务体系和科技管理体系的重要组成部分。在建设国家创新体系的过程中，随着国家对科技创新的投入不断增加，科技创新的规模不断扩大，科技查新工作的重要性日益凸显。

　　我国的科技查新工作最早在医药卫生和国防科技领域开展。1990年以后，原国家科委、教育部等部门陆续开展了科技查新机构认定和科技查新工作管理办法制定工作，2000年，国家科技部颁布了《科技查新机构管理办法》和《科技查新规范》，标志着我国的科技查新工作逐渐步入了法制化的轨道。随后，在科技情报事业改革的过程中，国家科技部在2003年取消了对科技查新机构的资质认定和行政审批，我国的科技查新工作步入了社会化管理的时期，这给科技查新机构的规范化管理和查新工作的质量带来了一定的挑战。

　　在科技查新工作的发展过程中，我国学者不断探索科技创新的信息需求特征，科技查新的原理，工具、方法和手段，科技查新工作的管理措施等，取得了丰硕的研究成果，为促进科技查新行业的发展做出了卓越的贡献。近几年来，查新环境的变化给科技查新工作带来了挑战，比如：信息传播渠道的多样化增加了科学技术内容新颖性判断的复杂性；学科之间的交叉重复对科技查新人员的学科专业知识储备提出了更高的要求；科技信息资源的垄断对查新机构的资源建设提出了挑战，等等。

面对管理体制的改革和查新环境的变化，如何在新时期继续推动科技查新工作的创新发展，高效发挥其在科技创新活动中的咨询服务功能，是学术界和科技查新实践工作者都应该探索的问题。但是，从目前来看，已有研究成果并不能为解决查新工作面临的一些本质问题提供有效的解决方案。

为此，我们组织了 4 篇文章，试图从查新行业、查新机构和查新工作本身人手，对科技查新的理论和实践进行研究，希望能够对科技查新更好地充当科技创新活动的"把关人"角色起到一定的推动作用。其中：《科技查新行业发展现状及面临的问题分析》指出了当前科技查新工作在行业管理、业务分布、队伍建设、查新报告质量方面存在的问题，提出了促进科技查新行业发展可采取的措施；《科技查新机构评价指标体系研究》通过问卷调查和专家调研，构建了由文献资源等七大类指标构成的科技查新机构评价指标体系；《科技查新机构服务于科技创新的思考》和《高校科技创新活动中的科技查新工作》属于案例研究，分别介绍了北京市科学技术情报研究所和教育部系统的科技查新工作。

第一节　科技查新现状分析

一、引言

科技查新是一项以科研活动和科技管理为服务对象，以科技文献资源为基础，以信息检索和分析研究为手段，为查证科学技术内容的新颖性提供服务的工作。科技查新工作的作用贯穿了科技创新的整个过程，是科技管理活动中进行创新评估的重要手段。伴随着科技创新活动的发展，我国的科技查新行业不断壮大，科技查新工作已经成为我国科技决策科学化的一个有效支持系统，为科技创新资源的优化配置做出了重要贡献。

为了提升自主创新能力，建设创新型国家，我国对科技创新的投入不断增加。为了保证科技创新投入的合理分配，提升科技创新资源的使用效率，需要从科技立项、过程控制、项目验收和成果鉴定等多个环节对创新活动进行控制，这给科技查新工作提出了更高的要求。但是，从目前的发展来看，我国的科技查新工作在机构分布、行业管理、人员素质、报告质量等方面还存在一定的问题，与科技创新发展的要求还存在一定的差距。本文将在深入分析我国科技查新发展现状及其面临的问题的基础上，提出促进整个查新行业发展的合理化建议。

二、科技查新行业的发展现状

我国的科技查新工作开始于 1985 年，最初在医药卫生和国防科工领域开展，随后，原国家科委（现为科技部）逐渐开始推动科技查新行业的发展，并加强对科技查新工作的规范化管理。比如，原国家科委于 1990 年 10 月印发了《关于推荐第一批查新咨询科技立项及成果管理的情报检索单位的通知》，授权 11 家文献信息单位为一级查新单位，又于 1992 年拟定了《科技查新咨询工作管理办法》，并起草了《科技查新咨询工作管理办法实施细则》。在经过长时间的查新实践和管理摸索之后，科学技术部于 2000 年 12 月发布了《科技查新机构管理办法》和《科技查新规范》（国科发计字［2000］544 号），自 2001 年 1 月 1 日起施行，标志着我国科技查新工作逐步步入法制化的轨道。

1. 科技查新机构的管理系统

在科技查新工作的发展过程中，各级科技管理部门、教育部、卫生部、农业部等国务院职能部门以及中国科学院、国家地震局等国务院直属事业单位出于服务于本部门科技创新管理工作的需要，从各自的专业角度出发，都纷纷开展了科技查新机构认定工作。据国家科学技术奖励工作办公室对全国科技查新机构的调查数据（不完全统计）显示，截止到 2001 年 6 月，全国通过各级科技行政部门认定的查新机构共有 300 多家（不包括港、澳、台地区）。如表 6 - 1 所示：

表 6 - 1　我国各部门科技查新机构的分布

认定部门	数量（家）
各科委	64
各科技厅	42
国家部委	57
省电力工业局	17
电力公司	13
省卫生厅	6
中国科学院	3

续表

认定部门	数量（家）
国家中医药管理局	2
奖励办	2
其他机构	15
	其余查新机构的认定部门未知

可以看出，我国的科技查新机构主要分布在各地的科委、科技厅系统，国家部委次之，这一方面体现了国家科技管理工作对科技查新工作的需求；另一方面也能够使科技查新工作更好地为科技管理工作提供服务。

2. 科技查新机构的地区和查新数量分布

通常情况下，科技查新机构以本地的科研和科技管理活动为服务对象，查新咨询工作具有比较强的地域性。根据可以统计的信息显示，部分查新机构的地域分布以及历年来查新项目数量的分布见表6-2。

表6-2　科技查新机构和查新数量分布

所在地区	机构数量（家）	平均每家年均受理量（项）
河北省	3	347.67
广东省	7	285
黑龙江省	7	239.57
上海市	9	236.11
甘肃省	5	230
山西省	2	225
辽宁省	7	210.86
河南省	7	210.29
浙江省	11	202.64
山东省	5	197
江西省	6	164.83
安徽省	7	154.43
江苏省	17	153.53
福建省	4	128.75
贵州省	4	126.25
湖北省	13	123.92

续表

所在地区	机构数量（家）	平均每家年均受理量（项）
云南省	3	121
吉林省	4	116.75
北京市	36	114.39
内蒙古自治区	4	113.25
广西自治区	17	97.29
四川省	11	96.73
天津市	5	88.6
湖南省	5	87
宁夏自治区	3	68.33
新疆自治区	4	67.25
海南省	2	67
陕西省	12	63.33
重庆市	3	26.67
青海省	3	25
西藏自治区	2	12.5
总体	228	142.80

科技查新机构的地区和查新数量分布是由一个地区的科研和科技管理需求决定的，同时，又能在一定程度上反映各地科技查新工作服务于本地科技活动的能力。当这种地域性的差别超过一定范围时，将影响本地科技创新活动的发展，这就需要借助查新管理部门的宏观调控来实现各地查新工作的均衡。

3. 教育部系统科技查新工作现状

2003 年 2 月 27 日，国务院颁布的"国务院关于取消第二批行政审批项目和改变一批行政审批项目管理方式的决定"，取消了 406 项行政审批项目，其中第 26 项为"科技查新机构业务资质认定"。此后，科技查新机构业务资质认定和科技查新业务培训不再属于行政管理范畴。但是，为了保证科技查新工作为高校科技查新的支撑作用，教育部还持续开展了高校科技查新工作站的认定。到目前为止，教育部已经分 4 批完成了 67 所科技查新工作站的认定，教育部部级查新机构的年检数据从一个侧面为我们提供了我国查新机构近年的发展状况。

表 6 – 3　教育部部级科技查新工作站查新项目情况

年度	机构数量（家）	完成查新（项）	平均完成查新（项）
2004	29		
2005	43	8 732	203
2006	43	11 088	258
2007	57	17 536	308
2008	57	22 265	391
2009	67	2009 年认定，无统计	

数据来源：教育部科技发展中心．教育部部级查新机构年检通报（2004—2007）．http：//www. cutech. edu. cn/cn/index. htm［2008 – 11 –04］．

从表 3 的数据可以看出，在查新站数量增长的同时，查新机构年均完成的查新项目数量也保持了持续的增长。这说明高校（包含高校以外的单位）科技创新活动对查新工作的需求量还处在不断上升的趋势，科技查新工作的重要性日显突出。

为了加强对教育部科技查新工作的规范化管理，教育部还制定了《教育部科技查新机构管理办法》，并于 2004 年 4 月 13 日发布了《关于进一步规范教育部科技查新机构工作的意见》，对科技查新机构资质的认定和管理等方面的规则做了明确的规定。同时，还通过年检、查新员、查新审核员培训等多种途径保证科技查新工作的质量。

三、科技查新行业发展中面临的问题

经过近 20 多年的发展，科技查新工作在我国的科技创新活动中发挥着越来越重要的支持作用，并逐步形成了严格的管理制度和工作规范。但由于查新机构的认定和管理部门不一致，查新人员质量良莠不齐，查新机构在管理规范、服务理念上的差异，从整体上来说，科技查新的发展仍面临着一些问题。

1. 科技查新行业缺乏统一管理和引导

从表 1 可以看出，我国的科技查新机构认定部门多达 10 多个，不同部门对科技查新机构的管理从总体上遵循科技部颁发的《科技查新机构管理办法》和《科技查新规范》，同时，又根据部门自身的特征制定了相应的管理办法。各部门对科技查新机构的认定标准、管理细则、人员水平等要求的不一致，导致了我国科技查新行业的发展缺乏统一的指导。特别是国家取消对科技查新机构的行政审批之后，科技查新行业实际上处于自由发展的状态，查新机构的权威性无法认定，查新质量无法保障。管理的分散导致我国科技查新行业的发展缺乏统一规划和布局，从而无法体现整个行业的合力，限制了科技查新工作在科技创新活动中的作用的发挥。

2. 科技查新业务量分布不均衡

由表6-1中可以看出，截止到2001年6月，我国31个省、市、自治区、直辖市（除港、澳、台外），都设有查新机构，其中北京查新机构最多，共36家；其次是江苏和广西，各17家，而查新机构最少的青海和西藏地区，分别只有3家和2家。全国平均每家查新机构的年均受理量为142.80项，其中13个省市地区的平均每家查新机构年均受理量在全国平均水平之上。河北、广东、黑龙江三省的平均每家机构年均受理量分别为347.67项、285项和239.67项，分居前3位，远远高于全国平均水平。重庆、青海和西藏则居于最后3位，仅为26.67项、25项和12.50项，远远低于全国平均水平。总体来说，经济发达、科技文化水平较高的地区，拥有的查新机构和完成的查新项目数量更多。显然，这是查新需求拉动的结果，经济发达、科技文化水平较高的地区，对科技创新和科技查新的需求更高。但这种地区分布不均的现象将会对经济和科技发展本来就落后地区的科研工作带来更为不利的影响，不利于我国西部发展战略的实施。

3. 查新报告质量控制机制不完善

查新报告是科技查新项目的最终成果，是查新机构交付给查新委托人的最终产品，是科技查新的作用和意义的直观体现。查新报告的质量不佳，将影响查新委托人和科技管理人员对查新项目科学技术内容新颖性的判断，误导科研活动与科技管理决策。

根据文献研究以及对部分机构查新报告的分析，笔者发现部分机构的查新报告在报告格式、内容描述、查新结论表达等方面还存在较大问题，比如：查新报告格式过于简单，与《科技查新规范》中的规定不一致；查新报告数据的采集缺乏全面性，查新结论的描述缺乏专指度和深度；查新项目创新点的提炼、文献对比分析的内容与项目的科学技术内容不一致；查新报告用词缺乏规范性等。

查新报告质量良莠不齐的主要原因在于缺乏对查新报告的质量控制机制和评估准则。《科技查新规范》中虽然对查新程序和查新报告的内容做出了详细的规定，但由于整个查新流程和每个步骤的工作都依赖于查新人员的智力劳动，而且这种智力劳动分布在所有的学科和研究领域中，当前还没有形成一种有效的手段来控制查新报告的质量，也没有建立一套行之有效的评估准则。

4. 查新队伍的建设有待加强

《科技查新规范》对于基本术语"查新人员"解释为："是指参与查新工作的人

员，包括查新员、审核员及其他工作人员。"其中查新员和审核员是查新人员的主体。对于查新员和审核员应具备的基本条件，在《科技查新规范》中也有明确规定，包括其法律意识、道德修养、查新资格、业务知识、业务能力、职称、学历、工作经验等多方面。在实际查新工作中，科技查新要求工作人员必须有较高的综合业务素质，包括查新中应用到的相关专业知识背景、情报检索的实践能力、查阅外文文献的外语认知能力、计算机的应用能力、语言文字的表达能力及信息情报检索和分析等能力。这些能力整合起来就是准确查新，出具一份专业、严谨、公正的科技查新报告的能力。另外，查新人员是查新工作的具体实施者，除了应具有以上提到的这些业务能力，还应具有良好的职业道德、敬业精神以及较好的语言沟通和理解能力等。

目前，由于查新机构的认定和管理还比较分散，仍有一些查新机构不重视人员的业务培训和考核，查新人员知识结构不尽合理，不熟悉新学科、新领域的发展趋势及进展情况，信息分析能力不高。对整个科技查新行业来说，由于人员流动量大，工作经验积累困难，高素质复合型人才仍严重缺乏。

四、促进科技查新行业发展的措施

科技查新工作是我国科技创新管理的重要支撑手段，为了促进我国科技查新行业的健康可持续发展，以更好的服务于科研活动和科技管理活动，笔者认为需要从以下方面人手促进整个查新行业的发展。

1. 加强规范化管理和统一布局

科技查新机构管理的分散以及业务量的不均衡，限制了我国科技查新行业整体效能的发挥。为了充分发挥科技查新工作在科技创新资源配置中的把关作用，促进查新行业的健康可持续发展，首先需要从行业管理体制和机制人手，严格推进对《科技查新机构管理办法》、《科技查新规范》等管理办法的实施。同时，需要对全国的科技查新需求进行摸底调研，统一规划科技查新机构的区域布局，以适应科技创新活动对查新工作的需求，避免科技查新行业的无序竞争。

2. 加强查新队伍的建设和管理

查新队伍是科技查新行业发展的根本。随着科学研究的交叉渗透，新兴学科的不断产生以及科技信息资源检索途径和工具的不断演进，科技查新人员的查新技能面临着日益严峻的挑战。为了促进查新行业的可持续发展，需要加强对查新队伍的建设和管理。具体来说，需要建立规范的查新人员培训和考核制度，要求查新人员接受学科知识、信息检索、文献分析等方面的培训，并通过严格的考核，持证上岗。同时，还需要加强查新人员之间的交流和相互学习，这可以通过举办查新研讨会、组建科技查新行业协会等多种途径来实现。

3. 加强对电子科技信息资源的综合发掘和利用

电子科技信息资源，包括各种文献库、数据库、专利库等，是当前科技查新中使用最广泛的查新资源，各查新机构在电子信息资源上的投入也在不断的增长。但电子信息资源种类繁多，质量也良莠不齐，如何有效的甄别、选择合适的电子信息资源，保证查新检索结果的全面、正确和有效，是一个重要的问题。随着电子科技信息资源数量的增加，有限的资源建设经费也限制了查新机构资源建设的完整性，从而可能影响查新的质量。面对这些问题，一方面需要由信息资源建设专业人士和学科专业人员联手加强对电子科技信息资源质量的评价；另一方面还需要加强对网络免费信息资源的发掘和利用。只有从资源的质量和数量入手，才能为查新工作的质量提供基础保障。

4. 加强科技查新用户满意度建设

科技查新是一项服务性的工作，用户满意度是查新行业可持续发展的直接决定因素。只有为用户提供满意的服务，查新机构才能获取源源不断的查新项目，才能体现存在的价值。作为创新评价中的第三方机构，科技查新的用户同时包含了科技查新项目的委托人和科技管理人员。为了加强用户满意度建设，查新机构不但需要不断在服务态度、查新专业技能等方面下功夫，以获取查新委托人员的满意，还需要坚守客观的科技查新立场，保证查新工作的客观性和公正性，以获取科技管理者的满意。

5. 建立查新用户反馈机制

为了保证查新的质量．提升查新报告的质量是关键。为此，学术界和查新实践人员都不断探索通过查新报告质量评估来促进其质量的提升。查新报告质量评估是从事后评估的角度来保证查新报告的质量，可以促进查新机构和查新人员不断提高工作质量。查新报告的最终用户是查新委托人和科技管理者，而且由于科技信息发布的滞后性和查新报告的时效性，只有查新用户在消化和使用查新报告的过程中，才能获得对查新报告质量最准确的认识。因此，可以通过建立一种查新用户的反馈机制，搜集查新用户对查新报告的质量反馈，通过对质量反馈结果的综合分析，来获得对查新机构或查新人员的查新报告质量评估。

6. 开展科技信息增值服务

经过20多年的发展，我国科技查新行业积累了大量的科技信息资源，大批的信息咨询服务专业人员，形成了别具特色的科技信息服务能力。随着科技信息服务市场化的逐步推进，科技查新机构要获得可持续的发展，必须深入挖掘自身在科技信息资源和专业技能等方面的优势，积极开展多种形式的科技信息增值服务，充分发挥科技查新行业的服务能力和潜力，更好地服务于我国的科技创新活动。

五、结　语

我国的科技查新工作经过 20 多年的发展，已经取得了长足的进步和丰硕的成果，为我国的科技创新活动提供了极大的支持。但是，科技查新工作在行业管理、人才建设等方面仍然存在着一些重大的问题。本文对这些问题进行了深入剖析，并提出了一些促进整个行业发展的措施，希望有助于推动我国科技查新事业的健康可持续发展。

第二节　科技查新评价指标体系研究

一、前　言

科技查新是指查新机构根据查新委托人提供的需要查证其新颖性的科学技术内容，按照《科技查新规范》操作，并做出结论。其中，新颖性的判定是科技查新工作的核心任务，它是指在查新委托日以前查新项目的科学技术内容部分或者全部没有在国内外出版物上公开发表过。科技查新是在我国科技管理体制改革的过程中诞生、成长并发展起来的信息咨询活动，它在科技立项和验收、科技成果的鉴定和评价、科技奖励评定、技术引进等科技活动中扮演着"把关人"的角色，为促进我国科技资源的合理配置起到了重要的作用。20 多年来，我国的科技查新工作不断发展，科技查新机构不断增加。仅教育部系统的科技查新站已经达到 67 家（包括 2009 年认定的第四批科技查新站 10 家），2007 年已完成查新项目 17 536 项。应该说，科技查新工作为我国的科技管理事业做出了巨大贡献。但是，还应当看到，我国的科技查新机构分属于不同的管理系统，不同系统对科技查新机构的认定标准、考核要素和管理办法等都各不相同，这从客观上导致了各查新机构的质量参差不齐，不利于整个科技查新行业的发展。本文将本着促进科技查新事业发展的出发点，对科技查新机构的评价指标体系进行研究。

二、科技查新机构评价研究的现状和意义

科技查新机构是科技查新业务的承担者，它凭借自己所拥有的专业人力资源、信息资源、设备资源等实施科技查新活动，科技查新机构水平的高低直接决定了科技查新质量的好坏，也间接影响着科研活动和科技管理活动的效果和效率。因此，规范并引导科技查新机构的发展是促进科技查新活动发挥最大效益的重要前提。设计合理的指标体系并对科技查新机构进行评价，能够为科技查新机构的发展树立一个标杆，辅助它们有针对性地发现并改进自身存在的问题，进而促进科技查新咨询行业的发展。

1. 我国科技查新机构评价研究现状

科技查新的最终结果体现为查新报告，科技查新的质量也主要通过查新报告体现出来。因此，对科技查新报告的评价成为了相关评价研究的重点。比如，姚宝卿提出了由检索技术水平、检索文献的选用水平、文献分析水平和报告撰写水平组成的科技成果查新报告质量评价体系；杨传瑞构建了由文献检索质量和报告质量构成的查新咨询质量体系，其中，报告质量由对比分析质量、结论质量和表述质量构成；张凌等人则研究了利用查新工作过程中各参数、指标之间的相关性来评估查新报告总体质量的方法。应当注意的是．查新报告的结构能够在一定程度上规范查新工作的实施，但是查新报告的内容仅是某一次查新结果的反映，很难从根本上反映一个单位的查新水平，对查新报告的评价也就很难推动整个查新质量的提升。因此，只有从查新机构的角度入手进行评价，才能从根本上推动查新的发展。

对于科技查新机构的评价，目前的研究集中在两个方面。一方面是对科技查新质量影响因素的研究，这类研究从查新工作本身的质量入手，探讨了查新质量的决定因素，比如杨锦春研究了文献支持条件、检索手段、查新人员的素质、查新用户配合、文献检索、报告撰写、报告审核等影响查新质量的因素及存在的问题。同类研究已经超出了对查新报告和检索结果的评价，逐渐扩散到了相关的支持条件。另一方面是对查新机构评价指标体系的研究。但是，从科技查新机构本身的软、硬件条件，以及工作成效入手建立的成型的评价指标体系还不多，只有卫生部系统的刘俊立等人基于对医药卫生科技项目查新咨询单位的查新咨询工作现状进行评估，制订了由领导重视程度、人员素质、文献资源、管理、工作效益、科研和奖励七大类指标构成的评估标准，其研究成果的应用范围主要在医药卫生科研和管理领域。

2. 科技查新机构评价的意义

随着科技自主创新战略的实施，我国从中央到地方对科技创新的投入不断增

加，如何保证科技资源取得预期的效果，提高资源的使用效率，是我国科研人员和科技管理者共同关注的主题。科技查新作为一种客观的评估方法，能够在科研立项、中期评估、课题验收、科技成果鉴定和转移等诸多环节为科技管理提供充分的文献支撑，辅助进行科技资源的配置决策。科技查新机构的水平是科技查新结果质量的根本决定因素，对科技查新机构进行评价，有利于引导查新机构不断提升自己的水平，同时，评价结果又能为查新委托人和科技管理机构提供决策依据。

（1）为查新委托人选择查新服务机构提供标准

科技查新的委托人一般是从事科技项目的科研机构或企业，对于科研立项、中期评估、课题验收等相关的查新项目，其主要需求是对项目的新颖性进行评判，防止将科技资源投入到重复的科研项目中，或者对项目的阶段性研究成果进行客观评价，以继续追加投资或者中止项目的执行。为了保证查新的质量，从而提升项目选择和执行的水平，查新委托人必须寻找文献资源丰富、查新队伍强大、查新设备先进的查新机构进行委托查新。对科技查新机构进行评价能够为委托人比较和选择高水平的查新机构提供标准。

（2）为科技管理机构规范和引导查新机构的发展提供参考

随着科技查新机构的增多、查新队伍的日渐庞大以及科技查新活动在科技管理活动中"把关人"角色的日益突出，规范和引导科技查新机构和整个科技查新行业的良性发展，是科技管理机构的一大重要任务。在这个规范和引导的过程中，科技管理机构需要发掘高水平的查新机构，对其优秀的经验加以推广；发现低水平的查新机构，辅助其有针对性地改进查新方法、手段和条件；筛选出不合格的查新机构，推动其整改，甚至将其清除出查新队伍。制定客观的评价标准，对各查新机构进行客观评价，能够从评价指标和整体评价结果两方面为科技管理机构提供参考。

（3）为查新机构发现和改进自身存在的问题提供方向

评价的核心目的不是为了纯粹的管理，而是辅助和推动查新机构和整个查新行业的发展。评价的总体结果能够帮助查新机构认识自己在整个查新行业中所处的位置，客观地认识自己的水平；评价的各项指标能够为查新机构树立发展的标杆，有针对性的发现和改进自身存在的问题。因此，评价对于科技查新机构自身的发展来说更具指导价值。

三、科技查新机构评价指标体系的构建

科技查新机构评价指标是基于对科技查新机构的职能、查新质量的影响因素等

的客观分析而总结和提炼出来的，指标体系的先进性取决于研究方法和思路的合理性。本研究结合理论分析、问卷调查和专家调研等方法对评价指标体系进行了系统调研，并使用层次分析法确立了合理的指标权重分配。

1. 研究方法

为设计出一套合理而又完善的评价指标体系，笔者采用了头脑风暴法、专家调查法等方法进行研究。预先给出一定的评价指标，经专家评议不断补充与完善，逐步形成综合评价指标体系，再采用定量的方法将评价指标进行量化处理，研究思路和方法如下：

- 在理论研究的基础上，确定评价的目标及评价客体的特质，形成研究思路的同时对专家进行预调研。在预调研的基础上采用头脑风暴法分析科技查新机构评价体系的构成，初步确定科技查新机构的评估指标，设计科技查新机构评价指标体系的整体结构。

- 根据预研结果，设置指标体系调查问卷，该问卷中设定了"资源"、"人员"以及"其他"等8个一级指标，"文献"、"数据库"、"期刊"等近30个二级指标以及"文化程度"等若干个三级指标。以此问卷为提纲，对我国科技查新研究专家、查新用户以及查新工作一线的查新人员、管理人员以及审核人员进行调查，广泛地征求意见。通过对调查结果的整理和归纳，确定科技查新机构的评价指标，在对评价要素进行分析的基础上，对各指标的相对重要性形成初步的认识。

- 针对构建的评价指标体系，运用层次分析法，建立层次分析模型，对评价指标的相对重要性进行专家调研和数据分析处理，最后确定了各指标的权重。

2. 调查结果概况

本次调查共回收 52 份问卷，其中有效问卷 46 份。在调查结果中，被调查者给出了一些有价值的修改意见，包括：

- 一级指标"管理情况"中的二级指标"是否具有法人资格"一项，普遍认为这是评价的基本条件，不具有评价意义，建议删除。

- 一级指标"技术设备及经济情况"中的二级指标"局域网"范围过窄，建议改为"国内外网络访问"。

- 一级指标中的"领导支持情况"下无二级指标，建议将其归入一级指标"管理情况"，成为其二级指标。

- 二级指标"人员"中的"人员比例"一项，认为概念模糊，建议改为"人员结构"。

- 二级指标"人员能力"一项中的能力判断，主观性太强，不具备操作性，建议删除。
- 二级指标"管理机制"，概念模糊，建议删除。
- 三级指标中的"文献"，多份问卷认为，专利、成果、标准、会议录等期刊论文以外的文献对查新工作非常重要，应该添加"其他类型的文献"项。

3. 研究结果暨科技查新机构评价指标体系

依据问卷调查、专家调研的结果，在汇总各项修改意见的基础上，笔者对原有指标的体系结构、指标构成和指标的表述方式等进行了修改完善，并最终形成了包含 3 个层次，由 6 个一级指标、17 个二级指标和 14 个三级指标构成的科技查新机构评价指标体系，如表 6 - 4 所示：

表 6 - 4　科技查新机构评价指标体系

一级指标	二级指标	三级指标
文献资源	纸质文献	期刊
		工具书
		其他（专利、成果、标准等）
	网络数据库	专业数据库
		通用数据库
	网络学术资源（开放获取期刊等非商业性学术资源）	
	联机检索系统	
人力资源	人员数量	全时工作人员数量
		兼职工作人员数量
	知识技能	学历分布
		专业背景
		职称
		外语水平
		计算机水平
	工作经验	从事查新工作时间
		参加各类查新专业培训（信息检索、情报分析等）

续表

一级指标	二级指标	三级指标
设备保障	计算机数量和质量	
	国内外网络访问能力	
内部管理	领导支持情况	
	内部规章制度	
科研与奖励	发表相关论文情况	
	从事相关项目情况	
	获各种级别奖励情况	
业务状况	业务流程	
	年均业务量	
	查新报告质量	

分大类对本指标体系概要描述如下：

- 文献资源建设情况。科技查新是以文献检索和分析为主要手段的信息咨询服务活动，因此，查新机构文献资源的学科相关性、文献覆盖时间和类型的完备性、检索工具和手段的先进性等都是影响查新质量的首要因素。从科技文献的载体形式和传播途径来看，期刊、工具书、网络数据库、联机检索系统等都是查新机构文献资源建设的必备内容。随着互联网的普及，各类纸质文献已经被电子化，联机检索系统更多地转换成网络数据库提供服务，这些文献类型在科技查新资源建设中已经不是重点，可以通过指标的权重予以区分。

- 人力资源建设情况。在文献资源建设的基础上，查新专业人员又是查新工作的另一大要素。首先，文献的检全率、检准率、文献对比分析的深度、对查新项目内容的理解程度等都是影响查新质量的重要因素，这就要求查新人员在查新检索经验和技能、学科专业知识、外语水平等方面有充足的储备，以应对查新环境的变化；其次，查新工作的项目分析、文献检索、综合分析、报告撰写等环节都是相对固定的，每个查新项目所需要的时间也相对固定。查新机构必须根据自己的查新业务量，配备充足的查新工作人员，以保证每个查新员都有充足的时间来完成每一份报告，从而保证查新报告的质量。

- 查新设备保障情况。信息技术的发展导致计算机和网络已经成为了人们的日常办公工具和信息获取渠道，科技信息资源也逐渐以网络为主要传播途径。因此，信息基础设施的建设也是查新机构的工作内容之一。从满足查新工作需求的角度来看，计算机的配置和对国内外网络的访问是查新机构必须提供的查新设备保障。

- 内部管理环境建设情况。在充足的文献资源、人力资源和查新设备保障的基础上，查新机构必须有完善的内部管理规章制度将这些要素有效整合起来，以最高的效率对外提供服务。同时，为了保障各项工作的顺利实施，来自领导的大力支持也是提高查新机构的查新水平的重要条件。

- 科研和奖励情况。随着信息技术和网络技术的发展，科技信息资源的载体、形态、传播途径和方式等都在发生剧烈的变化，为了保证查新的质量并促进查新工作的可持续发展，查新人员必须不断地加强学习和研究工作，适应变化着的查新环境。可以从相关学术论文的撰写和科研项目的研究来衡量查新机构整体的学习和适应能力。

- 查新业务情况。如果说前述 5 类指标是查新机构水平的内在决定因素，那么查新业务情况则是其外在表现因素。可以从机构查新流程的规范化程度、查新业务量、查新报告撰写的质量等方面对查新业务情况进行衡量。

本研究构建的指标体系是专家对科技查新机构进行评价的一个客观依据，为了明确指标的考核标准，我们对每一项指标都做了进一步细化的描述。以规章制度为例，它是指查新机构的规章制度是否健全，包含的内容有委托制度、用户须知、工作流程、岗位职责、人员培训制度、质量保证和监督制度、保密制度、档案管理制度、反馈制度、收费制度、收入分配办法、奖惩办法等。结合查新机构的汇报和实地调研，专家在对这些细节内容有了了解之后，就可以对该指标进行评分。工作人员根据各级指标的权重分配，进行加权求和，就可以得出查新机构的整体评价得分。

四、总 结

本研究从各种专业性和综合性的、中央和地方认定的科技查新机构的共性出发，制定了具有普适意义的评价指标体系，为科技查新机构的评价提供了一个客观的框架。针对不同的专业和服务对象定位的查新机构，在考核时可以对指标的内容做出一些具体的要求。目前，该指标体系已经在教育部等各个部门的科技查新机构认定、考核和评价中得到了广泛的应用，产生了良好的经济效益和社会效益。

第三节　高校科技创新活动中的科技查新工作

一、引　言

高校科技查新工作已经有 10 多年的发展历史，教育部充分认识到了科技查新工作对于高校科技创新的重要性，不断加强对高校科技查新机构的规范化管理、对高校科技查新工作的指导，以及对高校科技查新人员的培训，取得了一定的成绩。随着创新环境的变化以及查新资源、工具和手段的演进，高校的查新工作也面临着挑战。本文将在充分论证科技查新工作对高校科技创新的重要性的基础上，对高校科技查新工作存在的问题进行解析，并提出对策建议。

二、科技查新工作与高校科技创新活动的关系

1. 查新工作贯穿了科技创新活动的全过程

在信息化、网络化时代，查新工作能够根据创新活动在不同阶段的需求提供信息咨询服务，它贯穿了科技创新活动的全过程，是实施科研管理创新的内在要求，是推动高校科技管理组织高效运行和管理创新选择的新视角，能全方位地有力推动高校科研管理战略、科研管理组织结构和能力建设创新。

（1）为开题立项提供依据

在科研立项中，科技查新工作能为判断将要进行的科研项目是否具有新颖性提供客观依据。科技管理部门可根据查新报告了解所申请课题在国内外是否有相同或相关研究、是否具有先进性，以避免重复或低水平的立题或立项，避免重复和无效劳动，减少因重复研究开发而造成的人力、财力、物力的浪费和损失，缩短科研周期。

（2）为项目研究、中期检查提供方向

在科研过程中，科技查新工作可以提供可靠而丰富的科学研究开发信息，帮助科技人员跟踪了解本研究领域的国内外动态、研究热点和空白点，节省了科研人员大量的文献阅读时间，为科研人员及时调整研究方法、把握研究方向起参考作用。同时，还能对项目的阶段性研究成果进行新颖性判断，为项目中期考核、后续资源

分配等提供依据。

（3）为科研成果鉴定、报奖等提供依据

传统的成果鉴定是由专家来完成的，专家对科研成果的评审主要依据专家本人的专业知识、实践经验、对事物的综合分析能力以及所了解的专业信息。但科学技术的日新月异和交叉渗透以及专家评估可能带来的片面性结论等客观存在的因素，决定了专家评价存在着天生的缺陷。科技查新通过检出文献的客观事实来对成果的新颖性作出结论。查新结论具有客观性和鉴证性，但不是全面的成果评审结论，只是把"情报评价"引入成果管理程序，为专家评议提供全面、准确的"鉴证性客观依据"。因此，在科研成果鉴定中，以查新报告作为文献依据，结合专家丰富的专业知识，让科技查新与专家评议相辅相成，保证了鉴定、评估报奖等的权威性和科学性。

2. 查新工作是高校科技创新的重要组成部分

（1）高校具有开展科技查新服务的多种优势

高校进行科技查新工作具有独特的优势，主要表现在：①拥有丰富的各类纸质及网络文献资源；②拥有现代化的检索工具和手段；③拥有高素质的查新人员和工作人员，一般都具有硕士以上学位和丰富的文献检索实践经验；④高校人才资源丰富，专业覆盖面广，各学科的专家、学术带头人、业务骨干等组成的咨询专家组成为科技查新工作的强有力后盾；⑤高校自身科研队伍比较集中，在国家科研中占有重要的位置。凭借这些优势，高校科技查新队伍已经成为我国科技查新行业的一支重要力量

（2）查新工作在高校基金申报和科学研究中扮演着重要的角色

过曲由于大师生的查新意识薄弱，查新工作站分布不均，使我国高校的教学科研工作具有一定的盲目性，造成大量的重复课题，有的甚至是低水平的重复，从而造成人力、物力的巨大浪费。随着教育部查新工作站的增多，通过查新机构的大力宣传以及教育部有关文件的规范，更多的科研工作者开始重视科技查新在科研工作中的作用。教师、研究生清醒地认识到：通过查新了解申报项目的先进性、新颖性、科学性等，能够判断课题是否具有创造性，能够吸取国内外的先进经验、先进技术，很快地找到自己进行研究的立足点。有些博士生通过查新发现自己原先研究方案是别人已经在做，或已经完成的内容，在查新机构的指导下及时修改了研究方案，获得了申报的成功，既提升了项目研究的含金量，又避免了重复劳动，达到少走弯路、少花钱，减少研究投入的时间和精力的目的，使国家的资金得到充分合理

的使用；同时，通过查新为专家评审提供适当的客观文献依据，能大大减轻项目受理部门的工作量。在科技成果快速增长的今天，科技查新是开展科研工作最基础也是最重要的一步。

（3）从查新项目数看科技查新对高校科技创新的贡献

教育部部级科技查新工作站 2005—2008 年完成的查新项目数量，如表 6 - 5 所示：

表 6 - 5　教育部部级科技查新工作站 2005—2008 年完成的查新项目数

时间（年）	查新站数量	查新项目总数	平均查新项目	校内/比例	校外/比例
2005	43	8 732	203	4 548/52%	4184/48%
2006	43	11088	258	5 333/48%	5 755/52%
2007	57	17 536	308	9190/52%	8 346/48%
2008	57	22 265	391	11 316/51%	10 949%

数据来源于教育部科技发展中心内部统计数据。

从表 1 可以看出，查新工作站完成的查新项目数逐年增长，其中平均 51% 来源于高校内部。目前，我国从事科研活动的高等院校共 753 所，科研人员达 60 多万人，每年承担国家、部门和地方的各类科研项目近 3 万项。高校查新工作作为我国信息咨询产业的一个重要组成部分，对促进高校自身的发展与建设、国家的科研工作发展与建设，以及充分发挥信息咨询的价值均有着十分重要的意义。在实践中，科技查新不仅能为高校创新项目的立项和实施、科研成果的鉴定和验收等提供可靠的依据，还能有效减轻高校科研项目受理的工作量，减少项目审核投入的时间和精力。因此，科技查新服务已成为高校教学科研工作中的基础支撑和服务平台，是高校科技创新发展环节中不可或缺的重要要素。

（4）各级教育管理部门和高校领导对查新工作站建设都高度重视

教育部对科技查新站的认定和规范化管理工作，有力地促进了高校科研管理工作的科学化。各学校在开展科技查新工作的同时，积极建设科技查新站，制定目标，狠抓落实。

查新工作站申报成功后，每年都需要年检，并进行评比。这也促使高校领导对科技查新越来越重视，形成申请查新站的内在动力和对科技查新工作的有力支持，并不断加大资金投入。2008 年，57 所查新站（不包括第四批）所依托的学校图书馆的平均经费超过了 1 500 万元，用于资源更新的经费超过了 1 100 万元，同时，还配置了相应的设备，扩大了查新队伍，加强了人员培训。各查新站都制定了较完整的科技查新规章制度以及业务流程；建立了查新管理系统，对查新工作进行信息化管理；加强了对查新项目进行信息反馈调查和课题跟踪。这些措施不仅促进了查新工作的发展，也为查新站争取了长期的服务对象，促进了查新业务水平和服务质量的提高。

三、高校科技查新工作的发展

我国科技查新工作是在科技体制改革的进程中萌生、发展起来的，自 1985 年《专利法》实施开始，我国开展了专利查新工作，1987 年我国医药卫生界开始开展查新工作。随着专利工作的发展，专利查新检索已成为国家发叫奖评审的必要条件。

原国家科委二 j 二 1990 年 10 月 8 日印发了《关于推荐第一批查新咨询科技立项及成果管理的情报检索单位的通知》（〔90〕国科发情字 800 号），标志着我国查新工作正式开始 ' 引，也极大地推动了查新工作在全国范围的迅速发展。科技查新机构从无到有，不断发展扩大。随后，科技部、教育部、卫生部、农业部、化工部等各系统均有了各自的查新机构。

20 世纪 90 年代初，在原国家科委不断发展查新机构的情况下，原国家教委于 1992 和 1995 年分二批在直属高校设立了 15 所"高等学校科技项目咨询及成果查新中心工作站"。由于学校隶属关系的调整，为了充分发挥科技查新工作在高校科技创新活动中的作用，发挥高校的科技信息咨询服务优势，教育部在 2003 年开始进行查新工作站的重新认定工作，于 2003 年、2004 年、2007 年和 2008 年以各高校申报、教育部审批的方式，先后批准设立了四批共计 67 所教育部部级科技查新工作站，其中，综合类 14 所、理工类 42 所、农学类 8 所、医学类 3 所。高校科技查新工作站的地域和学科分布面向全国高校，具有地域性，并具有突出的学科和行业特色。目前，教育部科技查新工作站由教育部科技发展中心归口管理，负责查新站的资格审查、协调、年度检查和业务指导工作。

近年来，高校科技成果在国家三大科技奖（自然科学奖、技术发明奖、科技进步奖）中获奖比例逐年上升。据统计，从 1985 年科技查新工作伊始至 2008 年间，高校获得国家自然科学奖 409 项，占授奖总数的 54.4%；获得国家技术发明奖 849 项，占授奖总数的 41.2%；高校获得科技进步奖 2 553 项，占授奖总奖的 32.4%。全国高校科技获奖近十年占到全国获奖 60 010 左右，从 1956 年统计至今，累积占全国获奖 30% 以上。这些数据充分说明，我国科技创新的主力在高校，而高校的查新工作为高校科技创活动提供了强有力的支撑，高校查新站不仅完成的查新项目数量多，而且出具的查新报告也具有较高的质量，保证了查新结论的科学性和正确性，使政府部门和社会各界充分认识到了科技查新的必要性和重要性，搭建了高校信息产业与政府企业的桥梁，为促进社会经济的协调发展做出了积极的贡献。

四、高校科技查新工作面临的问题

1. 查新工作管理不够严格

科技查新就是要为科研立项、成果鉴定和奖励提供客观的文献依据。然而，一些查新站由于在管理上的松懈，导致了查新操作不规范，最后导致高校科研工作中存在一定的弄虚作假以及重复申报等不正之风。目前，高校科技查新工作中，还存在着一些不能客观公正地反映科研成果和水平的查新结论和报告；有些查新单位片面地追求经济利益而由客户提供查新报告，查新单位只需要盖个章就生成查新报告。一些查新站的查新、审核工作完全形式化的现象，致使查新工作质最受到了较大的影响。

2. 查新报告质量有待改进

查新有较严格的年限、范围和程序规定，有查全、查准的严格要求，要求给出明确的结论。如果查新部门提供的查新报告不可靠、质量有问题，将导致科技立项、成果鉴定、专利申请、产品开发等活动失误，不能保证立项项目科技内容的高起点和原创性，造成研究内容的重复，人力、财力和物力资源的浪费。但是，部分查新站的查新报告在报告格式、文字表达、文献对比分析的角度和深度、查新结论描述等方面都存在一些问题。查新报告的质量一方面取决于查新员的经验、水平和态度；另一方面也取决于审核员和查新管理人员是否做了严格要求。只有加强对查新员和审核员的培训，加强查新管理制度的制定和实施，才能有效保证查新报告质量的提升。

3. 专家咨询制度实施不够到位

查新人员如果不具备丰富的专业理论和实践经验，仅凭检索到的信息资源为依据，而不结合专业实际、不了解科研成果的推广应用情况，是很难对项目的先进性和实用性作出科学的、客观的评价的。而评审专家具有专业优势，是一般科技情报人员无法代替的，两者结合才能保证科研部门在选题立项时针对国内外研究热点、行销快捷及尖端难点项目。从高校科技查新工作的实施来看，部分查新站没有有效地聘请学科咨询专家，或者没有充分发挥学科专家在查新中的专业咨询作用，这将严重影响查新项目的质量。

4. 查新队伍建设有待加强

现代化、专业化的科技查新需要有广泛的文献资源和强大的查新队伍作后盾，其中，必须有国际联机检索系统和熟练操作国际联机检索系统的专业科技查新人员。由于科技查新知识普及不广泛或不深入，还有些高校查新单位或校领导对专业信息检索系统不了解，误认为有了计算机，上 Internet 就可以满足查新的需要，为降低查新费用，拒绝开通国际联机检索系统，拒绝培训专业的科技查新人员。结果造成查新人员知识落后，不能掌握查新所需要的专业文献信息检索技能，影响查新报告的质量。

五、促进高校科技查新发展的政策建议

1. 细化各查新站的管理制度

为了进一步加强高校科技查新工作，规范查新机构的行为，保证查新工作的质量，使科技查新工作成为科技创新的有力支撑条件，各高校查新工作站应注重制度建设，遵守《科技查新机构管理办法》、《科技查新规范》以及 2004 年 4 月 13 日颁布的《教育部办公厅关于进一步规范教育部科技查新机构的意见》（教技发厅〔2004〕1 号），制定一系列查新规章制度和管理细则，包括国际联机检索系统、查新人员、咨询专家、硬件要求、文献资源、查新审核、查新报告格式的规范、项目的跟踪与反馈等要求，通过"工作细则"严格规定工作人员的工作程序和工作方法。同时，应建立科技查新的激励机制，充分体现"能者多劳"和"多劳多得"，满足查新人员的平衡心理和工作需求，激发查新人员的潜能和创造力。

2. 定期和不定期的审核和抽查

查新报告的质量是科技查新机构的生命线，是其可持续发展的有力保障。在查新站的审批、年检和各类培训中，教育部都始终把科技查新报告的质量作为一项重要的内容来抓。为了进一步规范查新机构出具的报告质量，加强对科技查新机构的监督与管理，教育部对部级科技查新机构的工作提出了全面的要求，实行年检制度，并正在制定相关的查新报告撰写规范和考核指标体系。今后，将对已获得查新资质的查新机构进行定期和不定期的审核和抽查，确保查新机构合格、合法。

3. 严格控制查新工作过程

查新站要依照《科技查新规范》实施科技查新，严格把好联机检索系统关、查新人员素质关、查新工作规范关、查新报告质量关；要重视查新委托时的审核与交

流,控制好查新工作的第一关;进一步规范查新报告内容,提高查新报告质量;加强对国外资源,特别是国际联机检索系统的使用,对较重要的科研项目尽可能做国内外查新。对在查新工作中有违纪、弄虚作假、不实事求是、不上国内外联机检索系统就撰写出查新报告、单纯追求经济效益而不注重质量的查新机构要追究责任,主管部门应给予处罚,严重的需取消其查新资格[14]。教育部正在组织制定查新报告的撰写规范以及查新报告的评价考核标准,规定了各学科的必查数据库,保证各学科查新的查全率,并尽可能减少数据库选择这一工作环节中人为因素的影响。同时,教育部还在筹备建设教育部科技查新网站,以加强对科技查新站的管理以促进其健康和可持续发展。

4. 加强查新人员培训和交流学习

查新有季节性,在项目申报阶段,查新任务过于集中,使查新站在繁忙时期不堪重负。因此,应加强对查新人员的业务培训,进一步提高查新人员的整体素质,培养高度的责任心和客观、公正的态度,较强的敬业精神和良好的沟通能力,及时调整补充查新员、审核员队伍,加大查新队伍的人员储备,形成一批具有丰富学科背景的查新业务骨干和尖子,从而保证查新质量和提高查新工作效率。查新咨询机构需要一批具有一定学术水平的专业人士参与,查新员、评审专家和科研人员应融为一体。要加强查新业务相关工作的研究,加强各查新站之间的交流和业务学习,不断改进工作,提高业务水平和工作质量,促进科技查新工作的发展,为我国的科技进步、建设创新型国家提供有力支撑。

六、结 语

科技查新不仅可以直接、有效地为高校科研活动和科技管理提供参考决策依据,还对促进高校图书馆自身的发展与建设,充分开发利用信息资源有着十分重要的现实意义。不断更新观念、适应新形势、寻求政策支持、拓展服务范围已成为查新专业人员探索的永久话题。同时,多年的查新经验增强了查新专业人员研究和发现国内外技术发展动态,研究热点和空白点的能力,因此,在充分发挥科技查新的重要作用的同时,要更加注重查新工作的创新性应用,利用自身的优势,积极主动地为学校教学科研工作服务,促使高校的科学研究和管理工作进一步提高。

▶第七章

图书馆2.0时代

这是一个服务的时代，对于图书馆而言尤其如此。图书馆的本质是利用各种文献资源而开展的公共服务，需要满足读者的服务需求。服务是图书馆的永恒主题，"读者第一，服务至上""读者永远是正确的""读者是上帝"等诸多口号的响亮呐喊，让图书馆逐渐结束了"以藏为主"的旧时代。在整个图书馆业务流程中，文献资源是基础，而服务是必要的手段。以大学图书馆为例，作为支撑学校教学、科研服务的学术型机构，师生是图书馆服务的主体，图书馆通过及时全面地了解师生对文献资源的需求，不断提高自身的服务质量，提高读者满意率，实现学术型图书馆的根本价值。

随着科学技术的发展，服务也在随着读者的最新需求而发生变化，如何充分尊重读者，体现人文关怀，注重读者参与，构建以用户需求为核心的服务模式是目前图书馆服务最基本的价值观。伴随着移动图书馆、手机图书馆、微信图书馆的闪亮登场，图书馆的服务工作不仅包括利用各种各样的技术手段，也包括一些创新的服务理念和服务思想，如在信息技术行业广泛应用的 SOA 和云计算，在图书馆较为成功的服务型理念——图书馆2.0。如何穿越时空界限，让图书馆无处不在？共享服务，是我们接下来要探讨的重要课题。

第一节　SOA 概论

SOA（Service – Oriented Architecture），面向服务的体系架构，是目前大型信息系统普遍采用的方法论，由一系列技术和标准组合而成，其本质是根据用户需求，按照服务体系的流程和架构，采用松散耦合的应用组件进行分布式部署、组合和使用的信息系统建设理念。

一、什么是 SOA

计算机应用系统的软硬件体系架构，20 世纪 60 年代主要采用运行于大型计算机的专用系统，20 世纪 80 年代，随着个人计算机的普及，开始采用客户端/服务器架构，而进入 21 世纪以来，互联网成为信息技术的主流，不仅深入到千家万户，应用系统本身也朝小型化和分布式发展。特别是 Web Service 技术的出现和大量应用，SOA 逐渐成为 Web 服务的基础框架，目前已经成为计算机信息领域的主流应用和发展理念。

面向服务的体系结构（SOA）是 1996 年 Gartner 公司在做企业流程管理系统时第一次提出来的。当时的主要目标是让每个信息系统都有自己的灵活的发展空间，具有一定的自主性，但是同时又能够随需共享。但是当时信息技术的发展没有实施相关技术平台的条件，因此没有引起人们的广泛关注，也没有形成相关技术和成熟案例。直到互联网普及后，XML 语言的出现及发展，以及 Web Service 等技术的发展，当越来越多的异构系统出现在大家面前，SOA 才逐渐得到重视，从概念逐渐转向于应用。随着全球信息化的浪潮，信息化产业不断发展、延伸，SOA 系统架构的出现将给信息化带来一场新的革命。

在信息化发展的过程中，尽管出现过 XML、Unicode、UML 等众多跨平台的信息标准，但是异构系统之间的数据仍然使用独立的格式、元数据以及存储模型，如果要进行不同系统之间的集成，就需要构建数据仓储和交互程序来实现。随着企业信息化的深入，人力、财力、物力、行政、业务等系统越来越庞杂，客观上也造成信息孤岛的大量存在，使信息化建设的投资回报率大大降低。尽管结构化的数据管理可以实现集成，但是在互联网时代，一个企业构建一套软件体系的可能性越来越小，也不够灵活，而在非结构化数据内容方面，实现集成和整合几乎是不可能的，因为系统架构通常是纵向的、以组织机构为界限的，并且采用不同厂商的产品来提供这些解决方案，即便是同一个厂商的产品，相互之间的功能也经常重叠，平台也经常不一致。这对于日益发展的互联网和移动互联网应用而言，是一个巨大的挑战。SOA 架构则忽视数据结构本身，将关注点放在用户的流程方面，通过标准的XML 语言和 Web Service 技术，集成用户端的数据展现和业务，使得系统之间的功能界限在用户层面趋于模糊，很好地解决了集成系统的核心问题。

因此，SOA 通常被理解为一种粗粒度、松耦合的系统服务架构，服务之间通过简单、精确定义接口进行通信，不涉及底层编程接口和通信模型。SOA 可以看作是B/S 模型、XMUWeb Service 技术之后的自然延伸，不管是结构化数据库，还是非结构化数据库，都可以帮助软件工程师们采用标准的系统架构、系统组件、数据库中间件，完成系统架构中的各种业务模块的开发、部署，能够更加从容地面对业务的急剧变化。

二、SOA 的基本特征

SOA 使业务管理系统变得更加灵活和便利，以适应发展变化快的业务流程，但不仅仅是这样，它还具备很多基本特征以满足信息系统建设的要求。

1. 灵活性

SOA 依靠一些新的信息技术，如可扩展标记语言（Extensible MarkupLanguage，XML）为基础进行系统接口的描述和开发，使得各项服务能够更加动态和灵活地接人到各个服务系统中去，在合适的时间、合适的地点向需要它提供服务的任何用户提供服务。在具体的功能实现上，SOA 协同软件所实现的功能包括了知识管理、流程管理、人事管理、客户管理、项目管理、应用集成等，从部门角度看涉及行政、后勤、营销、物流、生产等。从应用思想上看，SOA 协同软件中的信息管理功能，全面兼顾了贯穿整个企业组织的信息化软硬件投入。

2. 可靠性

当组成整个应用程序的每个服务的内部结构和实现逐渐地发生改变时，整个服务体系依然能够继续存在，这就是 SOA 的松耦合特征。因为紧耦合意味着应用程序的不同组件之间的接口与其功能和结构是紧密相连的，因而当需要对部分或整个应用程序进行某种形式的更改时，整个系统就显得非常脆弱。松耦合系统的需要来源于业务应用程序，这些需求可以根据业务调整而变化，因此变得更加灵活。比如经常改变的政策、业务级别、业务重点、合作伙伴关系、行业地位以及其他与业务有关的因素，这些因素甚至会影响业务的性质，系统都能够实现适应环境变化的业务调整，而且处于一个信任和可靠的交互环境之中，按照标准的条款来执行服务流程。

3. 效率高

Web 服务并不是实现 SOA 的唯一方式，但是为了建立体系结构模型，用户需要的并不只是服务描述，还需要定义整个应用程序如何在服务之间执行其工作流程，找到业务的操作和业务中所使用的软件的操作之间的转换点。因此，SOA 应该能够将业务的商业流程与它们的技术流程联系起来，并且映射这两者之间的关系。此外，动态业务的工作流程不仅可以包括部门之间的操作，甚至还可以包括与不为企业控制的外部合作伙伴进行的操作。因此，当定义了应该如何获得服务之间的关系策略，以及这种策略采用的服务级协定和操作策略的形式，系统的效率就大大提高。

4. 保护投资

一方面，可以复用以往的信息化软件，基于 SOA 的协同软件提供了应用集成功能，能够将原来的 ERP、CRM、HR 等异构系统的数据集成。另一方面，SOA 可通过互联网服务器发布，从而突破企业内网的限制，实现与供应链上下游伙伴业务的紧密结合，企业可以与其业务伙伴直接建立新渠道，建立新伙伴的成本得以降低。

5. 更简便的信息和数据集成

SOA 的信息集成功能可以将散落在互联网和局域网上的文档、目录、网页轻松集成，加强了信息的协同相关性。同时复杂、成本高昂的数据集成，也变成了可以简单实现的参数设定。SOA 具有可按模块分阶段实施的优势，可以成功一步再做下一步，将实施和部署对企业的冲击减少到最小。

三、SOA 架构的核心技术

1. 数据编码标准 XML（Extensible Markup Language）

XML 标记语言是 W3C 制定的、用于 Internet 数据交换的语言，基于该编码标准的数据或文档能在所有的操作系统平台、应用系统中进行分析与处理。

2. 数据通信协议 SOAP（Simple Object Access Protocol）

简单对象访问协议（SOAP）是一种轻量的、简单的、基于 XML 的协议，它被设计成在网络上交换结构化的和固化的信息，可以和现存的许多因特网协议如 HT-TP、SMTP、MIME 等结合使用，支持从消息系统到远程过程调用等大量的应用。SOAP 协议可穿越任何防火墙，此外由于 SOAP 协议采用 XML 编码，故易于分析和处理。SOAP 还具有很好的伸缩性，能同时为很多用户服务。

3. Web 服务描述语言 WSDL（Web Services Description Language）

WSDL 是用于描述 Web 服务的一种 XML 语言。Web 服务通过描述 SOAP 消息接口的 WSDL 文档来提供可重用的应用程序功能，并使用标准的传输协议来进行传递消息。WSDL 是基于 XML 的，它的描述包含请求消息格式、响应消息格式和向何处发送消息等，以便服务请求者能够使用特定服务。

4. 统一描述、发现和集成 UDDI 规范

UDDI（Universal Description，Discovery and Integration）规范提供了一组公用的 SOAP API，使得服务代理得以实现。UDDI 为服务发布和发现所需服务定义了一个基于 SOAP 消息的标准接口。为了发布和发现其他 SOA 服务，UDDI 定义了标准的 SOAP 消息来实现服务注册。

5. 企业服务总线 ESB（Enterprise Service Bus）

ESB 是 SOA 架构的支柱技术，提供一种开放、基于标准的消息机制，完成服务与其他服务、服务与其他组件间的互操作。其主要功能有通信和消息处理、服务交互和安全性控制、服务质量和服务级别管理、建模、管理和自治、基础架构智能等。

目前，支持 SOA 架构的支撑软件体系主要有两大类，一类是 IBM 公司为首的基于 J2EE 架构技术，相应软件产品有 IBM 的应用服务器中间件 Websphere、BEA 公司（后被甲骨文公司收购）的 Weblogic 以及开源软件 JBOSS 等。另一类是以微软公司为主的基于 Net 架构技术，相应软件产品为 BizTalk 和 SharePoint 等。

四、SOA 结构的应用案例

图 7-1 以重庆大学数字化校园系统为例，说明 SOA 架构的具体应用。

重庆大学是一所以理工科见长的"985 工程"重点建设大学，一直都重视信息化建设，自 20 世纪 90 年代初以来陆陆续续建设了 30 多个应用系统服务于师生员工，既有基于 C/S 架构的，又有基于 B/S 架构的，以及基于 C/S 和 B/S 混合架构的，甚至还有基于文件共享型架构。全部推倒，重新构建一个整体的数字化校园系统不符合实际情况，因此重庆大学数字化校园的建设也采用了 SOA 架构思想，将

总体架构分为 5 个层次：基础设施层、资源数据层、服务支撑层、信息服务层和信息展示层。其体系架构见图 7-1。

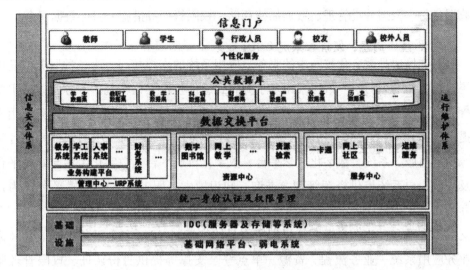

图 7-1 重庆大学数字化校园 SOA 软件体系架构

1. 基础设施层

为数字化校园提供各种硬件基础设施，包括网络基础设施、服务器与存储基础设施和高性能计算基础设施。网络基础设施主要包括校园局域网络以及与 CER-NET、电信和网通等的接入网络；服务器与存储基础设施主要指用于数字化校园的各种服务器和存储设施，包括数据库服务器、应用服务器、Web 服务器、SAN 存储系统、确保数据永久存储的磁带或光盘系统等；高性能计算基础基于校园网格来实现。在基础设施层中，采用防火墙、入侵检测、接入控制等网络安全措施来保证网络基础设施的安全；采用集群、设备冗余等存储安全措施来确保计算资源、存储资源的高可靠性和高可用性。

2. 资源数据层

资源数据层是数字化校园应用的数据基础核心。数字化校园中的数据包括四大类数据：

（1）各应用系统中的数据以及由这些系统中的数据加工而成的综合、主题、统计与决策支持数据，这类数据是结构化的数据型数据。

（2）教学、科研、办公等需要或产生的文件、文档、图形图像、音视频等数据，这类数据是半结构化或无结构的资源型数据。

（3）安全信息，包括用户身份信息、系统及用户权限信息、数字证书信息等部分。

(4) 校园网络资源信息。用于校园高性能计算的各类信息资源。数据资源层采用数据备份、数据分类管理、数据加密存储、权限管理等措施来保证数据安全。

3. 服务支撑层

服务支撑层是数字化校园中的服务、应用系统的支撑核心，为各种服务、应用系统提供支撑的中间层。该层采用基于分布式组件技术架构实现。服务支撑层主要包含业务应用支撑服务集（为人事、科研、教务、财务、设备、资产等业务应用系统提供支撑）、内容管理与搜索引擎支撑平台（为教学、科研、图书、档案等各类资源管理与服务系统、数字化教学平台、数字化科研平台、数字化生活与娱乐平台以及校园门户系统提供资源管理、查询、知识搜索等服务）、OA 支撑平台（为校内办公自动化提供服务）、数字图书馆支撑平台（为图书馆系统提供服务）、一卡通支撑服务平台（为一卡通系统提供所需要的支撑服务）、安全服务支撑平台（为各业务应用系统、业务流程、资源、单点登录支撑等提供身份认证、权限管理服务）、决策支撑平台（为校务决策支持系统提供服务）、网格支撑平台（为各类网格应用提供支撑服务）等几大支撑服务平台。

4. 业务服务层

业务服务层为不同用户、不同部门提供完整的各种业务功能模块。业务服务层提供的业务分为各类校务应用系统、OA 系统、数字图书馆系统、一卡通服务系统、数字化教学服务系统、数字化科研服务系统、数字化生活与娱乐服务系统、校务决策支持系统、身份认证服务系统、资源管理服务系统、网格应用系统等。

5. 服务接入层

服务接入层为数字化校园的各类用户进入数字化校园系统提供统一的访问门户，各种业务功能模块与信息数据在统一门户上展现，且可以通过单点登录直接进入数字化校园的各独立应用系统。统一门户分为网络门户、移动门户、网格门户三大类。网络门户为用户通过互联网进入数字化校园系统提供访问窗口，移动门户为用户通过移动通信设备进入数字化校园系统提供访问窗口，网格门户为用户访问校园网格提供访问窗口。

采用 SOA 架构的数字化校园系统，通过大约三年的建设，于 2013 年正式投入使用，使用情况良好，实现了以服务为主导的建设目标。通过上述应用案例可以看到，SOA 的确在基于互联网的、跨平台的业务整合中都具备理念和技术上的优势。

五、SOA 在图书馆中的应用

伴随着互联网应用的快速发展、SOA 技术和方案的不断成熟，SOA 在我国各行业得到广泛应用，在解决不同行业和领域的 IT 资源重用、信息共享和业务协同等共性问题方面取得了实质性的成果。在图书馆领域，其文献资源和服务的异构性决定了 SOA 的重要性，构建基于 SOA 的图书馆系统成为图书馆整合资源、规范服务的有效解决方案。SOA 的应用研究成为当下研究者们研究的热门话题，涉及 SOA 的技术应用、系统应用、实践应用等方面。

1. SOA 的技术应用

Web Service 技术是目前最适合实现 SOA 的技术集合，它采用 XML 作为基本的标记语言，SOAP 作为互操作协议，WSDL 作为服务描述语言，通过 UDDI 把服务注册到互联网以便搜索，为更多的用户使用其服务。它是由企业驱动和应用驱动而产生的，它具有分布性、松散耦合、可复用性、开放性以及可交互性等特性。Web Service 技术经过多年的发展，已经被广泛接受并成为 SOA 最好的实现技术 O。尽管 Web Service 技术是实现 SOA 的最好方式，但是 SOA 并不局限于 Web Service 技术，其他使用 WSDL 直接实现 Web 服务接口并通过 XML 消息进行通信的协议也可以包括在 SOA 之中。比如 CORBA 和 IBM 的 MQ 系统通过 WSDL 的新特性也可以参与到 SOA 中来。

2. SOA 的系统应用

将图书馆业务集成系统中的采访系统、编目系统、典藏系统、流通系统、查询系统，及应用系统中的检索系统、管理系统等以组件的方式封装成标准的服务，形成独立的服务组件，通过将各服务组件组合构建面向服务的架构。由于 SOA 架构是一种粗粒度、松耦合服务架构，服务之间通过简单、精确定义接口进行通讯，不涉及底层编程接口和通信模型。因此 SOA 架构能使所有的资源和集合展现更灵活的工作流程，更便于与其他系统进行互操作，也更便于有效地进行图书馆系统管理，更好地控制系统内部的服务与服务之间的关系与优先等级。

3. SOA 的实践应用

现有的图书馆业务管理和服务系统中已经开始使用 SOA 的相关技术，如 OCLC 的 WorldShare Management Services（简称 WMS）、Serials Solutions 公司的 Intota、Ex Libris 公司的 Alma、Innovative Interface 公司的 Sierra、开源计划 Kuali OLE 等系统普遍采用的是 SOA 架构 O。图书馆系统正在向下一代图书馆系统发展，SOA 架构是下一代图书馆系统必须具备的关键要素，国际范围内逾千家图书馆已经或正在向下一代图书馆系统迁移。

随着云计算、物联网、移动互联网等新型技术的发展，SOA 的应用模式不断扩展，SOA 中的"服务"呈现出泛在化和广泛互联的特征。SOA 与多种新应用模式和新技术融合发展成为图书馆系统发展的新方向。但是整体而言，SOA 架构在图书馆建设和发展中还没有得到普遍的应用，但是已经开始得到足够的重视，它将在以下三个方面体现其发展意义。

（1）以资源为核心，以服务为主导的系统建设理念的全面革新

图书馆以往信息管理系统的开发一般都是面向借还书的采编典借全过程，面向馆员和读者这两个对象，面向互联网和移动互联网构建门户系统，这些开发和运行模式往往都是以固定的业务流程为主导。随着现代图书馆的服务范围越来越广，资源越来越复杂，这种系统建设的思路往往造成大量的信息孤岛，难以应对系统的复杂性，难以解决系统的互操作性，难以适应业务需求的变化。SOA 则是面向服务的系统架构，提供的技术框架有利于降低系统的复杂性，增强各个服务系统之间的互操作性，通过图书馆服务需求和规范的设计，以资源为核心，以服务为主导的系统建设理念就很容易实现，这必将是图书馆信息化建设的全面革新。

（2）图书馆服务的构建变得更有灵活性

进入 21 世纪以后，信息技术的发展已经让人目不暇接，移动互联网、关联数据、慕课、云计算、大数据、虚拟现实、物联网……新技术使图书馆的服务发生巨大变化，一些图书馆开始倡导数据服务、空间服务、信息共享空间服务等，而且这样的服务变革和优化还会快速。而图书馆原来的信息系统架构，难以满足这些新业务的开展，图书馆服务要能够迅速调整以适应读者的需求，只有 SOA 的灵活结构才具备这种随需而变的能力。

（3）为图书馆服务的共享提供了理念依据和技术支撑

SOA 的关注服务、关注用户体验的理念，很值得图书馆各类共享体系学习。在原来的各类图书馆共享体系中，往往都基于资源的共享，构建联合目录、文献传递、通借通还等具体的应用，但是随着数字化资源的日益普及和数量激增，知识产权的管理日益严格，以联合目录为基础的资源共享系统越来越受到冲击。SOA 的理念改变从以往的资源为中心，转向为读者提供文献服务为中心的共享模式，各个图书馆可以利用 SOA 相关技术，很方便地拓展图书馆服务共享的功能，方便其开展各种个性化的信息利用服务，具有服务的开放性，还能通过提供功能接口让用户更

加方便快捷地获取各个图书馆的文献资源，开展一些增值服务，这些都将极大地提高图书馆共享资源的利用效果，扩大图书馆的社会影响力。

第二节 云计算

云计算（Cloud Computing）是继 20 世纪 80 年代大型计算机到"客户端—服务器"的大转变之后的又一巨变。云计算的出现并非偶然，早在 20 世纪 60 年代 John McCarthy 提出把计算能力作为一种像水和电一样的公用事业提供给用户的理念，这成为云计算思想的起源O。在 20 世纪 80 年代网格计算、20 世纪 90 年代公用计算，21 世纪初虚拟化技术、SOA、SaaS 应用的支撑下，云计算作为一种新兴的计算资源使用和交付模式，带来生活、工作方式和商业模式的根本性改变，是当前全社会关注的热点。

一、云计算的概念与主要服务类型

一般认为，云计算是一种通过互联网以服务的方式提供动态可伸缩的虚拟化资源的计算模式（Cloud computing is a style of computlng in which dy – namically scalable and often virtualized resources are provided as a servlce overthe Internet）O。在具体应用中，云计算通常采用按使用量付费的模式，这种模式提供可用的、便捷的、按需的网络访问，用户进入可配置的计算资源共享池（包括网络、服务器、存储、应用软件、服务），这些资源能够被快速提供，只需投入很少的管理工作，或与服务供应商进行很少的交互。"云计算"已经大量运用到生产环境中，国内有"阿里云"、各种各样的网盘等，国外 Intel 和 IBM 提供的商业服务范围正日渐扩大，影响力也不可估量。因此，云计算是分布式计算（Distributed Computing）、并行计算（Parallel Computing）、效用计算（Utility Computing）、网络存储（NetworkStorage Technologies）、虚拟化（Virtualization）、负载均衡（Load Balance）等计算机技术和网络技术发展融合的产物。

（一）云计算的兴起

目前很多大型企业都在研究云计算技术和基于云计算的服务，亚马逊、谷歌、微软、戴尔、IBM、SUN 等 IT 巨头都在其中，云计算已从新兴技术发展成为当今的热点技术、成熟技术。从 2003 年 Google 公开发布的核心文件到 2006 年 Amazon EC2（亚马逊弹性计算云）的商业化应用，再到美国电信巨头 AT&T（美国电话电报公司）推出的 Synaptic Hosting（动态托管）服务，云计算从节约成本的工具到盈利的推动器，从 ISP（网络服务提供商）到电信企业，已然成功地从内置的 IT 系统演变成公共的服务。

从加德纳 Gartner 公司 2011 年的技术成熟度报告我们可以看到云计算已经绕过了应用上的瓶颈，开始真正"落地"。云计算如一阵飓风席卷整个 IT 界，随之而来的优势是非常明显的。2012 年更是云计算快速发展的一年，各种云技术、云方案陆续出台，无论是早期亚马逊的 Cloud Drive，还是 2011 年苹果公司推出的 iCloud，抑或是 2012 年 4 月微软推出的 Sys – tem Center 系统等，都把目标盯紧了云计算这块大"肥肉"。

云计算的发展主要大事记：

2006 年 3 月，亚马逊（Amazon）推出弹性计算云（Elastic ComputeCloud，EC2）服务。

2006 年 8 月 9 日，Google 首席执行官埃里克·施密特（Eric Schmidt）在搜索引擎大会（SES San Jose 2006）首次提出"云计算"（Cloud Compu – ting）的概念。

2007 年 10 月，Google 与 IBM 开始在美国大学校园（包括卡内基梅隆大学、麻省理工学院、斯坦福大学、加州大学伯克利分校及马里兰大学等）推广云计算的计划，这项计划希望能降低分布式计算技术在学术研究方面的成本，并为这些大学提供相关的软硬件设备及技术支持（包括数百台个人电脑及 BladeCenter 与 System x 服务器，这些计算平台将提供 1600 个处理器，支持包括 Linux、Xen、Hadoop 等开放源代码平台）。而学生则可以通过网络开发各项以大规模计算为基础的研究计划。

2008 年 1 月 30 日，Google 宣布在中国台湾启动"云计算学术计划"，将与台湾台大、台湾交大等学校合作，将这种先进的大规模、快速将云计算技术推广到校园。

2008 年 2 月 1 日，IBM（NYSE：IBM）宣布将在中国无锡太湖新城科教产业园为中国的软件公司建立全球第一个云计算中心（Cloud ComputingCenter）。

2008 年 7 月 29 日，雅虎、惠普和英特尔宣布一项涵盖美国、德国和新加坡的联合研究计划，推出云计算研究测试床，推进云计算。该计划要与合作伙伴创建 6 个数据中心作为研究试验平台，每个数据中心配置 1400 个至 4000 个处理器。这些合作伙伴包括新加坡资讯通信发展管理局、德国卡尔斯鲁厄大学 Steinbuch 计算中心、美国伊利诺伊大学香槟分校、英特尔研究院、惠普实验室和雅虎。

2008 年 8 月 3 日，美国专利商标局网站信息显示，戴尔正在申请"云计算"商标，此举旨在加强对这一未来可能重塑技术架构的术语的控制权。

2010 年 3 月 5 日，Novell 与云安全联盟（CSA）共同宣布一项供应商中立计划，名为"可信任云计算计划（Trusted Cloud Initiative）"。

2010 年 7 月，美国国家航空航天局和 Rackspace、AMD、英特尔、戴尔等支持厂商共同宣布"OpenStack"开放源代码计划，微软在 2010 年 10 月表示支持 Open-Stack 与 Windows Server 2008 R2 的集成；而 Ubuntu 已把 OpenStack 加至 11.04 版本中。

201 1 年 2 月，思科系统正式加入 OpenStack，重点研制 OpenStack 的网络服务。

这几年，中国的云计算也风起云涌，各大运营商、设备厂商、互联网公司以及一些创新型公司纷纷发力，如万网、美橙互联等提供服务器托管，华为、浪潮、中兴等依托雄厚的资源优势大搞云计算基础平台，中国移动、中国联通和中国电信运营商希望通过加大云计算的研发投入找到新的业务模式，腾讯、百度、360、阿里巴巴等互联网公司通过广泛的客户基础提供各种各样的云服务。与此同时，政府也高度重视云计算产业的发展，从 2011 年起工信部在北京、上海、深圳、杭州和无锡五个云计算的试点城市实施云计算示范工程。支持信息技术服务的骨干企业，加强数据存储技术、虚拟化技术、海量数据处理技术、大规模数据中心管理技术等云计算关键技术和重点产品的研发和应用，其他一些城市纷纷制订各自的云计算发展战略，建设了一些大型的公共云计算的平台，在梳理现有各类信息技术标准的基础上制定新的标准，有力地推动了我国云计算的发展。

（二）云计算的服务形式

云计算主要包括以下三个层次的服务：基础设施即服务（IaaS）、平台即服务（PaaS）和软件即服务（SaaS）O。

1. IaaS

IaaS（Infrastructure-as-a-Service）：基础设施即服务。消费者通过 Internet 可以从完善的计算机基础设施获得服务。IaaS 通过网络向用户提供计算机（物理机和虚拟机）、存储空间、网络连接、负载均衡和防火墙等基本计算资源，用户在此基础上部署和运行各种软件程序。

2. PaaS

PaaS（Platform-as-a-Service）：平台即服务。是指将软件研发的平台作为一种服务，以 SaaS 的模式提交给用户，也是 SaaS 模式的一种应用，但 PaaS 的出现可以加快 SaaS 的发展，尤其是加快 SaaS 应用的开发速度。平台通常包括操作系统、编程语言的运行环境、数据库和 Web 服务器，用户在此平台上部署和运行自己的应用。用户不能管理和控制底层的基础设施，只能控制自己部署的应用。

3. SaaS

SaaS（Software-as-a-Service）：软件即服务，是一种通过互联网提供软件的模式，用户无须购买软件，而是向提供商租用基于 Web 的软件来管理企业经营活动。云提供商在云端安装和运行应用软件，云用户通过云客户端（通常是 Web 浏览器）使用软件。云用户不能管理应用软件运行的基础设施和平台，只能做有限的应用程序设置。

二、云计算的特点和主要应用

通过使计算分布在大量的分布式计算机上，而非本地计算机或远程服务器中，企业数据中心的运行将与互联网更相似。这使得企业能够将资源切换到需要的应用上，根据需求访问计算机和存储系统。好比是从古老的单台发电机模式转向了电厂集中供电的模式。它意味着计算能力也可以作为一种商品进行流通，就像煤气、水、电一样，取用方便，费用低廉。最大的不同在于，它是通过互联网进行传输的。

（一）云计算具有以下几个主要特征

1. 资源配置动态化

根据消费者的需求动态划分或释放不同的物理和虚拟资源，当增加一个需求时，可通过增加可用的资源进行匹配，实现资源的快速弹性提供；如果用户不再使用这部分资源时，可释放这些资源。云计算为客户提供的这种能力是无限的，实现了 IT 资源利用的可扩展性。

2. 需求服务自助化

云计算为客户提供自助化的资源服务，用户无需同提供商交互就可自动得到自助的计算资源能力。同时云系统为客户提供一定的应用服务目录，客户可采用自助方式选择满足自身需求的服务项目和内容。

3. 网络访问便捷化

客户可借助不同的终端设备，通过标准的应用实现对网络访问的可用能力，使对网络的访问无处不在。

4. 服务可计量化

在提供云服务过程中，针对客户不同的服务类型，通过计量的方法来自动控制和优化资源配置。即资源的使用可被监测和控制，是一种即付即用的服务模式。

5. 资源的虚拟化

借助于虚拟化技术，将分布在不同地区的计算资源进行整合，实现基础设施资源的共享。

（二）云计算的主要应用 o

1. 云安全

云安全（Cloud Security）是一个从"云计算"演变而来的新名词。云安全的策略构想是：使用者越多，每个使用者就越安全，因为如此庞大的用户群，足以覆盖互联网的每个角落，只要某个网站被挂马或某个新木马病毒出现，就会立刻被截获。"云安全"通过网状的大量客户端对网络中软件行为的异常监测，获取互联网中木马、恶意程序的最新信息，推送到 Server 端进行自动分析和处理，再把病毒和木马的解决方案分发到每一个客户端。

2. 云存储

云存储是在云计算概念上延伸和发展出来的一个新概念，是指通过集群应用、网格技术或分布式文件系统等功能，将网络中大量的各种不同类型的存储设备通过应用软件集合起来协同工作，共同对外提供数据存储和业务访问功能的一个系统。当云计算系统运算和处理的核心是大量数据的存储和管理时，云计算系统中就需要配置大量的存储设备，那么云计算系统就转变成为一个云存储系统，所以云存储是一个以数据存储和管理为核心的云计算系统。

3. 私有云

私有云（Private Clouds）是将云基础设施与软硬件资源创建在防火墙内，以供机构或企业内各部门共享数据中心内的资源。创建私有云，除了硬件资源外，一般还有云设备（IaaS）软件；现时商业软件有 VMware 的 vSphere 和 Platform Computing 的 ISF，开放源代码的云设备软件主要有 Eucalyptus 和 OpenStack。

4. 云游戏

云游戏是以云计算为基础的游戏方式，在云游戏的运行模式下，所有游戏都在服务器端运行，并将渲染完毕后的游戏画面压缩后通过网络传送给用户。在客户端，用户的游戏设备不需要任何高端处理器和显卡，只需要基本的视频解压能力就可以了，运营商不需要不断投入巨额的新系统平台的研发费用，而只需要拿这笔钱中的很小一部分去升级自己的服务器就行了，但是用户体验效果却是相差无几的。

5. 云教育

在线教育已经成为这几年的信息技术热点，慕课也日益普及，各类各级教育机构，可以将教育视频的流媒体平台采用分布式架构部署，分为 Web 服务器、数据库服务器、直播服务器和流服务器，还可以架设采集图形工作站，搭建网络电视或实况直播应用，在已经部署录播系统或直播系统的教室配置流媒体功能组件，这样录播实况可以实时传送到流媒体平台管理中心的全局直播服务器上，同时录播的学校本色课件也可以上传存储到总的教育云存储中心，便于今后的检索、点播、评估等各种应用。

6. 云会议

云会议是基于云计算技术的一种高效、便捷、低成本的会议形式。使用者只需要通过互联网界面，进行简单易用的操作，便可快速高效地与全球各地团队及客户同步分享语音、数据文件及视频，而会议中数据的传输、处理等复杂技术由云会议服务商帮助使用者进行操作。目前国内云会议主要集中在以 SaaS（软件即服务）模式为主体的服务内容，包括电话、网络、视频等服务形式，基于云计算的视频会议就叫云会议。云会议是视频会议与云计算的完美结合，带来了最便捷的远程会议体验。及时语移动云电话会议，是云计算技术与移动互联网技术的完美融合，通过移动终端进行简单的操作，提供随时随地高效地召集和管理会议。

三、云计算在图书馆中的应用

随着计算机和互联网技术的发展，云计算技术应运而生。图书馆向来是信息储存和利用的重要组织，所以加入到云计算的研究和应用当中来是必然。现代图书馆已不再局限于提供纸质文献，除此之外还提供文字、图像、音频、视频等数字信息的浏览和获取。对新型信息和网络技术的应用将成为现代图书馆建设和发展的重要环节和未来趋势。

将云计算技术应用到图书馆的先驱当属美国联机计算机图书馆中心 OCLC（Online Computer Library Center）。OCLC 及其成员图书馆相互协作，建立并维护 World-Cat 这一世界上最大的在线图书馆资源搜索数据库，通过共享数据驱动的合作网络，进行诸如采购编目、资源共享、馆藏管理等操作，该项目被认为是图书馆应用云计算的开端 O。

2009 年 5 月，两大开源机构库软件 Fedora 和 DSpace 合并成立 DuraSpace，提出云产品 DuraCloud：向学术图书馆、大学及其他文化遗产机构提供其数字内容的永久访问服务，存储交由专业存储提供者 DuraSpace 确保长期访问和便利使用的功能。2009 年 7 月，美国国会图书馆与 DuraSpace 合作进行为期一年的试验，使用云技术永久访问数字内容。其他参与机构有纽约公共图书馆和生物多样性遗产图书馆。

俄亥俄州图书馆与信息合作网（Ohio Library and Information Network. OhioLINK）使用了亚马逊的云计算服务，主要使用云计算服务进行公共数字资源的管理。匹兹堡大学的图书馆网站托管在亚马逊的弹性计算云（EC2）上，并且使用亚马逊的 S3 服务备份图书馆集成系统，将数字馆藏资源的管理依托在亚马逊的弹性计算云（EC2）上。加州理工学院图书馆使用 Google 公司提供的云服务应用进行图书馆部分信息的管理。美国东部州立大学将图书馆流通数据库和政府出版物管理数据库放在 Google AppEngine 上。在 Google 运行环境下使用互联网上的应用服务，用户也可以运行自己的应用程序，而不需要管理服务器的运行。

国内对云计算在图书馆领域应用的研究与国外相比差很多，通过对国内的云计算与图书馆相关文献的检索，发现我国云计算与图书馆研究的第一人是辽宁师范大学的李永先副教授，他在 2008 年发表了名为《云计算技术在图书馆中的应用探讨》的文章，其中对云计算技术的概念做了详细的介绍，并在分析了云计算技术的特点之后，针对性地分析了我国的图书馆界对于计算技术重点关注的问题。2010 年以后，我国对于云计算与图书馆的相关研究日益普遍，越来越多的专家和学者加入到探讨云计算技术在图书领域应用的行列。通过分析大量的文献发现，这些文献主要都是针对云计算的含义、特点和原理等基础理论进行分析。

而国内对于云计算的应用则是在 2008 年 3 月，当时谷歌宣布与清华大学合作，推出中国的云计划。我国图书馆界应用云计算服务的著名例子是中国高等教育文献保障系统（China AcademiC Library &InformationSystem，简称 CALIS），中国高等教育文献保障系统在总结了云计算在国外一些图书馆应用成功的案例后，开发了自己的云计算服务平台（Nebula 平台），通过该平台的使用，在我国建立起一个全国范围内的高校数字图书馆云服务中心，Nebula 平台通过分布式的数字图书馆的虚拟化，为独立的图书馆信息资源的共享带了新的机遇，为我国的图书馆领域应用云计算做了一个很好的开端。除此之外，广州图创计算机软件开发有限公司推出的图书馆集群管理系统（Interlib），北京华夏网信科技有限公司创建的智能化的数字信息交互平台，即基于 Web 的集群图书馆管理系统——中国专业图书馆网（CSLN），为图书馆用户提供了实现业务管理的全面自动化。

第三节　图书馆2.0

　　自2005年以来,图书馆2.0一直是图书馆研究和实践的一个热点。范并思先生的《图书馆2.0:构建新的图书馆服务》一文,成为国内最早的图书馆2.0研究的重要文献,其观点具有广泛的影响力。论文中提到最早的较为成熟的图书馆2.0概念是2005年9月博客Library Crunch的博主Michael E. Casey对Web 2.0在图书馆的应用进行了探讨,由于Casey的大力宣扬,恰值Web 2.0成为互联网最流行元素,图书馆2.0的概念和理论逐渐受到图书馆界的关注。

一、关于图书馆2.0

　　学界普遍认为Web 2.0是一种以用户为中心的网络技术与服务,而图书馆2.0则是Web 2.0在图书馆界的应用,再进一步通过Web 2.0的思想,研究与改进图书馆数字化服务的一种认识与思考。而笔者则认为,犹如Web 2.0之于Web1.0一样,带来了互联网服务的本质改革,既然前提条件是针对"图书馆",那么图书馆2.0也应该是整个图书馆服务、图书馆管理、图书馆研究等的由里到外的变革,而不仅局限于图书馆的Web 2.0应用,或者说只针对图书馆的数字化服务。简单地说,图书馆2.0就是升级整个图书馆,图书馆进入全新的发展时期。有了这样的思考,笔者搭建了图书馆2.0的理论框架,进行了相应的学术研究,并基于这种以用户为核心的理念完成全新的图书馆2.0管理信息系统的研发。

(一) 图书馆2.0产生的背景和各种观点

　　词汇来源的、最具参考价值的Web 2.0的核心是让互联网服务,从受众变成参众。2006年美国《时代周刊》把年度人物选为"你",副标题为"没错,就是你。信息时代由你掌握。欢迎进入你自己的世界"。很显然,Web 2.0的网络传播与文字、印刷、电视的发明不同,它不是一种自上而下的传播,而是一种自组织式的传播形式,是从下到上地进行传播。技术改变着整个社会,这次的改变是具有革命性的。图书馆的变革也随之开始,因为进入21世纪以来,信息技术的发展和思维日益影响到图书馆的发展。新加坡图书馆在《2000年的图书馆》的报告中提到未来图书馆就会有7个方面的"范式演变",意味着传统图书馆业务模式和管理系统需要进行全面变革。这 7 个方面是：

①从图书的保管者到服务本位的信息提供者。

②从单一媒体到多媒体。

③从本馆收藏到无边界图书馆。

④从我们到图书馆去到图书馆来到我们中间。

⑤按时提供（in good time）到及时提供（just in time）。

⑥从馆内处理（in sourcing）到外包处理（out sourcing）。

⑦从区域服务（local reach）到国际服务（globe reach）。

图书馆系统与服务供应商 Talis 公司在白皮书《对图书馆重要吗？图书馆 2.0 的兴起》中，也提出了图书馆 2.0 的 4 项原则：

①图书馆无处不在（The Library is Everywhere）。图书馆 2.0 超越了"没有围墙的图书馆"的概念，将图书馆的相关内容复制到用户需要的任何地方和任何时候，读者可以通过访问其他 Web 站点就能获取图书馆资源。

②图书馆没有障碍（The Library Has no Bamers）。图书馆 2.0 确保图书馆管理的信息资源是可以在其被需要的位置上被获得的，使用中障碍是最小的，消除系统和信息的围墙，实现信息民主。

③图书馆邀请参与（The Library Invites Participation）。图书馆 2.0 鼓励参与，尊重馆员、技术合作伙伴和其他人的贡献，促进读者对已经使用的和希望获取的资源提出自己的观点等。

④图书馆使用灵活的单项优势系统（The Library Uses Flexible，Best‐of‐breed Systems）。"best‐of‐breed"（简称 BoB）是由用户挑选最好的单项系统后组合成新系统，这种开发理念具有更大的灵活性。图书馆 2.0 系统能够为图书馆提供灵活的、最好的系统架构。

作为一个系统供应商，Talis 白皮书对图书馆 2.0 的描述偏重于开发者的角度。更多的学者从图书馆人性化服务的角度讨论图书馆 2.0。如 Mere‐dith 在"高等教育博客会议筹备网"访谈中提出图书馆 2.0 的概念要素包括无缝的用户体验、更多地呈现于社区的图书馆、允许读者参与等。

（二）图书馆 2.0 理念的基本理解

图书馆 2.0 不论是从图书馆管理理念、服务理念方面，还是从系统架构方面，都初步明晰为一种革命性的变化，在知识呈现爆炸性增长的今天，这个变革将会迅速地影响图书馆，推动图书馆快速向图书馆 2.0 转变。在这样的变革中，图书馆

2.0 理念的要点至少包括 5 个方面：

①馆藏资源，从"为我所有"转变成"为我所用"。

②服务，从简单的文献服务转变为广泛的知识服务。

③图书馆管理，从对图书的管理，转变为对人流、物流、知识流的管理。

④系统架构，从基于业务流程变成基于用户服务。

⑤读者通过 Web 2.0 获得个性化知识服务，并广泛参与图书馆的资源建设和服务。

既然要研究图书馆 2.0，就需要总结图书馆 1.0。Web1.0 是受众的互联网服务，图书馆 1.0 是什么？它与图书馆 2.0 有着什么样的本质变化？我们可以理解为：

图书馆 1.0 是基于图书馆馆藏资源的文献服务。

图书馆 2.0 是基于用户的知识服务。

图书馆的本质没有发生变化，都是对于读者的服务，但是服务内容、服务方式、服务的重点、学术研究的关注重点则发生了变化，而这种变化对于现阶段的图书馆来说，应该就是革命性的。图书馆 1.0 和图书馆 2.0 在图书馆管理与服务方面的不同参见表 7-1。

表 7-1　图书馆 1.0 和图书馆 2.0 的比较

比较项目	图书馆 1.0	图书馆 2.0
资源	图书馆馆藏文献；馆际互借	图书馆的馆藏文献；馆际互借；互联网；读者自建……
服务	文献借阅；数字资源检索	文献借阅；通过网络的知识提供和获取
用户	持有借阅证的读者	持有借阅证的读者；广泛的互联网用户
馆员	图书馆的员工	图书馆员工；虚拟的图书馆在线志愿者
参考咨询	读者向馆员咨询	读者、馆员（含虚拟馆员）共同参与
系统架构	以图书为线索的业务工作	以用户（馆员和读者）为线索的管理和服务
元数据	MARC	MARCXML；DC
数据交换和共享	239.50	XML
图书馆网站	图书馆概况，数字资源列表，书目检索	知识聚合的服务门户

二、图书馆 2.0 的理论架构

在传统图书馆学的范畴，通常针对纸质文献开展研究和服务，重点关注技术方法和管理手段。阮冈纳赞的"图书馆学五定律"是传统图书馆学的理论基础，其描述的对象都是针对图书而非知识。随着社会的进步，现代图书馆学尤其是图书馆 2.0，需要重新搭建简化的、优化的理论架构，架构的基础是针对读者需求的"知识"而进行，经常需要长期的实践研究。笔者认为资源、管理和服务，是现代图书馆学最核心的三要素，资源是基础，管理是手段，服务是目的，三位一体的循环发展，从而构成图书馆 2.0 的理论架构。

（一）图书馆 2.0 的资源

1. 馆员、读者与设施设备

这是图书馆的基础资源，也是必不可少的资源。在新技术背景下，图书馆建设、自动化设备等都值得研究，在此不再冗述。前面关于图书馆 2.0 的理解是"基于用户的知识服务"。那么用户这个角色，在图书馆 2.0 系统建设中有着至关重要的作用，因为他（她）是图书馆 2.0 系统永恒不变的线索。就理论而言，用户是指馆员和读者。而就系统而言用户将包括以下几个方面：

（1）系统管理用户：不能参与业务操作，仅进行系统后台管理。

（2）不同业务管理权限的馆员：包括馆长、副馆长、部门主管、馆员、临时工、勤工助学的学生等。馆员与业务管理的关联是可管理的、可跨部门的，以此实现图书馆 2.0 针对馆员的个性化。

（3）认证读者：持有图书馆借阅证的读者。在图书馆 2.0 中，应尽可能取消读者的等级，因为获取知识的权利应该是平等的。需要注意的是，读者作为图书馆最宝贵的用户资源，越来越受到重视，重庆大学图书馆从 2006 年开始，给毕业的同学发放"校友借阅证"，保证了图书馆服务对象的日益增长。

（4）网络读者。由于图书馆 2.0 系统会提供大量的基于网络的知识服务，因此网络读者的角色将成为主流，用户通过网络注册后成为图书馆的网络读者。因为知识产权的原因，或许他（她）不能直接点击各个数据库，但是他（她）能够得到其他知识服务，如 Blog、Wiki、RSS、Tag 等，也可以向馆员索取所需文献，或者向这个网络社区中的其他人进行文献求助。

2. 文献资源

当前各个图书馆不得不面对纸质文献和数字文献共同发展的现实，一些图书馆的年文献保障能力，数字文献已经超越了纸质文献。图书馆 2.0 的开放性意味着今后图书馆的文献资源将主要包括以下 3 大类。

（1）馆藏资源。图书馆收藏的文献资源主要是纸质文献。这是图书馆 1.0 的主要业务工作，在图书馆 2.0 的管理和服务中，应更加完善和人性化。

（2）数字文献。目前主要是各类检索数据库和全文数据库，它们或者是自建的，或者是通过数据库商购买的。今后还将包括多媒体资源，如多媒体课件、图片资源库、音乐资源库、视频资源库等。

（3）共享资源。既然是"为我所用"的文献资源策略，图书馆2.0的共享资源将会逐渐成为图书馆开展文献服务的重要支撑。它的来源主要有3方面：与图书馆签订有文献共享协议的文献服务机构、互联网资源、在个性化的门户中读者分享的资源。

（二）图书馆2.0的管理

针对上述资源，自然而然形成多种管理——采访、编目和流通等，是传统业务工作中对于馆藏文献的管理；目录学是图书传统业务管理的理论基础；为发挥更大的服务效率，人力资源管理是针对馆员和读者的必要手段，也有相应的科学的理论基础和方法论；对于各类现代化设备的熟悉、应用和操作管理是图书馆日益重要的课题。图书馆将具有"用户流""业务流""知识流"，合理的管理流程是实现图书馆2.0管理系统的目标等，图书馆管理不再单独针对图书，而扩充为针对文献资源、馆员和读者、设设施设备、知识服务的系统工程。

（三）图书馆2.0的服务

图书馆2.0最终目的是在传统文献服务的基础上，向读者提供基于文献内容的知识服务。如知识发现服务——为读者提供搜索全部文献资源的工具，知识管理服务——为读者提供个性化的管理图书馆文献资源的应用系统；为读者提供保存文献资料、私有文档的存储空间，知识共享服务——向读者提供馆际互借、全文传递、代查代检等服务。

三、图书馆2.0在重庆大学图书馆的实践案例

与以前的图书馆自动化系统相比较，图书馆2.0最大的区别是整个系统的架构。原来的系统架构都是基于对图书流程的控制，随着数字图书馆的兴起和信息技术的不断发展，日益增加的业务系统和数字文献资源却逐渐成为新的图书馆信息系统中的"信息孤岛"。

重庆大学图书馆自2006年5月起，基于上述的对图书馆2.0的理解，开始研发全新的图书馆管理系统。新的系统架构全部基于读者和馆员，分别建设具有底层数据关联的基于馆员的图书馆现代管理系统和基于读者的网络知识服务系统，以及

用于知识发现的学术搜索引擎。犹如一棵大树，树干是"人"，业务系统则是树枝，不同的业务系统授权于不同的"人"。有了这样的架构，今后可以不断地围绕"人"这个树干，增加新业务系统作为树枝，而不至于使新出现的服务系统、文献资源成为"信息孤岛"。

（一）图书馆 2.0 的系统思路

（1）改变了原有图书馆系统以业务工作为核心的自动化系统，成为以"人"为核心的管理系统。"人"包括馆员和读者；用户流、业务流、知识流的整体解决方案，体现了图书馆 2.0 的发展趋势；通过互联网门户系统，以馆员和读者为线索，实现业务模块的权限控制，整合全部业务工作，也便于今后与各商业系统做用户的系统接口，随时新增功能模块。

（2）增加图书馆管理者的参与和控制，基于 LSP（企业 ERP 系统发展而来的新概念，Library Service Planning，图书馆服务计划）的理念，以促进服务效率为宗旨，馆长可以对业务工作进行调控，分派各类业务工作，并随时查看图书馆的运行状况。部室主任负责定期提交规范报表，作为工作内容而非统计功能，规范运作。

（3）体现图书馆的管理思路，整合除传统图书馆业务工作之外的其他图书馆工作：数字资源采购、数字资源管理、资金运行管理、资产管理、公文系统、人事管理、临时工管理、党务党员管理、消防管理、培训管理、奖惩记录等，符合图书馆管理的实际情况，提高综合管理水平。

（4）构建与图书馆门户系统相适应的知识管理系统。有针对性地为学科读者开展服务，提供信息推送系统，随时将最新的学科信息提供给读者，实现读者的个性化服务。读者登录门户系统后，可以自行定制自己的个性化图书馆，并提供虚拟存储空间，按照门户系统提供的元数据标准，建设自己的专题数据库备查，同时自行设定是否在整个资源系统中共享。

（5）全面集成图书馆传统文献服务和数字信息服务（数字图书馆、虚拟参考咨询、BBS、BLOG、WIKI 等），基于用户的开放平台便于进行功能扩展，随时根据网络技术的发展提供新的知识服务。

（二）图书馆 2.0 的软件体系

按照上面的思路，同时针对以前信息管理系统存在的问题（图书馆资源的隔离及信息服务的孤立、不能全面集成图书馆的业务和管理工作、信息孤岛现象日益严重、难以体现图书馆的管理思路），重庆大学图书馆将图书馆 2.0 的理念引入到图书馆管理系统中，提出"基于用户，面向服务"的五层 SOA 架构体系（见图 7 -

2)，分别为硬件平台层、系统平台层、文献数据层、业务管理层、知识服务层，根据"资源、管理、服务"三位一体的2.0理念，构建了图书馆2.0集成管理系统，将图书馆2.0管理系统分为图书馆知识搜索（解决资源问题）、个人书斋（解决服务问题）、管理系统（解决管理问题）三个子系统原型。系统采用大量Web2.0技术，如RSS、Blog、Tag、Wiki、SNS。

#图7-2　图书馆2.0的五层架构体系

(三) 图书馆2.0系统的三大子系统

(1) 子系统1：以馆员为核心的图书馆管理系统。原有的图书馆集成管理系统均是以馆藏纸质图书为核心，针对上述各类型文献资源，自然而然形成有针对性的多种管理模式：采访、编目和流通等业务流程。其业务流程是单线程的。图书馆2.0为发挥更大的服务效率，还需要将图书馆的人力资源管理、行政管理、读者管理、文献服务管理都纳入业务流程中，以馆员为核心，合理进行流程控制。

(2) 子系统2：采用Web 2.0技术的网络知识服务系统。网络知识服务系统命名为"个人书斋"，整合了图书馆的网络服务，采用了SNS社会网络的技术方法，为用户提供个性化服务和个性化空间，提供了我的图书馆、读者博客、我的图片库、图书收藏、RSS阅读、WIKI协同写作等功能，打造读者个性化学习平台，满足用户个性化服务的需求。

(3) 子系统3：统一检索平台。采用元数据收割方式，构建了统一检索平台，即类似百度、Google的"知识搜索引擎"，不仅包括馆藏图书的检索，还整合已有的数字图书、数字期刊和其他网络资源，方便读者检索利用，并基于知识搜索引擎构建网络服务功能、图书评论和读者沙龙系统，以体现图书馆的文化功能。

图书馆2.0现代管理系统的整体解决方案，对于国内图书馆2.0的研究和实践具有很好的推动作用，推动了图书馆2.0的应用实践，为读者提供高质量的知识服务，提高读者的用户体验，提升图书馆的整体管理与服务水平。基于图书馆2.0理念的图书馆管理系统的开发与实施，在国内图书馆界引起高度关注，由图书馆自主开发的2.0系统的良好实施，坚定了图书馆实施2.0的信心，极大地推动了图书馆2.0的进一步推广。系统已经在重庆大学、西南交通大学、第三军医大学、后勤工程学院、重庆师范大学、长江师范学院、四川美术学院等20多个高校图书馆得到了应用。

四、现状与未来

经过几年的研究和发展，图书馆 2.0 已经给图书馆带来了明显的变化。图书馆的学者不限于理论研究，大量的实践应用已经出现，比较有特色的是上海交通大学的 IC2，重庆大学的整体解决方案，清华大学、台湾大学、西南交通大学、厦门大学、暨南大学等图书馆的 2.0 实践，越来越多的图书馆正加入到图书馆 2.0 的研究和实践中。

尽管图书馆 2.0 是业界的一个热点，致力于此的研究者和图书馆馆长很多，但是图书馆 2.0 理念的传播还很不均衡，图书馆 2.0 已经不是技术爱好者的小打小闹，而逐渐成为一种人人参与的力量。普遍均等的参与精神让图书馆重新焕发活力，图书馆 2.0 已经从草根一族、纯技术的研讨上升到了一个新的层次。但目前图书馆 2.0 的发展还存在一些问题，主要有以下几点：

（1）图书馆 2.0 成熟的整体解决方案的案例还不够多，一些重要的图书馆没有参与其中，但各个图书馆普遍采用 Web 2.0 技术构建自己的某项服务。

（2）数字图书馆建设的难题，一定程度上制约了图书馆 2.0 的发展，因为毕竟图书馆 2.0 主要是依托于数字图书馆的，如传统文献资源和数字文献资源统一检索的难题。

（3）图书馆 2.0 不仅是数字图书馆的事情，传统图书馆也需要 2.0 化，但是传统图书馆的发展还不够快。如典型的传统图书馆 2.0 应用——信息共享空间，国内也只有少数几个有条件的图书馆在尝试。

图书馆 2.0 发展的核心问题还是实践应用，只有更多的图书馆尝试用图书馆 2.0 来构建自己的文献服务体系，才能推动整个事业的发展。当然也有人在问 "Web3.0" 已经来了，是不是应该发展和研究"图书馆 3.0 其实图书馆 2.0 不仅代表了一种服务的升级，更多的是一种理念而不是技术，Web3.0 不论是语义技术还是普适计算，甚至云计算，都可以归入图书馆 2.0 的范畴。技术永远是为理念服务的，当越来越多的图书馆参与到 2.0 的实践中来，必将有利于进一步推动图书馆 2.0 的应用和发展，相信图书馆 2.0 的研究和应用会得到持续发展，因为它的核心也是图书馆服务。

▶ 第八章

移动图书馆发展研究

第一节　移动图书馆服务模式探索

移动技术的进步，使得社会公众真正实现了任何时间、任何地点接入移动通讯网络的愿望。移动上网普遍发生于生活的各个场景，逐渐发展成为社会公众的一种常态生活方式。以图书馆为例：社会公众已经逐渐习惯于利用候车、排队、吃饭等零散的"碎片"时间查询图书馆馆藏资源、个人借阅信息；休息之前，通过 WAP 网站阅读电子书、欣赏移动图书馆所提供的高品质音乐、视频等文化资源正在成为公众放松身心、娱乐自我、缓解工作压力的一种重要途径。功能强大、种类繁多的移动服务已经将用户与移动通讯网络紧密、无缝地捆绑在一起——移动技术的进步不但深刻地改变了用户利用网络的方式，而且正在潜移默化地影响着用户的传统生活。

在用户尽情享受移动网络所带来的全新体验的背景下，中国移动网民的队伍得到空前的壮大。据中国互联网信息中心 2012 年 11 月发布的《中国手机网民上网行为研究报告》统计，截至 2012 年 6 月底，我国手机网民规模达 3.88 亿，在整体网民中占比 72.2%，首次超越台式电脑网民数，成为我国网民第一大上网终端。巨大的用户群体与利润吸引着移动服务提供商、通讯服务商、应用开发商等众多商家纷纷进入移动内容与服务领域，并开始在电子书阅读、学术资源在线利用等图书馆传统服务领地与图书馆展开竞争。

作为保障信息公平与知识权利的公益性社会机构，图书馆能否抓住移动技术发展所创造的机遇，创新服务模式，拓展服务功能，向全社会提供普遍均等、超越时空限制的知识服务，就成为其当前所面临的最紧迫的理论与实践课题。本文通过对我国移动图书馆服务模式发展的现状进行深入考察，力图把握其发展轨迹、基本现状、存在的问题与影响因素，进而为我国移动图书馆的健康发展提供可资借鉴的理论依据。

一、移动图书馆服务模式理论研究现状

（一）移动图书馆服务模式的定义

伴随着移动图书馆服务实践的深入开展，我国也正在形成了移动图书馆服务模式理论研究的热潮。但我国图书馆界对移动图书馆服务模式的认识还停留在传统图书馆阶段，即认为移动图书馆服务模式不过是传统图书馆服务模式的延伸与拓展，只不过在服务功能、服务手段等方面有所创新；在移动图书馆服务模式的内涵、表现维度等诸多关键命题上还未形成统一的认识。本文通过梳理国内外相关的研究成果，对移动图书馆服务模式作如下定义：所谓移动图书馆服务模式，是指伴随着无线网络通讯技术的进步，图书馆所采取的不同类型的移动服务实现方式。

（二）移动图书馆服务模式的研究内容

从研究内容上看，目前国内移动图书馆服务模式的研究主要集中在以下 4 个方面：

1. 国内外移动图书馆服务模式比较研究　高春玲（2011）比较了中美图书馆移动阅读服务服务模式的差距，指出："国内移动图书馆服务主要以短信和 WAP 网站访问为主。其中，目前我国短信服务是主流服务模式。而美国移动图书馆服务则主要包括短信、WAP 网站访问、Application 模式"[2]。

殷长庆（2012）认为："国内移动图书馆服务模式比较单一，基本是短信服务和 WAP 两种服务模式，国外已经使用的 I－Mode 模式和智能手机 Appli－cation 模式还未在国内实现。美国移动图书馆服务模式则更为多样化，且短信服务普遍应用于参考咨询服务，WAP 网站访问是主流服务模式，Application 模式也渐成趋势"。

姜颖（2011）通过对中美两国公共图书馆和高校图书馆提供移动图书馆服务进行比较、分析，进而得出结论："两国在服务内容、移动设备和网络普及率等方面所存在的差异，使得我国移动图书馆服务以短信为主，而美国移动图书馆则以WAP网站为主"。

2. 移动图书馆服务模式建设案例　孙杨（2012）以北京航空航天大学图书馆为例，提出："较为完善的图书馆移动信息服务系统应包含短信平台、WAP平台和移动阅读客户端，以满足不同用户对图书馆移动性的需求"。

3. 移动图书馆服务模式比较研究　靳艳华（2013）认为移动图书馆的服务模式主要有短信服务和WAP站点服务模式，并从软硬件接入门槛、功能等方面比较了两者的差异。

王菁璐（2012）认为："目前，移动图书馆的服务模式主要有基于WAP的移动图书馆服务、智能手机APP的开发、QR二维码的应用、短信服务平台的新拓展、基于物联网的智能图书馆系统、数据库的移动阅读和获取等等"。

戴晓红（2012）提出：国内主要存在短信服务、WAP服务和电子资源全文阅读等三种服务模式。

罗晓涛（2013）认为："目前国内移动图书馆的服务模式主要有SMS、WAP网站、APP三种模式。SMS模式信息提醒及时，但服务内容过于简单；由于移动终端浏览器并不如PC机浏览器软件方便快捷，因此WAP模式受众不多；由于APP建设成本过高，目前国内图书馆很少提供APP服务"。

4. 移动图书馆服务模式的调研与设计　魏群义（2013）以"985"高校图书馆和省级公共图书馆为调研对象，采用网站访问、网络调研与文献调研等方法，分析了当前我国移动图书馆服务模式发展现状："高校图书馆所采取的业务模式以SMS和WAP服务为主，而公共图书馆则以WAP服务为主，清华大学、东南大学、上海图书馆等少数图书馆开通了客户端服务，供智能手机用户下载使用"。

宋恩梅、袁琳（2009）梳理了我国移动数字图书馆的发展轨迹，认为："2007年以前，主要是以短信服务为主，2007年以后随着无线网络技术的发展，图书馆WAP服务逐渐兴起，与短信服务形成互为补充的格局，"并对已开通有WAP网站的16家图书馆进行了登录，考察了其功能、界面、操作等实际运行状况。

通过以上对国内外图书馆移动服务模式现状的综述，可以看出：①国内图书馆在服务模式方面的研究及其实践应用已取得了一定的成绩。相比于国内，国外的研究与实践开展得更早，服务模式比较成熟，移动服务的社会覆盖率与均等化程度也较高。②就服务模式的类型而言，国内模式较为单一，而国外则较为多样化。③就服务模式的层次而言，我国与发达国家存在着较大的差距。目前，短信服务仍是国内主流移动服务模式，而国外是以 WAP 网站访问作为主流服务模式，并且客户端应用模式大有后者居上之势。

二、移动图书馆服务模式比较分析

目前，图书馆学界普遍认为移动图书馆存在着短信、WAP 网站与客户端应用等三种服务模式。这三种服务模式的差异主要体现在实现方式方面（网络接入技术与移动终端），并在时间、功能、层次等诸多方面呈现出从低到高、逐次递增的变化趋势。

理论界的综合研究结果表明，网络接入技术与移动终端、利用素养与技能仍然是影响用户获得普遍均等服务的主要障碍。笔者结合当前移动图书馆服务模式的特点与现状，选取了移动通讯网络、移动终端、成本、利用素养与技能共 4 个具体指标作为比较依据，对三种服务模式进行细致的比较研究，以期发现其在践行为广大社会公众提供普遍均等服务方面的局限与不足。

（一）短信服务模式

短信服务模式是三者中历史最为悠久、使用范围最广、利用门槛最低的服务方式。具体而言：①移动通讯网络：其对网络接入技术环境（如移动通讯网络的类型、带宽、速率等因素）都没有太高的要求。无论是传统的 2G，还是最新的 3G 网络，只要有移动通讯网络覆盖的地方，都是短信服务模式能够发挥作用的范围。②移动终端：作为与语音服务相并列的基础服务，短信服务不要求用户连接移动互联网与实施软件应用，因此手机等移动终端无需太高的软硬件配置，几乎每个社会成员的手机都能符合要求。③成本：短信服务利用的成本非常低，收、发短信只需 1 角钱，"套餐"方式则价格更为低廉。如此优惠的价格使得普通社会公众也能够负担得起接入与使用短信服务的成本。正因为短信服务模式所具备的上述特点与低廉的价格，因此其也最具有亲民性，成为当前使用群体最为广泛的服务模式。④利用技能与利用素养：短信服务模式对用户的利用技能与素养要求较低。众所周知，利用移动互联网要求用户具备基本的信息素养与技能素养。短信服务作为手机的基本功能，其操作简单、方便，只要用户具备基本的文化基础，哪怕不是很熟悉信息技术也能够很快掌握其应用方法。

不足：正因为其进入"门槛"低，使得其只能以文本方式完成借阅信息通知、新闻发布等基本功能。随着时代的发展，其服务手段与功能已逐渐难以满足日益变化的用户需求。

（二）WAP 网站服务模式

WAP 网站服务模式是一种窄带方式传输数据的服务方式，也是目前移动网民利用互联网与移动图书馆的主要方式。具体而言：①移动通讯网络：与短信服务模式相比，WAP 网站服务模式要求较高的网络接入环境，最好是带宽、速率、吞吐率等各方面性能都较好的第三代移动通讯网络。②移动终端：WAP 网站服务模式是通过手机访问专用和通用网站的形式来提供信息服务的，因此用户所持的移动终端必须是具备上网功能的智能手机，且应配置浏览器、QQ 等网络应用程序。③成本：WAP 网站服务模式利用成本较高，网络接入方式的变化也产生了较高的上网流量，以 KB 为计量单位的计费方式使得绝大多数移动网民选择包月这一较为实惠的套餐消费方式。④利用技能与利用素养：对于普通的学生和接触互联网较早的网民来说，通过移动通信网络、以移动终端为平台利用移动互联网，就如同使用固定电脑接入互联网一样简单与正常。但对于那些没有接受过长期的利用技能培训、信息素养与文化水平较低且不熟悉移动图书馆网站设计界面、不习惯通过繁琐的手机操作接入移动互联网的普通社会公众来说，WAP 网站服务模式无疑又增加了他们的利用难度。

（三）客户端应用服务模式

客户端应用是移动图书馆、数字图书馆与移动终端应用紧密融合的产物。在客户端应用服务模式下，移动用户无需考虑服务是谁开发的，由谁提供的，并采用何种方式访问；避免了重复、繁琐地输入网址的操作负担；扩展性强、内容丰富、功能强大等移动客户端应用特点为用户带来了前所未有的网络体验，因此代表了当前移动图书馆技术最为先进、功能最为强大的一种服务模式。具体而言：①移动通讯网络：与前两种服务模式相比，客户端应用服务模式要求极高的网络接入环境最好是带宽、速率、吞吐率各方面性能都较好且支持多媒体、超媒体应用的 3G 或最新一代的移动通讯网络。②移动终端：在其丰富的软件应用背后，是更高的进入门槛（高配置的移动终端，高性能的处理器与操作系统以适应客户端应用对应用处理与网络流量的需求）。③成本：高端的网络应用（多媒体、超媒体）形成了高负荷的网络流量并产生了高额的上网费用，普通社会公众难以负担接入移动通讯网络、购买与维护移动终端设备、使用移动图书馆服务的高额成本。④利用技能与利用素养，在该种服务模式下，接入与使用包括图书馆在内的移动互联网资源只需鼠标点击应用图标即可实现。其最大限度地迎合了对计算机软件、硬件，尤其对移动网络环境比较熟悉的资深网民的操作习惯与需要。因此，深得他们的喜爱。然而，对于广大接触互联网较晚的社会公众来说，接入与使用移动互联网意味着他们又必须要在学会利用互联网操作的基础上，重新掌握每一种客户端应用的界面与操作习惯，从而人为地加重了他们的利用负担。

三、移动图书馆服务体系的服务模式探索

让每一位社会成员都能够享受到普遍均等、无差别的信息服务是全世界图书馆努力践行的使命与不懈追求的目标。移动互联时代，这种历史使命与对核心价值的坚守并不会因为移动信息技术所引发的革命而发生任何的改变，图书馆界在任何时候都必须清楚地认识到，任何技术手段、服务模式的完善与更新只有一个目的，那就是提供能够覆盖全社会绝大多数成员的信息服务，保障社会公众获取信息与知识的权利。目前，对于图书馆界而言，现存的三种服务模式在实现这一目标方面都存在一定的不足。因此，未来的移动图书馆服务模式不应只停留在技术层面的单一服务模式上，而应致力于发展既注重技术进步，又富有人文关怀的复合型移动图书馆服务模式——这种服务模式是上述多种服务模式的综合体。同时，它又是一种成熟而系统的服务模式，能够比较合理地处理并最小化社会公众在移动网络接入与使用、知识获取与利用等方面的不利因素。具体操作层面，图书馆要从注重服务群体的差异性、努力创造"移动服务机遇"等两方面有针对性地加强服务模式建设。

（一）移动图书馆服务模式设计的出发点

1. 注意服务群体的差异性

目前，社会公众在接入与使用移动通讯网络的硬件条件方面（尤其在移动通讯网络与移动终端的占有与使用上）存在着巨大差异，这种差异客观上形成了三种基本的用户群体，并由此决定了他们所能利用的服务模式。第一种是使用普通的 GSM 服务网络与最普通的、只能完成语音与短信功能的手机的用户群体。并且，这部分用户还占据全部社会成员相当大的比重。来自中国互联网信息中心的统计数字显示，2G、2.5G 等传统网络依然是目前手机网民的主要网络接入方式，比例为57.0%。硬件基础条件的限制使得他们只能利用第一种服务模式即短信服务模式。第二种用户群体拥有较高性能的智能手机，他们多为在校学生或使用互联网较早的人群，对移动互联网具有深厚的兴趣与较强烈的需求，习惯利用 WAP 服务模式访问图书馆资源。第三种用户群体是紧跟移动通讯技术发展潮流的移动网民。他们一

般都具有较高的文化程度、收入水平、较长时间的移动网龄，拥有 IPAD、苹果等高端移动终端，雄厚的物质基础使得他们尤其喜欢通过客户端应用模式接入移动图书馆。对于他们来说，坐上高速车（移动终端）、跑在高速路（3G 高速网络）、玩特色（使用个性化、丰富的移动图书馆应用程序）已经成为他们利用图书馆的首选方式。服务群体的鲜明差异性及其利用图书馆服务模式的属性特点，是移动图书馆设计与优化其服务模式的出发点与重要依据。

2. 努力创造"移动服务机遇"

社会公众对移动通讯技术理解与掌握的差距，形成了事实上的利用素养与技能鸿沟，这种鸿沟不但影响了公众对移动信息与知识的获取利用，而且妨碍了他们从中获取利益、参与社会生活、开展创造活动的权利与机会，形成了新一代的移动弱势群体。因此，消除公众利用移动服务的素养与技能障碍，努力创造"移动服务机遇"，减少知识贫困和社会分化、社会排斥现象，维护弱势群体利用信息与知识的权利，就成为移动图书馆服务模式设计的重要战略。在此方面，美国总统克林顿的做法值得图书馆学习：他曾在国情咨文中提及并构建了如下目标：①专业技术平民化，让计算机、互联网以及高速网络等先进技术进入普通民众家庭。②技能培训规范化，让训练有素的专业技术人员深入基层，为民众提供正确、规范的技术培训和教育。③网络内容实用化，针对用户的客观需求来编纂、设计和提供网络服务内容以及各种应用软件，让所有美国人都能利用新技术最大限度地发挥自身潜力。

（二）移动图书馆服务模式框架

针对服务群体的上述特点，图书馆移动服务模式设计应该从用户第一的角度，广泛兼顾社会各层次服务对象的需求与基础条件，尽量简化社会公众接入与使用移动通讯网络的门槛，消除他们利用移动服务的素养与技能障碍，并有针对性地设计富有层次感、服务手段多样、服务质量稳定、极具普适性与惠民性的服务模式。

本文针对移动互联网环境设计全新意义上的移动图书馆服务模式，即通过非网络的常规服务与网络服务相结合的方式为社会公众提供移动信息服务。用户不仅能够通过电话、短信等基础服务实现馆藏信息查询、预约、续借、用户借阅信息查询、用户管理等图书馆传统服务功能，还能够通过 WAP 网站、客户端应用提供位置定位、二维码、流媒体等深层次服务。移动信息服务系统主要包含非网络的常规服务平台、短信平台与 WAP 网站服务平台、客户端应用服务平台等 4 大功能模块，通过常规服务与网络服务方式相结合，基本能够满足各类图书馆服务对象的需求。移动图书馆服务模式具体架构如图 8 - 2 所示：

1. 非网络的常规服务模式

图书馆可以在以下方面大力开展卓有成效的"移动扶贫"工作：①创建社区分馆技术服务中心，向买不起电脑、移动终端的人提供电脑硬件和移动信息技术的操作技能培训。②免费或以其他方式提供移动终端设备与网络接入环境。图书馆以低廉的价格或免费向民众提供电脑硬件和移动终端设备，在图书馆内大力营造免费的WIFI和WLAN环境，力图在实体馆覆盖的小环境内，率先实行移动信息"扶贫"。③图书馆向民众积极开展移动信息技术、移动图书馆服务内容培训。可以通过举办讲座、发放宣传单、手册、课件光盘的形式，增强社会公众的移动信息意识，提高他们的移动素养与利用技能，逐步消除他们对移动图书馆服务的畏惧感与排斥感，增强可接触感与亲近感。通过非网络的常规服务，让没有电脑和终端设备、不具备利用技能的社会公众也能够利用移动图书馆信息服务。

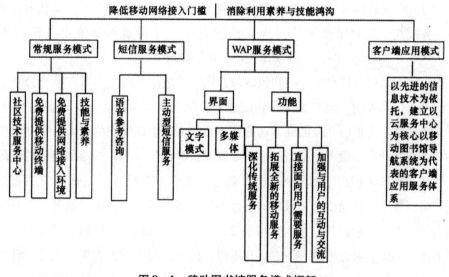

图8-1　移动图书馆服务模式框架

2. 短信服务模式

短信服务模式的先天不足与一成不变严重影响了其服务功能与服务效果，使得其在数字时代逐渐淡出了移动图书馆主流服务的视野。实际上，对于那些不具备接入移动互联网条件的广大社会公众来说，短信服务模式仍是他们在移动时代利用图书馆服务的有效手段与渠道。图书馆应深入挖掘短信服务模式的潜能，对更多的图书馆传统服务功能进行重组与改造，使其延伸到短信与电话语音服务上，让短信与语音服务承载更多、更丰富的动态内容与功能，从而使图书馆的移动服务更具有主动性、广泛性与亲近性。

- 语音参考咨询。短信服务模式可以提供基于文本、语音等多种方式的参考咨询服务。语音方式的参考咨询是指将文本、音频集成于一体，提供在线、即时的咨询方式。这种服务模式将参考馆员的咨询电话嵌入短信，用户只需点击短信中的电话信息即可与参考咨询馆员进行面对面的实时交流。这样，用户不必再记忆复杂的咨询电话号码，只要通过短信中的咨询电话就可以联系到参考咨询馆员，馆员也可以在第一时间内对读者提出的问题予以解答。这同时也解决了传统短信服务需要用户背诵短信指令、信息易堵塞、发送和接收受网络是否通畅影响等多重难题。

- 主动型的短信服务。短信服务是移动图书馆信息服务的重要组成部分，而传递资讯又是短信最主要的功能。据统计，网民以获取新闻资讯为上网目的的比例为58.2%，随时随地阅读的便捷性使手机逐渐成为获取新闻资讯的主要方式，突破传统媒体阅读的载体限制。作为以文本信息为主要承载内容的服务模式，图书馆要充分发挥短信服务模式在传播新闻资讯方面"小"、"快"、"灵"的特点，创新出主动型的服务模式。

作为图书馆移动信息服务的初级阶段，图书馆短信平台主要对向社会公众提供传统的借阅信息查询、超期提醒、到期催还、图书预约、续借、读者管理等功能。需要注意的是，这里所列出的许多功能并不是图书馆主动提供的，而是被动提供服务的。所谓被动提供服务，是指用户需要编辑包含特定格式的指令所组成的代码短信，然后将其发送到指定的服务号码，经短信平台处理后才能返回相应的查询内容。短信服务作为移动图书馆服务的重要手段，图书馆必须在主动服务、个性化服务方面深入挖掘、创新其服务内容与手段：①通过电视网、广播网、因特网大力宣传图书馆移动短信服务的内容、方式与手段，使短信服务的观念深入人心，让每个社会成员都能知晓图书馆的短信特服号码；②通过技术手段主动推送信息，图书馆大力升级、改进移动图书馆管理系统，主动、及时地推送借阅信息、预约等流通服务信息；③深化服务内容，改变过去短信服务只推送图书馆简介、新闻、讲座、规章制度等介绍性信息为主的服务模式，利用短信平台与移动图书馆自动化管理系统的无缝链接，动态地提供诸如电子阅览室剩余机器数量、生活小技巧、馆藏利用率、出行指南、热门资源推介、国内外重大新闻等社会公众生活中喜闻乐见的实用信息。

3. WAP 网站服务模式

- 界面设计。考虑到不同群体在网络接入条件方面所存在的客观差异，尤其针对用户移动终端的类型与功能差异，图书馆在界面设计时，应该推出两种形式的 WAP 网站：一种是文字模式。针对部分用户只能使用传统的二代网络与低配置的手机、网络带宽与移动终端存在利用瓶颈等客观现实，图书馆应对目前的 WAP 网站进行界面的全方位优化。优化的原则就是既保证资源丰富，又确保界面的简洁明了，使得普通用户也能够流畅访问：①去掉占据带宽的图片、FLASH、音频、小动画，只保留能够表达网站思想、实现网站功能的基本文字内容。②在版面安排方面多采用照顾普通网民使用习惯的设计风格。例如：将每个网页的版面限制在一个移动终端屏幕所能容纳的范围内，尽量不使用滚动条等不适合在小移动终端屏幕上所使用的元素；考虑到普通用户在移动终端上输入文字不便的现实情况，尽量减少文本框等元素的使用，而代之以列表框、单选、多选等贴心设计；减少网页链接的层数。网页调查显示，"网页信息每深入一层，用户多点击一次，就会损失一些访问者"，这一点对于 WAP 网站用户更具有重大的现实意义。用户在 WAP 网页之间切换时，远没有在电脑上那样方便与快捷。因此，要严格控制 WAP 网站链接的层数，链接的层数尽量不多于两层，并在次级页面链接的位置上设计醒目的返回按钮以方便用户的定位。通过以上设计举措，使得普通的社会公众在访问 WAP 网站时，能根据所给出的醒目提示，选择适合自己情况的 WAP 网站利用模式。这种设计，使得在接入移动互联网络方面存在巨大差距的用户在文本模式下也能够体验到贴心的设计、浓厚的人文关怀。另一种形式是多媒体模式的 WAP 网站。多媒体模式主要针对接入与使用硬件条件较好的用户，高配置的屏智能手机，强大的处理器与操作系统、大容量的网络带宽支持使得图书馆可以放心地在网页界面中加入 flash、音频、视频等丰富多彩的表达元素，选择高品质的色彩、图像分辨率、过渡效果，使用多框架、java 等多种网页设计技术，从而使得这部分用户充分体验到多媒体模式所带来的炫彩享受。

- 功能设计。WAP 网站服务模式是国内外移动图书馆所采用的主流服务模式。目前，我国同国外先进移动图书馆在服务内容与功能方面还存在着较大的差距，这种差距主要体现在国内移动图书馆 WAP 网站所提供的服务内容仍主要集中于流通服务、数据库检索等传统的图书馆服务，其只不过是将传统服务延伸到手机等移动终端上面。移动图书馆服务的内容、功能方面并未发生实质性的改变，创新程度不大，因此不能够对移动用户产生足够的吸引力。

为此，我国图书馆一方面要丰富 WAP 网站服务模式的内容。除继续深化图书馆传统的流通、参考咨询服务之外，还要积极拓展全新的图书馆服务（电子书、音频、视频下载、讲座预约、租借计算机）；另外，还要继续增加能够直接面向用户需求的服务类型。例如，提供城市中图书馆网点及其分布地图、图书馆电话、开放时间、出行指南、办证方式等贴心服务；针对广大社会用户，广泛提供他们日常生活需要提供的诸如政策、法律、饮食、医疗、交通、教育各方面的综合信息；图书馆要大力加强与用户的交流与互动，改变用户传统观念中移动图书馆服务冷冰冰的感觉，提供 FAQ、服务意见交流版、读者建议微博、视频参考咨询、图书馆读者 QQ 群、飞信群、离线参考咨询等交流服务，拉近用户与移动图书馆的距离。

4. 客户端应用服务模式

目前国内提供客户端应用服务模式的移动图书馆还不是很多，可供利用的客户端应用资源也不丰富，用户的利用率也不是很高，没有调动社会公众利用客户端应用的积极性与热情。为此，我们应该大力加强对先进信息技术的学习与借鉴，拓展客户端应用的规模和使用范围，促进客户端服务水平与内容的不断深化，实现由低层次服务到高级别服务、由实验中到可应用于实践中并普遍推广的转变。下面将以移动图书馆服务导航系统为例，介绍客户端应用在我国移动图书馆中的巨大发展前景。

移动图书馆服务导航系统是图书馆依托先进的数据库技术、云计算技术、存储技术而开发的全新客户端应用。为向全社会公众提供更加方便、快捷的移动信息获取渠道，图书馆以云计算技术为基础，在全国图书馆界建立一个海量存储的移动信息化体系，即"移动服务云"项目。图书馆"移动服务云"项目以一个核心为基础，两大辅助系统为支撑。一个核心为移动服务综合数据中心，两大辅助系统为公众信息咨询系统、行业管理系统。公共信息咨询系统功能是借助于遍布城市的查询终端与用户手机上所安装的智能导航系统来实现的。用户身处城市之中，只要点开手机中安装的"移动图书馆服务导航系统"应用，就可以随时随地以语音方式播报全国每一个城市的图书馆网点介绍，包括周围的吃、住、行、游、购、娱等各种旅游相关信息。例如：您现在所处的位置是哈尔滨市学府路，附近有著名的黑龙江大学图书馆、哈尔滨市图书馆等景观，还有中央红超市、华联超市等大型商服企业，您距离最近的图书馆是哈尔滨理工大学图书馆，直线距离 520 米，开车请走学府路，坐车请乘 68、87 路。移动图书馆智能手机导游系统只是上述的"移动服务云"

工程中的一部分内容。

当进入到某个实体图书馆之后，用户首先利用手机 SIM 卡应用完成身份识别与认证。然后借助导航系统"进入"到该图书馆网点，进入后，该图书馆的基本情况、楼层分布、资源利用方式等指南信息就以二维或三维可视化的方式展现在他们面前。在导航定位的指引下，用户不但可以在短时间内找到所需要的库室，而且利用 QR 二维码软件应用，还能够智能识别书架上所标示的资源信息，从而准确地定位到自己所需要的信息资源。

与以往不同的是，用户通过移动网络，在未来的移动图书馆中不但能够查询到本馆的馆藏信息，而且能够检索到国内所有图书馆的馆藏资源。在此基础之上，用户借助于丰富的应用不但可以在区域联盟内部实现通借通还传统的印刷资源，而且还能够广泛共享联盟内的所有数字信息资源、应用服务、硬件设备。

行业管理系统主要包括"移动服务云"中心、信息预测预报系统等。城市中所有移动图书馆管理系统均与其联网，图书馆云中心可以通过数据分析计算出每一个图书馆的人流情况，从而为突发事件提供支持依据。通过这一系统，中心还可以随时掌握图书馆的利用率等相关信息，完成对相关图书馆的读者信息统计，把握读者变化趋势，从而有效引导节假日与高峰期读者。

高技术的客户端应用将社会公众与移动通讯网络、移动图书馆服务无缝地融合在一起，社会公众可以通过应用享受到方便、快捷的移动图书馆服务体验；移动图书馆在提供客户端服务的同时，自身服务的自动化、系统化水平、信息资源的共享化水平也得到了极大程度的提高。客户端应用代表着未来图书馆服务的发展趋势，因此，图书馆应与自动化管理系统开发商、移动服务通讯商、移动互联网服务提供商、应用软件开发商密切合作，开发出功能更加丰富、操作更加便捷、更富于人文化的客户端应用，以满足社会公众日益增长的服务需求。

四、结语

创新图书馆服务模式，对于我国移动图书馆的发展具有至关重要的现实意义。我国移动图书馆从 2002 年起步，至今已发展了 10 余年。在此期间，虽然移动通讯技术进步迅速，但是移动图书馆发展却相对缓慢，普及率比较低，服务效果较差，公众的评价也不高。本课题针对上述现状，从消除用户利用障碍的视角，重新审视移动图书馆三种服务模式在提供普遍均等服务方面所存在的不足；认为移动设备与网络普及率、利用素养与技能障碍的存在是影响移动图书馆服务普及与深化的主要原因；注意服务群体的差异性、努力创造"移动服务机遇"、降低公众接入移动通讯网络的门槛、消除他们利用移动图书馆服务的素养与技能障碍，是目前移动图书馆创新服务、保障公民获得普遍均等的移动图书馆服务的有效措施。图书馆界应始终坚持以用户为中心的服务理念与普遍均等的核心价值，并有针对性地构建相应的服务模式与服务体系。希望本课题研究对于提高社会公众对移动图书馆服务的认同与认识、加快移动图书馆服务在全社会的推广与普及有所帮助。

第二节　移动阅读环境下大学图书馆的转型创新和合作

一、引言

随着数字化时代的到来，人类获取知识和信息的途径日趋多样化，基于电子产品的移动阅读以其方便快捷的服务模式越来越受到人们的喜爱。《中国手机阅读市场用户调研报告2010》显示，手机阅读已经成为移动互联网用户使用频率较高的应用之一，每天阅读一次及以上的用户达到45%。以手机阅读为主要代表的移动阅读已成为当代大学生普遍感兴趣的新的学习方式。大学图书馆作为知识传播和文化传承的重要基地，如何尽快适应这种环境和用户需求的新变化，积极探索移动阅读环境下新的服务模式和服务内容，已成为国内外图书馆近几年关注的热点。

二、国内外图书馆关于移动阅读的研究与实践

移动阅读通常是指人们以手机、MP4、PSP等移动设备为通讯终端，通过无线/移动通信网络进行的口袋化、移动化、个人化的电子阅读行为，阅读的内容包括图书、杂志、动漫及各类互动资讯等。

移动阅读具有阅读工具的便携性和可移动性、阅读内容的可检索性和及时获取性、阅读行为的持久性和连续性、阅读效果的低碳性和绿色性、阅读影响的广泛性和社会性等特征。

移动阅读，尤其是手机阅读最初兴起于上世纪末的日本。本世纪以来，移动阅读在欧美等国图书馆界受到关注，主要集中在对移动工具或设备的介绍以及对用户移动阅读使用行为的研究。有大量文献通过定性和定量的研究，讨论使用移动阅读

工具浏览博客、查询信息、帮助教学和学习，移动图书馆网站的设计，图书馆面对移动阅读需求的应对措施和方案等。

其中比较有代表性的如加州数字图书馆发布的《移动策略报告：移动设备用户研究》，运用定性与定量方法对加州大学与移动设备有关的学术行为进行了调查研究。调查发现，用户使用移动设备上网的最常用途包括查找信息和收发电子邮件，很少是出于学术目的，如访问校园网或图书馆网站完成作业；大部分被访谈者对选择移动设备访问图书馆数据库、目录及资源感兴趣；教员中拥有上网移动设备者最多（63%），其次为研究生（53%），再次为大学生（41%）；使用最多的移动设备是 iPhone（53%）或 iPod Touch（20%），其次为黑莓（10%），再次为 Droid（9%）。

纵观国外图书馆移动阅读的研究和实践，可以发现：越来越多的图书馆正在追求移动战略，参与移动设备对信息的存取服务，以满足不同的用户需求，并为未来移动设备成为日常生活的核心做好准备。

国内专门研究移动阅读的文献还不是很多，但在研究移动图书馆、手机图书馆的文献中都有所涉及。利用 3G 技术和手机阅读工具进行手机图书馆的建设和研究、开展手机阅读、拓展图书馆服务功能等是最近几年的热门研究课题。通过文献分析可知，国内的研究和实践主要围绕三个方面：①信息服务商开发的适合中国国情的移动阅读服务，如方正提出的"让阅读无处不在"移动阅读整体解决方案；②移动阅读在图书馆界的研究，包括对移动阅读概念和实现技术的研究、移动阅读工具的研究、移动阅读在图书馆实行的可行性方案等；③移动服务应用于教育信息化的相关研究等。

近几年国内著名的图书馆先后尝试开展了移动阅读服务，如上海图书馆在 2005 年开通首家手机图书馆，北京大学图书馆等已在试用"移动图书馆解决方案"系统。从整体来看，国内大学图书馆都在密切关注移动阅读在图书馆界的最新进展，但从理论上对大学图书馆在移动阅读环境下的应对措施加以研究的不多；在实践方面，移动图书馆（主要指手机图书馆）建设的案例也明显少于国外。

三、移动阅读对大学图书馆的新挑战、新要求

移动阅读在阅读内容、阅读行为、阅读需求、阅读工具等方面都与传统印刷型阅读有着本质的区别，对大学图书馆的服务提出了全新的挑战和要求。

（一）用户需求的变化

移动阅读环境下，用户需求呈现如下特点：①所供阅读的内容应复杂多样。不仅仅要有简单的原始文献、快餐式信息可供快速浏览，还要有经过筛选和挖掘的信息。②信息查询方式应为一站式。用户可以方便地访问图书馆目录、电子资源、开放时间、服务内容等。③信息沟通方式应具有交互性。用户通过界面和平台可以与信息咨询馆员进行实时方式的咨询交流。

从用户需求的角度看，移动环境下的阅读在内容上与纸质阅读相比，非严肃性内容增加，内容篇幅倾向于短小精悍；在空间环境上，要求突破时空局限，能随时随地进行阅读；在阅读方式上，更多地表现为快餐式阅读，浏览式、随意性、跳跃性、碎片化的阅读特征突出。

所有这些需求的变化，对于传统大学图书馆主要基于馆舍空间提供的服务提出了全新的挑战，图书馆的服务理念、服务方式、业务重心都需要进行相应的变革。图书馆员应熟悉并研究用户信息需求特点，创建各种工具，使用户能够更好地利用馆藏资源。

（二）业务流程的变化

传统大学图书馆业务流程一般按"文献流"进行设计，即按文献加工过程分为采访、编目、典藏、流通、咨询和技术保障等环节。计算机和网络技术的发展使传统的资源构成和手工操作逐步弱化，而编目业务外包、RFID 技术的采用等使传统纸型文献业务花费的人力物力逐步减少，代之以直接面向用户的数字化知识服务业务量大增。在移动阅读环境下，用户出于自身心理因素和消费习惯的偏好，希望图书馆能够根据他们的需求创造更加便捷的集成式、一站式、个性化服务，能够让他们随时随地阅读文献。这就要求未来图书馆的业务流程按照"即需即所得的智能化数字服务"的"服务流"进行设计。

（三）技术环境的变化

移动通信技术与互联网业务之间的紧密结合，催生了更多的新技术环境下的数字图书馆服务，手机图书馆就是其中的典型。掌上电脑（PDA）、智能手机（smart-phone）、智能本（smartbook）等便捷式的阅读工具层出不穷，MSN、QQ、iSpeak、Google talk 等实时交流软件的出现，逐步改变了人们的行为习惯和阅读方式。当代具有创新精神的大学生，更是积极并善于接受新事物，期待着图书馆提供更多的基于移动工具的新服务。

四、移动阅读环境下大学图书馆的应对策略

移动图书馆由于摆脱了馆舍物理空间的限制，极大地扩大了图书馆的服务范围，用户对于图书馆服务的便捷性、及时性、个性化的要求更加突出。在新的环境中，图书馆的形态必将发生改变，需要我们从理念、业务流程到实施运作等方面做出变革和调整。

（一）服务理念的创新

理念是指人们对于某一事物或现象的理性认识、理想追求及所持的思想观念或哲学观点。所谓图书馆理念，就是人们对图书馆的理性认识（审视）、理想追求及所持的图书馆哲学观念或观点'引。图书馆理念一般是围绕"服务"进行阐释的，许多大学图书馆以"平等"、"智慧"、"读者第一"、"服务为本"等作为自己的办馆理念。

在移动阅读环境下，大学图书馆服务理念中代代相传的精髓依然经久不衰，那就是阮冈纳赞提出的"书是为了用的，每个读者有其书，每本书有其读者，节省读者的时间"。只不过在新的技术环境下，需求发生了巨大变化，图书馆的服务理念需要与时俱进。

1. 重视数字服务比重视馆藏更为重要

移动阅读环境下的图书馆用户更多地希望利用图书馆架构的信息平台使用数字资源，因此图书馆在移动环境下要更加重视提供一系列基于移动阅读的服务和善于使用各种最新工具提供服务。图书馆首先要增加适应移动阅读的资源品种，如多媒体视频类教学资源、休闲类数字资源、教师的课件讲义、学生的学习笔记等，满足用户进行随意性或碎片化阅读的需要；同时善于利用新技术提高已有馆藏资源的利用效率，实现资源的增值服务。馆员应利用数字化手段对用户使用移动阅读服务提供指导，把体现图书馆增值能力的知识服务嵌入到用户的使用过程中去。如利用最新的软件工具有效揭示馆藏资源，把服务延伸到用户"手掌"上，实时向移动用户提供最新的资源发展动态信息，实现助手式的全程信息咨询服务等。

2. 服务空间更加注重体现休闲舒适

移动阅读环境下，用户对于阅读空间的舒适度、配套设施（电子资源下载、打印设备等）、交流功能等的要求更高，图书馆在馆舍空间布局上要更加重视研究用户在移动环境下的阅读习惯和偏好，提供更为休闲、舒适、便利的环境——用户来到图书馆，可以一边享受着舒适惬意的环境，一边使用各类移动设备进行学习，需

要时身边就有方便取用的自助式打印复印设备帮助快捷下载资料，还可以在安静又舒适的小憩区域里交流或休息。基于数字资源移动服务的设备配套要求更为集中和完善，空间布局和家具设计更为舒适和温馨，小型研究室、信息共享空间、一站式馆员咨询站等空间格局将更加便于满足移动环境下的阅读空间需求。

3. 馆员的作用从强调管理馆藏转变到强调使用用户更好地利用馆藏移动阅读环境下，用户希望图书馆馆员能够提供契合移动需求的高水平数字化服务，馆员的作用也将从强调管理馆藏转变为更加强调指导用户充分利用馆藏。馆员需要具备更全面的知识结构，更加了解用户阅读需求，据此制定更具个性化特点的移动服务策略；善于利用最新软件管理馆藏数字资源，进行资源挖掘和推荐；了解掌握相关移动阅读技术，进行基础的服务方案研发或改进等。馆员还需要与用户进行更广泛的交流，借助各种新型交流工具更准确地接近用户、了解用户、指导用户。

（二）组织结构的转型

随着移动阅读的开展，新的功能和业务链涌现出来，大学图书馆的结构设置和业务流程随之也需要进行转型。

1. 结构重组

信息技术的快速发展，使得图书馆与外部信息环境之间的关系更加密切。但要想真正实现移动阅读"即需即所得的智能化数字服务"，图书馆首先必须在组织设计层面按照"服务流"进行结构重组，改变传统的职能型、科层制的设置方式，创建更加扁平化、敏捷性、网络式、流程型的新型组织结构。

移动阅读环境下的新型组织结构主要有以下特点：①设计目标更加强调以用户为中心。从用户的需求出发设计组织机构，按照数字化资源的"服务流"而非"文献流"，围绕服务提供和指导、服务保障（资源、技术等）、服务评估和持续改进等方面进行机构重组，致力于最大化地提高用户满意度。②更加强调扁平化和团队性，提高服务的响应效率。通过减少管理层级，增加组织的灵活性和协调性。移动阅读用户的问题往往综合了资源、技术和服务等多项内容，要求图书馆的组织结构具有快速反应能力，合理调动和协同组织内部要素，馆员以团队合作形式解决问题。③更加强调学习型组织。馆员必须及时适应知识的更新，快速掌握最新的服务技能，并善于研究用户的需求变化。

2. 业务重组

围绕移动阅读环境下"文献流"向"服务流"的转变，整个移动图书馆的业务基本上可以分为资源建设、技术支持、用户服务、管理模式四大方面。大学图书馆必须以满足移动用户的需求为目标，利用先进的信息技术和管理方式，在这几个方面拓展新的业务内涵或增加业务链，进行业务流程的再思考和再设计，最终达到移动用户满意的结果（见图8-2）。

在具体的图书馆业务流程中，首先需要了解有哪些业务与移动阅读密切相关。根据调查，目前大学图书馆开展的业务约有44项，其中传统资源数字化、网络资源加工、特色数据库资源建设、各种资源的统一检索平台建设、系统的设计与开发、应用软件开发、用户管理、信息安全管理，音频/视频点播、个性化信息服务等与移动阅读息息相关。围绕业务项目，基本上已知业务重组应从哪些方面人手。例如：①资源建设方面，图像扫描、音频/视频捕捉等一系列建设流程、加工方式和格式等必须适合移动阅读的要求。②技术支持方面，各种已经加工的数字资源不仅要方便用户在电脑上使用，也要方便其在各种移动终端上使用，契合的移动系统开发和应用软件设计应及时跟上。③用户服务方面，移动阅读依托虚拟的互联网，建立完善的用户管理、信息安全管理制度尤其重要。此外，由于移动阅读随时随地智能化的，馆员的服务方式也应该是及时的、集成的、个性化的。④管理模式方面，需要建立科学、合理的岗位职责、业务流程指南等规范的文件来保障移动阅读服务的顺利开展。

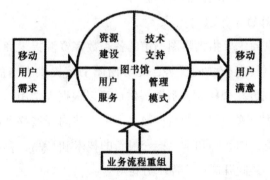

图8-2 移动阅读环境下的图书馆业务流程重组

（三）服务方式的合作

移动阅读环境下图书馆更加开放，对技术要求更高。无论是技术层面还是资源层面，图书馆与共同利益方进行合作将是非常有效的途径。合作的对象可以是其他大学图书馆、教学部门、资源提供商、技术运营商等。

1. 与其他大学图书馆的合作

各大学图书馆移动阅读的服务对象特征、需求等具有很大的相似性；所处的组织内外技术环境、社会环境和文化环境共性颇多；享受的各类政策和必须遵守的各类法律法规和行业规定大多相同，因此，大学图书馆之间，特别是邻近区域的图书馆进行合作是一个非常行之有效的方法。合作的方式有许多，如各大学图书馆集团采购数据库商提供的移动阅读资源，进行移动资源层面的共建共享；共同研发相关移动阅读技术；共同与移动运营商策划大学环境中移动平台的架构模式、设计合理的阅读套餐和资费标准；共同培训馆员；共同制定图书馆移动服务的可持续发展战略等。由于移动阅读服务对图书馆和馆员的要求更高，大馆可以凭借自身的资源和人员优势带动小馆分享它们在移动阅读方面的成果，避免各个馆之间的重复工作。

2. 与教学部门的合作

为了更好地发挥图书馆在移动阅读环境下的教育职能，图书馆需要更加重视与学校的教学部门的合作。图书馆可以与教学部门一起在校园内推广移动阅读新理念，鼓励教师运用新的移动教学工具开展网络化、互动式教学；引导教师把课件和讲义给图书馆共享，以开发成移动学习资源供学生使用；在双语教学等课程中进行移动教学改革试点等。图书馆还可以充分发挥自身的资源加工优势，对教参资源进行有效的信息组织，使其成为适宜移动教学的便捷式资源；把涉及移动阅读的教育纳入图书馆开展的信息素养教学中去；在日常的导读工作中，加大移动阅读的宣传工作，引导学生多参与移动阅读活动体验等。

3. 与资源提供商的合作

这里的资源提供商主要指大学图书馆的各类数字资源提供商，它们在移动阅读资源和内容制作方面具有较强的优势，能够向图书馆提供丰富的融合"资源＋服务"内容的产品。双方在合作时，资源提供商可以根据大学用户需求，和图书馆共同建设更多类型的适应移动阅读的新型数字资源；共同开展移动阅读体验活动；利用图书馆的良好环境，向教师和学生推介最新的技术和产品；合作开发移动阅读应用平台和相关软件；共同开展用户需求分析等。

4. 与技术运营商的合作

这里的技术运营商主要指移动阅读市场中影响巨大的中国联通、中国移动、中国电信三大运营商。运营商们凭借自身先进的技术和运作成熟的网络平台对占有校园移动市场具有影响力优势。如中国电信推出的"翼机通"，其中一项重要功能就是与图书管理系统结合，具有图书证功能，学生可以通过手机借阅图书，享受图书馆的短信通知、图书预约、续借等各项服务。图书馆则可以在此基础上进一步推广移动阅读。如果把移动阅读市场看做是"海量的内容提供＋先进的数字技术＋跨媒体的运营＋便利的服务手段"，运营商主要是进行完善的平台设计和实施精准的运营策略，图书馆则可以充分扮演好内容提供者和便利服务的实施者的角色，使移动阅读成为校园文化的特色和亮点。

五、结语

虽然移动阅读需要借助于虚拟网络空间和设备终端，但图书馆和用户之间的距离并没有因此拉开，相反，图书馆已经意识到只有进行必要的变革和创新来适应变化，才能够在信息社会中立于不败之地。移动图书馆是数字图书馆现代化的重要内容和体现，并将成为未来大学图书馆面向用户服务的最普遍形式。

第三节　移动图书馆服务交互模型的构建

一、引言

随着无线网络及移动通信技术的快速发展，移动图书馆服务应运而生。关于移动图书馆，目前学术界还没有统一的定义，比较认可的概念是指依托成熟的无线移动网络、互联网以及多媒体技术，使人们不受时间、地点和空间的限制，通过各种便携移动设备（手机、PDA、手持阅读器、平板电脑、MP4 等）方便灵活地进行图书馆的信息查询、浏览和获取资源内容。

移动图书馆的兴起，突破了传统图书馆信息服务在时间和空间上的限制，使用户可随时随地通过移动终端设备获取所需的信息资源和服务，同时为用户与图书馆提供了多元、多层次、灵活的沟通渠道，加强了用户与服务主体的动态交互，建立了用户与移动图书馆服务的多维交互关系。在国外，以欧美、韩国、日本、芬兰等国为先发，移动图书馆的指导思想与计划不断推出，国外移动图书馆的发展得到很多力量的支持和倡导，一些数据库生产商和网络出版商以及一部分组织和论坛也在进行相关的研究探讨，如谷歌、Facebook 等网站上专门设有移动图书馆的论坛。国际上，英国米尔顿凯恩斯的开放大学召开了首届国际移动图书馆会议，为学者、技术人员、图书馆管理者和读者提供了一个交流的平台，与会者针对快速发展的移动技术，展示、交流各个图书馆移动服务的开展情况，分析移动技术和移动服务的发展趋势。在国内，移动图书馆的建设从 2000 年以后逐渐兴起，部分大学图书馆

（北京理工大学图书馆、清华大学图书馆等）和公共图书馆（国家数字图书馆、上海图书馆等）相继推出自己的移动图书馆信息服务，主要包括短信提醒（催还、续借）、短信查询（图书馆相关资讯、书目信息等）、数字资源 WAP 查询、图书期刊搜索等。

西方服务营销学者很早就关注服务交互，美国学者萧斯塔克（G. L Shostack）在 1985 年首次提出了"服务交互"的概念，他认为服务交互是更广泛的"顾客与服务企业的直接交互"，其中包括顾客与服务人员的交互，也包括顾客与设备和其他有形物的交互。芬兰学者 C. Gronroos 在服务产出系统模型中也提出了顾客与组织的服务交互，进一步扩展了顾客的交互行为。我国著名学者范秀成从服务交互过程入手，分析服务交互的性质、交互质量的含义和改善交互质量的途径，指出在服务过程中，顾客之间也存在着交互作用，更进一步对服务交互体系的扩展有所贡献。吴琦认为服务质量是图书馆生存和发展的根本，提出了图书馆服务的交互质量定义和新的图书馆服务质量观，并探讨了提高图书馆服务交互质量的策略。王利君对图书馆服务质量评价模型——LibQUAL ＋TM 模型进行了修改，设计了一个新的高校移动图书馆服务质量评价模型。

国外尤其是欧美国家，对移动图书馆的研究遥遥领先于国内，我国目前的移动图书馆服务还没有完全普及，且地域分布不平衡，主要集中在经济水平较高、教育资源优厚的地区。随着互联网的迅速发展，服务的交互性是不可避免的，服务交互研究也深受重视。本文在社会化网络和虚拟社区的火速发展与暴热传播的背景下，把移动图书馆和服务交互质量结合起来进行研究。

二、移动图书馆服务交互过程及其对交互质量的影响分析

（一）服务交互过程分析

服务的过程性是其最本质的特征。服务产业与其他产业的不同之处就是服务的生产和消费是同时进行的，即顾客在参与服务生产的同时又进行了服务的消费，并且在服务的过程中与服务系统发生了多层次和多方面的交互作用，共同实现服务的产出。

服务过程中，服务主体与顾客不可避免地会发生交互，服务交互过程对于服务人员、顾客和服务主体都至关重要。服务人员面临的是一对多的交互，一定时间内要和很多顾客打交道，他们的工作劲头、业务素质、心情受到交互过程优劣的直接影响。对于顾客来说，交互过程是感受服务和满足需求的关键时刻，其效果影响到

他们未来的决策和意愿。当然，在移动图书馆的服务体系下，服务交互过程对其发展具有重要的战略意义。

移动图书馆的服务交互是复杂而广泛的。新型信息服务中，用户同时作为信息的生产者、发布者、信息服务的参与者以及信息资源的使用者，多重角色造成了用户参与行为的复杂性。而用户与服务环境、服务平台、服务馆员的交互，服务系统及各部门之间的交互以及用户之间的交互使得交互过程是多元化和层次化的。

（二）服务交互对服务质量的影响分析

顾客要参与服务生产，与服务主体发生多层次和多方面的交互作用。交互过程的优劣直接影响顾客对服务的评价，决定着服务交互质量的高低。

芬兰学者 C. Gronroos 根据认知心理学的基本理论，给出了目前比较受认可且具有代表性的顾客感知服务质量概念，他认为，服务质量由顾客的服务期望与实际服务经历的比较决定，从本质上讲是一种感知。服务质量的高低取决于顾客的感知，其最终的评价者也是顾客。他将服务质量划分为两个方面：一是与服务产出有关的技术质量，二是与服务过程有关的功能质量。顾客不仅关心产出质量，而且更关心过程质量。吴琦认为图书馆的服务交互质量是指读者与周边存在物（包括人员、过程和环境）相互作用的过程中感知到的服务质量。

通过上述服务交互过程和服务质量的分析，笔者认为，移动图书馆服务交互质量是指用户在和多元服务主体相互作用的过程中，与自己的体验、感知以及预期的服务需求相比较而形成的主观感受和综合评价。多元服务主体包括服务环境、服务平台、服务馆员、服务系统及各部门、其他用户。一项服务在初次生产并提供消费时，顾客对其并不了解，即使服务主体做了大量宣传与营销，顾客的理解也不是很深入。正如同电子商务中的网购，消费者在决定是否购买所需物品时，不但要看商品的描述，更关注其他消费者的感受与评价。群体动力理论的创始人勒温借用物理学中磁场的概念，认为人的心理、行为取决于内部需要和环境的相互作用。群体动力因素包括群体的凝聚力、驱动力和耗散力。由此看来，用户群体既可以促进用户的积极参与，提高用户参与的忠诚度和黏性，也能够阻碍和提醒用户使其消极回避。

总之，面对社会化网络和虚拟社区的火速发展与暴热传播，移动图书馆服务的服务交互过程既多元复杂而又关键敏感，交互过程对服务交互质量的影响非常巨大，在读者对移动图书馆知识和经验不了解的情况下，交互质量成为读者评价图书馆总体服务质量的重要因素。这样一来，通过服务质量的效果来反馈和强化服务交互过程，可以形成整个服务系统的良性循环与发展。

三、社会化网络环境下移动图书馆服务交互模型的构建

社会化网络，顾名思义，是在虚拟的网络中所存在的一个个小型的社会，这些小型的社会里面彼此之间发生真实存在的社会活动，为达到某种或者多种目的，拥有共同兴趣的群体所成立的一个个以网络形式存在的社区，即为社会化网络。其致力于以网络沟通人与人，倡导通过网络拓展人际关系圈，让用户尽情享受社交和沟通的乐趣。目前，我国已有 100 余所高校图书馆开通了官方微博，60 余所高校图书馆推出了微信服务，这些社会化网络应用不仅成为图书馆开展服务和对外宣传的重要阵地，还成为图书馆用户间信息传递、资源分享的重要桥梁。

随着图书馆服务环境的不断变化以及社会化网络应用的广泛普及，移动图书馆服务交互质量成为用户评价图书馆总体服务质量的重要因素，交互质量的提高则能够提高读者的满意度。研究用户与移动图书馆服务之间的交互以及用户群体成员、服务系统各部门之间多元化、多层次的交互，构建移动图书馆服务交互模型，有利于图书馆改善工作，提升其移动服务质量，实现可持续发展。

移动网络的泛在性和智能性为用户的需求表达和服务应用提供了有效途径，拓展了用户与移动图书馆间的交互范围和交互方式，形成了以用户交互为中心的多维交互关系。笔者所构建的扩展的融合式服务交互模型如图 8-3 所示：

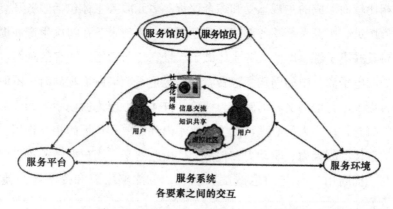

图 8-3 社会化网络环境下移动图书馆服务交互模型

（一）用户、服务馆员、图书馆信息资源与移动服务环境的交互

移动图书馆服务环境是承载各项信息服务部署和运行的软硬件环境，主要由移动网络、APP 应用软件、基础设施、移动终端等构成的移动图书馆服务软硬件要

素，决定着用户对服务环境质量的体验与感知，如图8-4所示：

移动服务环境的运行有其规则，根据一个国家或地区的政策支持，对移动服务基础设施的投入、移动网络和移动终端设备的协议连接、移动终端设备与第三方应用软件的协议使用等，都有一定的规则。移动图书馆用户和服务馆员对移动服务环境进行实际感知以后，作出客观评价与反馈，服务主体则根据反馈信息对服务环境进行自适应控制并优化。

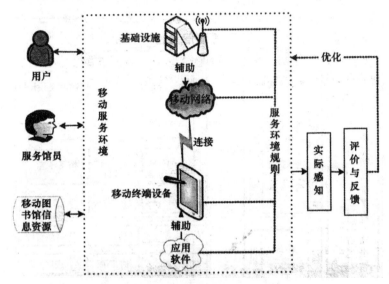

图8-4　与移动服务环境的交互及优化

对移动服务环境的建设从宏观层面把握，体现出一个国家或地区信息技术发展的整体水平，对图书馆服务系统高层的协商和沟通能力是一种考验，当然也反映了一个国家或地区对图书馆事业的贡献力度。可以说移动图书馆服务环境是用户体验其服务的重要标尺，比如很多用户正是由于移动网络速度慢、应用软件不好用等原因放弃体验移动图书馆服务。

移动图书馆服务主体应与移动网络运营商协商与沟通并进行合作，优化其网络服务，使用户在体验移动图书馆服务时更加畅通、安全与快捷。首先依托先进的移动通信技术与移动服务平台进行匹配并创建移动网络环境，根据服务系统的要求进行移动网络部署与合理配置；其次，在移动客户端与服务器端匹配多元化的移动网络接入接口，在客户机和服务器端建立特定的通信连接，来保证应用程序的正常运行，从而提高用户访问移动图书馆 WAP 站点的效率，加快使用 APP 软件时的数据传输速率。同时，通过网络融合技术实现移动图书馆业务与传统业务的无缝对接。

（二）用户与移动服务平台的交互

服务系统的交互界面是人机交互以及用户与用户交互的服务平台，该平台上的各种内容展示、导航、指南以及内容分布都影响到用户体验。移动服务平台可以进行准确全面的一站式信息检索，获取各种类型的信息资源（图书、期刊、学位论文、科研成果等），并对信息资源进行加工处理和比较分析，同时移动服务平台能够提供完整、权威、有特色、实时的信息内容，如图 8 - 5 所示：

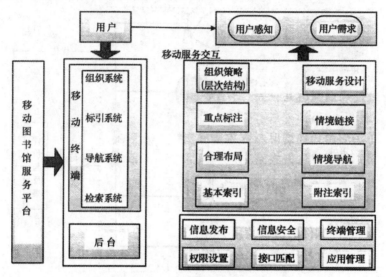

图 8 - 5　与移动服务平台的交互

1. 用户感知和需求及其与移动服务的交互

用户通过移动终端使用移动图书馆服务时，有其感知和需求，访问移动图书馆 WAP 站点、使用 APP 应用软件时，其内容展示、页面感知以及是否迎合用户需求，决定着用户与移动服务平台交互的质量。用户及服务馆员与移动服务平台的交互，真正体现了交互中人们的动态行为。当用户需求与行为特征信息传达到移动服务平台之后，应该及时通过服务组织与流程设计为用户提供其所需的信息资源。

2. 移动终端的信息架构

由信息架构（information architecture，IA）的知识可从组织系统、标引系统、导航系统、检索系统对移动终端平台进行布局和展示，合理地组织信息，并且有针对性地研究信息的表达和传递方式。组织系统根据任务和用户进行分类，组织策略要清晰，对服务功能、流程、形式进行优化和设计。标引系统中对用户经常点击的标签、图书馆资源更新、重要通知等标签进行重点标注；对标签进行标注解释或使用一些图片标签会加深用户对标签含义的理解，同时为了方便用户的使用，对相关机构或部门提供链接，如"友情链接"或"相关链接"等。导航系统的合理布局方便用户访问，而且有访问路径；提供情境式导航，比如检索到一本书，然后网站会推荐类似的图书，或者在移动图书馆主页设有网站地图，有利于为用户指明方向，并帮助迷失的访问者找到他们想看的页面，方便读者访问深层页面。检索系统运用数据库技术实现对图书馆的数据和信息系统化、程序化的组织管理，利用计算机自动化技术进行集图书馆管理、图书馆信息检索、图书借阅等于一体的基本索引，同时对检索式附加解释和说明，通过该系统方便、快捷、准确地进行信息资源检索与管理。

3. 移动服务

平台的后台控制与管理移动服务平台不仅有交互界面的信息架构，而且还有后台的规则与约束。信息资源内容按照一定的规则集中控制、管理并即时发布。信息系统（包括硬件、软件、数据、人、物理环境及其基础设施）受到保护，不会因偶然或者恶意的原因而遭到破坏、更改、泄露，可保证系统连续可靠正常地运行，信息服务不中断，最终实现业务的连续性。移动图书馆的信息资源与用户的直接交互，需要对移动终端进行管理，包括终端客户资料库的建立、维护、分类等。对移动图书馆系统进行权限设置，注册并通过认证的用户可以访问所有资源，其他用户在接受部分服务时受到限制。移动终端接入无线移动网络需要对接口进行匹配，实行多元化的部署与管理。应用软件安装在移动终端，跟踪应用程序的生存期并与之交互，定期检测和响应未经处理的异常，规范应用程序范围内的属性和资源，保证移动服务资源的真实与安全。

（三）服务系统各部门之间的交互

整个移动图书馆服务系统代表了其品牌与形象，体现了政策对移动图书馆的支持度以及图书馆上层的贡献度。服务系统的运作与部署、沟通与协商、监督与指导，充分展示了移动图书馆服务的职能。

用户与服务系统的交互，不仅是通过移动终端随时随地进行体验与感知，更重要的是到馆实时接受服务并感知其服务设施与实体服务环境，同时，用户根据其流程设计与软硬件配置，可以通过网络查询其他信息服务与之作对比，整体把握移动图书馆信息服务。服务系统各部门之间要定期沟通与交流，即时把握实时动态，有效响应服务馆员转达的用户意见或个性化需求。

目前，个别图书馆为了追求移动服务的规模，挑战信息服务，花费大量资金购买相关技术，或者找第三方合作商，过分追求技术的先进性。这实质上是以推广新型信息服务为目的，并没有从用户的角度去考虑。移动图书馆服务的动机是将自己作为信息和知识的中转站，突破传统的信息服务方式，为用户提供方便，具有移动、即时、便利、快捷等特征。所以，用户的直接体验最能有效体现移动图书馆的服务。

（四）用户与服务馆员的交互

用户进行移动参考咨询、在线帮助等服务时需要和服务馆员进行交互，在此交互过程中服务馆员的态度、业务能力、专业程度决定了用户的满意度。同时，服务馆员与服务环境、服务平台、信息资源以及服务馆员之间进行交互，而且应当亲自去体验并检验其服务效果，以完善移动图书馆服务并提高其服务效率。当然，用户在与服务馆员交互的过程中，要换位思考、不断学习、总结经验，尤其要学习服务人员的业务素质和服务态度，深刻领会移动图书馆服务的理念和方式，从而感化自我、提升自己的综合素质。

从图书馆员方面而言，其不仅需要有扎实过硬的理论基础，而且必须快速掌握并有效发挥移动图书馆的服务技能，同时还要充当移动图书馆服务的使用者、推广者和引导者，利用微信、微博等社会化网络向用户及时传递移动图书馆的服务动态、资源更新等信息；定期组织培训，引导用户学习利用移动通信技术和移动设备获取移动图书馆服务的方法和技巧，并及时向移动图书馆责任部门转达用户的个性化需求。

（五）用户之间的交互

随着移动图书馆服务的快速发展，用户与用户之间的交流互动、知识共享日益频繁。社会化媒体的兴起与广泛传播使用户之间的交互方式更加多样化，提供移动服务的图书馆大部分都开通了官方微博、微信公众账号，链接了人人网、QQ空间等社交网络，并安排专业人员负责这些社会化网络服务平台的运营，及时发布最新信息，开展多元灵活的用户互动活动以引起用户的关注与评论。针对不同图书馆的个性化资源，通过数字资源管理系统，可实现不同类型的特色文档、教案等的多终端移动阅读和交互，不同用户针对文献所做的原迹批注均可以在图书馆微博中分享，供大家相互学习。用户通过这些社会化媒体进行互动，增进彼此之间的知识与服务交流，促进用户群体的形成，而图书馆则可扩大信息服务的圈子，在此基础上通过构建知识社区或者与已有的知识社区进行合作，为用户信息交流与知识共享提供多元化服务。

用户在知识获取和接受服务过程中社会化交互圈的扩大使移动图书馆逐渐由知

识服务平台向知识社区演变，借助移动社交工具和软件或者与已有的知识社区进行融合，形成用户专享的知识共享空间，其目标是知识创造、传播和分享，从而能够帮助用户进行信息交流、知识学习、资源共享、研究合作。用户通过移动图书馆社交服务平台探讨学术问题、交流服务经验与技巧、分享知识资源，积极主动地参与互动，让自己由被动的知识接受者转变为主动的知识贡献者，使移动图书馆的知识资源有效运转起来并得到充分利用，以提高其服务交互质量。

综上所述，研究用户与移动图书馆服务之间的交互以及用户群体、服务系统各部门之间、用户之间多元化多层次的交互，构建服务交互模型，分析其交互关系，得知用户在评价图书馆总体服务质量时，移动服务交互质量显得至关重要，交互质量的改变能显著提高读者的满意度。

四、结论

本文基于前人研究的成果，通过引入社会化网络进行改进，构建了移动图书馆服务交互模型，理论上是有效的。为了更确切地证明模型，后续研究将结合某高校实际移动图书馆服务案例进行阐述，并对移动图书馆用户进行问卷调查，通过数据分析进行实证研究，以利于图书馆改善工作，提升其移动服务质量，实现可持续发展。

参考文献

[1] 黄宗忠. 图书馆学导论 ［M］. 武汉：武汉大学出版社，1988：262.

[2] 吴慰慈等. 图书馆学概论 ［M］. 北京：北京图书馆出版社，2008：105.

[3] 余良芝. 图书馆学导论 ［M］. 北京：科学出版社，2003：85.

[4] 什么是兴边富民行动？其宗旨是什么？为什么说兴边富民行动是一项德政工程？EB/OL］ http：//www. seac. gov. cn/gjmw/zt/2007 － 06 － 15/1181878972622370. htm 2010 － 9 － 08

[5] 广西壮族自治区统计局，广西 2009 统计年鉴 ［M］. 北京：中国统计出版社，2009：453.

[6] 黎晓. 浅析公共图书馆在桂西南边境地区发展中的作用 ［J］. 农业图书情报学刊，2008（6）：137 － 155.

[7] 顾烨青. 图书馆学会与图书馆协会之辨及其思考——写在中国图书馆学会成立三十周年之际 ［J］. 2009（6）：1 － 6.

[8] 郑学仁. 默默耕耘半世纪——香港图书馆协会简介 ［J］. 公共图书馆，2009（1）：67 － 74.

[9] 刘琼. 美国公共图书馆协会主席萨理•费德曼：公共图书馆协会功用何在？［N］，深圳商报，2009，11（19）：C02.

[10] 张蓉. 日本图书协会评述 ［J］. 图书情报工作，2007（1）：139—142.

[11] 刘桂芳. 记天津图书馆协会成立前后 ［J］. 图书馆工作与研究，2009（2）：77 － 78.

[12] 中国图书馆学会主页 ［EB］. http：//www. lsc. org. cn/CN/gywm. html 2010 － 3 － 11 22：21.

［13］http：//162，105.140.111/tugongwei/info/detail.asp？lngID = 68 2010.3.12 22：13.

［14］广西图书馆学会［EB］.http：//www.gxlib.org.cn/xh/ShowArticle.asp？ArticleID =444 2010.3.11 22：25

［15］广西高校网络图书馆［EB］.http：//210.36.19.203/new/index.html 2010 - 3 - 19 21.13

［16］孟广均，徐引篪，国外图书馆学情报学研究进展［J］.北京：北京图书馆出版社，1999.

［17］程焕文，潘燕桃.信息资源共享［M］.北京：高等教育出版社，2004：46.

［18］戴龙基，张红扬.图书馆联盟——实现资源共享和互惠互利的组织形式［J］.大学图书馆学报，2000（3）：36 - 39.

［19］马费成.信息资源共享的经济效率——以书刊为例的分析［J］.中国图书馆学报，2003（4）：5 - 9.

［20］孔兰兰，高波.法国图书馆的信息资源共享模式［J］.图书情报工作，2010（21）：58 - 61.

［21］李朝阳，高波.英国图书馆信息资源共享模式研究［J］.图书情报工作，2009（03）：137 - 141.

［22］朱强，英国高等学校的信息资源共享［J］.大学图书馆学报，1998（6）：1 - 5.

［23］马江宝.台湾图书馆联盟的信息资源共享模式及启示［J］.新世纪图书馆，2011（8）：74 - 76.

［24］潘妙辉，吴吴.广州市职业教育信息资源共建共享系统技术平台构想［J］.图书馆论坛，2010（6）：160 - 164.

［25］孙冬林，鲁兴启.区域产业文献资源共享平台建设的探讨——以宁波纺织服装产业为例［J］.浙江万里学院学报，2011（5）：13 - 15.

［26］杨思洛，陈湘杰.长株潭区域信息资源共享体系之构建［J］.图书馆，2011（3）：87 - 90.

［27］胡开胜，肖静波.高校图书馆与公共图书馆服务体系的资源共享平台研究［J］.图书馆学研究，2010（5）：49 - 53.

［28］张巧娜，孟树奎.海峡两岸科技信息资源共建共享的设想［J］.新世纪图书馆，2011（02）：57 - 58.

［29］查先进．网络环境下政府资源的共享和保密［J］．图书情报知识，2002（4）：2－5．

［30］黄书立．吉林省党校系统图书馆信息资源共建共享研究［J］．图书馆学研究，2010（18）：42－45．

［31］吕莉媛．图书馆信息资源共享平台建设的影响因素分析［J］．图书馆学研究，2011（23）：33－37．

［32］戴维民．20世纪图书馆学情报学［M］．北京：北京图书馆出版社，2002．

［33］张新鹤，肖希明．我国图书馆信息资源共享机制现状调查与分析［J］．中国图书馆学报，2011（03）：66－78．

［34］刘文清，鄢朝晖．湖南地区图书馆联盟的共建共享机制［J］．图书馆学研究，2010（2）：43－46．

［35］何伟华，李圣清，高校多校区图书馆教学资源共享机制与多功能网络技术平台的研究［J］．高校图书馆工作，2007（6）：31－34．

［36］张薪鹤，信息资源共享机制绩效评估初探［J］．国家图书馆学刊，2010（03）：13－17．

［37］王春梅等．基于P2P技术的个人数字图书馆资源共享策略［J］．情报杂志，2008（04）：125－127．

［38］翟拥华．区域医学信息资源共享策略研究［J］．科技情报开发与经济，2011（05）：143－144．

［39］刘继坤，论高校图书馆的资源共享策略［J］．安顺学院学报，2009（5）：84－86．

［40］杨在娟，戚连忠．浙江省科技文献资源共建共享策略探析［J］．农业图书情报学刊，2008（3）：22－24．

［41］肖希明．国家信息政策与文献资源共享［J］．图书情报工作．1997（6）：5－7．

［42］陈传夫．21世纪两岸信息资源共享与保护［J］．图书馆学研究，1998（2）：56－58．

［43］严峰．试论我国加入WTO后文献资源共享与知识产权保护之间关系的调整［J］．图书情报工作，2002（12）：28－34．

［44］王知津，金胜勇，图书情报领域中的信息法律问题研究［J］．图书与情报，2006（2）：1－5．

［45］ 顾潇华，李洪建，文献信息资源共建共享运行机制研究的综合探析［J］．中国图书馆学报，2001（4）：37－39.

［46］ 卓越联盟．图书馆知识共享平台联合开通仪式莅湖南大学图书馆举行［EB/OL］．［2014－03－011.

［47］ http：//www. sal. edu. cn/information － info. asp？id＝2344.

［48］ 张国臣，等．北京财经类院校资源共享平台运行调查与分析［J］．图书情报工作，2011（55）：92－95.

［49］ OCLC 简介［EB/OL］.http：//www. oclc. org/asiapacific/zhcn/about/default. htm［2011－7－12］.

［50］ 吴慰慈．图书馆学基础［M］．北京：高等教育出版社，2004：104.

［51］ 薛冬哥，日本高等教育文献信息保障体系——日本文部省学术情报中心［J］．大学图书馆学报，2000（6）：74－78.

［52］ 姚晓霞，朱强，日本、韩国等国高等教育文献信息资源共享概况［J］．中国教育网络，2014（2）：101－104.

［53］ 黄宗忠．数字图书馆发展的新阶段——关于 Google、欧洲数字图书馆筹建的评价与对策［J］．图书情报知识，2005（107）：5－15.

［54］ 周军兰．Google 数字图书馆项目的多方博弈分析［J］．大学图书馆学报，2006（5）：20－27.

［55］ http：//finance. jrj. com. cn/2008/12/3010393202793. shtml［2014－03－01］.

［56］ http：//www. ndlib. cn/［2014－02－20］.

［57］ http：//www. nlc. gov. cn/［2014－02－20］.

［58］ http：//www. nstl. gov. cn/［2014－02－20］.

［59］ CALIS 介绍［EB/OLl.［2011－7－30］.http：//project. calis. edu. cn/calis-new/calis_ index. asp？fid＝l&class＝1

［60］ CASHL 管理中心，打造文献渊薮繁荣社会科学——中国高校人文社会科学文献中心（CASHL）启动［J］．大学图书馆学报，2004（3）：91

［61］ http：//www. cashl. edu. cn/［2014－02－20］

［62］ 胡俊荣，广东图书馆国际化发展战略研究［J］．广州：暨南大学出版社，2010.

［63］ 杨新涯，彭晓东，重庆市大学城资源共享平台"网上图书馆"实践研究［J］．大学图书馆学报，2011（3）：61－65.

[64] 白冰，高波．国外图书馆资源共享现状、特点及启示 [J]．中国图书馆学报，2013（3）：108－120.

[65] 张兆伦，中外著名图书馆联盟合作项目的比较分析 [J]．情报科学，2012（3）：55－56.

[66] 2012 年全国教育事业发展统计公报 [EB/OL]．[2013－10－21]．http：//www. moe. gov. cn/ publicfiles /business/htmlfiles/moe/moe _ 633/201308/155798. html.

[67] 程焕文，王蕾．竹帛斋图书馆学论剑：用户永远都是正确的 [M]．广州：广东人民出版社，2008：98

[68] 凌晓东．SOA 综述 [J]．计算机应用与软件，2007（10）：122－124，199.

[69] SOA，引领软件发展新方向 [EB/OL]．http：//www. e－works. net. cn/tbbd/soa/xl. htm.

[70] 孙瑾．面向服务的（SOA）数字图书馆 [J]．图书馆杂志，2007（5）：52－55.

[71] 费圣英．电力企业信息化 SOA 实践 [M]．南京：南京大学出版社，2007.